胡適

品人录

胡适／著

中国出版集团公司
華文出版社

图书在版编目（CIP）数据

胡适品人录 / 胡适著 . —北京：华文出版社，2014.6
ISBN 978-7-5075-4207-3

Ⅰ . ①胡… Ⅱ . ①胡… Ⅲ . ①人物评论—世界
Ⅳ . ① K811

中国版本图书馆 CIP 数据核字 (2014) 第 129598 号

胡适品人录

作　　者：胡　适
选题策划：张明华
责任编辑：张明华
出版发行：華文出版社
社　　址：北京市西城区广外大街 305 号 8 区 2 号楼
邮政编码：100055
网　　址：http://www.hwcbs.com.cn
投稿信箱：qiao-mai@163.com
电　　话：总 编 室 010-58336239　　发 行 部 010-58336267
编 辑 部 010-58336211
经　　销：新华书店
印　　刷：北京明恒达印务有限公司
开　　本：710×1000　1/16
印　　张：19
字　　数：280 千字
版　　次：2014 年 7 月第 1 版
印　　次：2014 年 7 月第 1 次印刷
标准书号：978-7-5075-4207-3
定　　价：36.00 元

目　录

Contents

第一编

第二编

第三编

附　录

第一编

陆　贾[1]

这是民国十九年三月里写的一篇旧稿。那时我住在张菊生先生的对门，时时问他借书，有时候还借到他自己用朱笔细校的史书。我那时初读唐晏校刻的陆贾《新语》，写了一篇跋，也曾送给菊生先生，请他指教。今年一班朋友发起印行一本庆祝菊生先生七十岁大寿的论文集，我本想写一篇《古书中的方言》，两度在太平洋船上起稿，都没有写成。现在收稿的期限太近了，我只好检出这篇旧稿寄去凑热闹，心里着实感觉惭愧。我所以挑出这篇，不仅仅是因为这是我和菊生先生做邻居时候写的，又因为陆贾的"圣人不空出，贤者不虚生"的人生观最近于他处世的积极精神，也最配用来做给他祝寿的颂辞。

二十五，十二，十五夜

十年的秦帝国只留得一篇李斯《焚书议》代表那第一帝国的思想。当李斯腰斩东市之日，革命军已起来一年多了，刘邦、项羽都已成了革命军的领袖了。在刘邦的军中有一个南方辩士陆贾，可以算是楚、汉时代的一个思想家。

陆贾是楚人，跟着汉高祖革命，因为他有口才，故常常被派出去当代表；后来天下既平定，他出使南越，代表汉朝去封赵佗为南越王，他的辩才居然能使赵佗称臣奉约。二十年后，孝文帝元年（前179），他又奉使到南越，也很有成绩。《史记》说他以寿终，死时约当前一七〇年。

陆贾在汉高祖面前时时称说《诗》、《书》，高祖骂道："乃公居马上而得之，安事《诗》、《书》？"陆贾回答道："居马上得之，宁

---

① 本文作于1930年3月。收入1937年1月上海商务印书馆出版的《张菊生先生七十生日纪念文集》。题目为编者所加，原题为《述陆贾的思想》。

可以马上治之乎？”高祖是个聪明人，懂得这话有道理，便对他说：“试为我著秦所以失天下，吾所以得之者何，及古成败之国［因］。”陆贾便著了十二篇，每奏一篇，高祖总说好，其书便叫做《新语》。

《新语》今本有十二篇，《〈四库全书〉提要》颇疑此书是后人所依托，不是陆贾的原本。《提要》举了三条证据：

（1）《汉书·司马迁传》说司马迁取《战国策》、《楚汉春秋》、陆贾《新语》作《史记》，而今本《新语》之文悉不见于《史记》。

（2）王充《论衡·本性篇》引陆贾曰：“天地生人也，以礼义之性；人能察己所以受命则顺，顺谓之道。”今本亦无其文。

（3）《谷梁传》至汉武帝时始出，而《道基篇》末乃引《谷梁传》曰，时代尤相牴牾。

《提要》所疑三点都不能成立。《汉书·艺文志》有陆贾的书二十七篇，王充所引未必出于《新语》，是第二点不够证明《新语》之为伪书。近人唐晏《龙溪精舍丛书》本《〈新语〉跋》指出《道基篇》末所引《谷梁传》“仁者以治亲，义者以利尊，万世不乱”之语为今本《谷梁传》所无，可见他所据的《谷梁传》未必是汉武帝时代所出的，是第三点不够证明《新语》之晚出。最荒谬的是《提要》的第一条疑点。《提要》说《汉书·司马迁传》称迁取陆贾《新语》作《史记》，我检《汉书·司马迁传》原文，并未提及陆贾，也未提及《新语》。原文只说“司马迁据左氏《国语》，采《世本》、《战国策》，述（《汉纪》引作“逮”）《楚汉春秋》，接其后事，讫于天汉。”四库馆臣一时误记，又不检查原书，遂据误记之文以定《新语》出于伪托，岂非大谬？我从前也颇疑此书，近年重读唐氏校刻本，（《新语》没有好本子。唐氏此本用明人刻《子汇》本，参校范氏天一阁本，改正第六篇“齐夫用人若彼”以下228字的错简，移在第五篇“邑士单于强”之下，这两篇才可读了，故唐校本是《新语》的最好本子。）觉得此书不是伪作之书，其思想近于荀卿、韩非，而鉴于秦帝国的急进政策的恶影响，故改向和缓的一路，遂兼采无为的治道论。此书乃是一种“杂家”之言，虽时时称引儒书，而仍不免带点“左倾”的色彩，故最应该放在《吕氏春秋》和《淮南王书》之间，决不是后人所能伪造的。

《吕氏春秋》的第一句话便是：

> 始生之者，天也。养成之者，人也。能养天之所生而勿撄之，谓之天子。

陆贾《新语》开卷第一句话便是：

> 天生万物，以地养之，圣人成之。功德参合而道术生焉。（一）

人功和天地参合，助成天地所生，才有道术可言。故《新语》第一篇先说天道，次说地道，然后极力演说“圣人成之”的一个主意。天道是：

> 张日月，列星辰，序四时，调阴阳，布气治性，次置五行，春生夏长，秋收冬藏。……

地道是：

> 封五岳，画四渎，规洿泽，通水泉，树物养类，苞植万根，暴形养精，以立群生。……

但最重要的是“圣人成之”。陆贾似乎受了韩非的历史见解的影响；韩非分古史为上古之世、中古之世、近古之世（《五蠹》篇），陆贾也分古史为“先圣”、“中圣”、“后圣”三时期。他说：

> 于是先圣乃仰观天文，俯察地理，图画乾坤，以定人道。民始开悟，知有父子之亲，君臣之谊，夫妇之别，长幼之序。于是百官立，王道乃生。
>
> 民人食肉饮血，衣皮毛；至于神农，以为行虫走兽难于养民，乃求可食之物，尝百草木之实，察酸苦之味，教民食五谷。
>
> 天下人民野居穴处，未有室屋，则与禽兽同域；于是黄帝乃伐木构材，筑作宫室，上栋下宇，以避风雨。
>
> 民知室居食谷而未知功力；于是后稷乃列封疆，画畔界，以分

土地之所宜；辟土植谷，以用养民；种桑麻，致丝枲，以蔽形体。

当斯之时，四渎未通，洪水为害；禹乃决江疏河，通之四渎，致之于海，大小相引，高下相受，百川顺流，各归其所，然后人民得去高险，处平土。

川谷交错，风化未通，九洲隔绝，未有舟车之用，以济深致远；于是奚仲乃挠曲为轮，因直为辕，驾马服牛，浮舟杖楫，以代人力；铄金镂木，分苞烧殖（埴），以备器械。

于是民知轻重，好利恶难，避劳就逸；于是皋陶乃立狱制罪，悬赏设罚，异是非，明好恶，检奸邪，消佚乱。

这都是“先圣”的制作。

民知畏法而无礼义，于是中圣乃设辟雍庠序之教，以正上下之仪，明父子之礼，君臣之义，使强不凌弱，众不暴寡，弃贪鄙之心，兴清洁之行。

礼义教育是“中圣”的制作。

礼义不行，纲纪不立，后世衰废；于是后圣乃定五经，明六艺，承天统地，穷事察微，原情立本，以绪人伦；宗诸天地，□修篇章，垂诸来世，被诸鸟兽（？），以匡衰乱。

天人合策，原道悉备，智者达其心，百工穷其巧，乃调之以管弦丝竹之音，设钟鼓歌舞之乐，以节奢侈，正风俗，通文雅。后世淫邪，增之以郑卫之音。民弃本趋末，技巧横出，用意各殊，则加雕文刻镂，傅致胶漆，丹青、玄黄、琦玮之色，以穷耳目之好，极工匠之巧。

夫驴骡、骆驼、犀象，玳瑁、琥珀、珊瑚、翠羽、珠玉，山生水藏，择地而居，洁清明朗，润泽而濡，磨而不磷，涅而不缁，天气所生，神灵所治，幽闲清静，与神浮沉，莫之（疑当作“不”）效力为用，尽情为器。

故曰“圣人成之”，所以能统物通变，治性情，显仁义也。（一）

美术、音乐、雕刻工业都是后世的制作。

这一长段的历史进化论，很可以使我们想到《周易·系辞传》中论古圣人观象制器的一段，文字也很有因袭的痕迹。《系辞传》的一段注重在“制器尚象”，却也有“《易》穷则变，变则通，通则久”的观念，已含有文化演进的思想。庄子、韩非以后，历史演变的思想更流行了，故韩非说古史已不取“观象”之说，只说“圣人不期循古，不法常可，论世之事，因为之备”而已。陆贾此论，更为详细清楚，可算是古人的文化起源论中最有条理的作品。看他把教育放在中世，而美术工业放在后圣之世，而统统认为“统物通变，治性情，显仁义”的事业。这种很平允的文化史观，确是很难能而可贵的。（陆贾晚年颇能享受一种美术的生活，大概他是一个有审美天才的人，故能欣赏美术、音乐在文化史上的地位。）

陆贾的历史见解有点像荀卿，又有点像韩非，大概是调和这两个人之间。如说：

> 善言古者，合之于今；能述远者，考之于近。（参看《荀子·性恶篇》“善言古者，必有节于今；善言天者，必有征于人”。）……世俗以为自古而传之者为重，以今之作者为轻。澹于所见，甘于所闻。……道近不必出于久远，取其致要而有成。《春秋》上不及五帝，下不至三王，述齐桓、晋文之小善，鲁之十二公，至今之为政，足以知成败之效，何必于三王？故古人之所行者，亦与今世同。立事者不离道德，调弦者不失宫商。……周公与尧舜合符瑞，二世与桀纣同祸殃。文王生于东夷（？），大禹出于西羌，世殊而地绝，法合而度同。……万世不异法，古今同纪纲。（二）

这一段全是荀卿“法后王”之说，含有古今虽久而同理之意。因为古今同理，故不必远法上古，但“取其致要而有成”而已。但陆贾又说：

> 故制事者因其则，服药者因其良。书不必起仲尼之门，药不必出扁鹊之方。合之者善，可以为法，因世而权行。（二）

这里便超出荀卿思想之外，已有韩非的意味了。荀卿与韩非同一不法先王，而根本大不相同。荀卿信古今同理，故法后王即等于法先王。韩非、李斯都信古今时势不同，故先王之法不可得而法。古代学者不曾深切了解历史演变之理，往往不能辨别这两说的根本不同，所以《吕氏春秋·察今篇》明说时代已经变换了，故不能法先王之法，但忽然又插入一句“古今一也”的旧说。所以陆贾已很详细的叙说文化演变的程序了，终不能完全丢掉“万世不异法，古今同纪纲”的荀卿思想。此种矛盾的理论多由于思想不曾有彻底的自觉。如果万世真不异法，何必又说“因世而权行”呢？

陆贾生当革命之世，人人唾骂秦皇、李斯的急进政策，故他也不赞成这种政治。他说：

> 秦始皇设为车裂之诛以敛奸邪，筑长城于戎境以备胡……蒙恬讨乱于外，李斯治法于内；事逾烦，天下逾乱，法逾滋而奸逾炽，兵马益设而敌人逾多。秦非不欲为治，然失之者，乃举措暴众而用刑太极故也。（四）

所以他主张用柔道治国，主张无为而治。他说：

> 故怀刚者久而缺，恃柔者久而长。（三）

又说：

> 柔懦者制刚强。（三）

又说：

> 道莫大于无为，行莫大于谨敬。何以言之？昔虞舜治天下，弹五弦之琴，歌南风之诗，寂若无治国之意，漠然无忧民之心，然天下治。……故无为也，乃无［不］为也。（四）

无为而治本是先秦思想家公认的一个政治理想。陆贾的无为政治是：

> 虚无寂寞，通动无量，故制事因短，而动益长。以圆制规，以矩立方。（一）

说得详细点，便是：

> 夫形［刑？］重者则身劳，事众者则心烦。心烦者则刑罚纵横而无所立，身劳者则百端回邪而无所就。
>
> 是以君子之为治也，块然若无事，寂然若无声，官府若无吏，亭落若无民。闾里不讼于巷，老幼不愁于庭；近者无所议，远者无所听；邮亭无夜行之吏，乡闾无夜召之征。……于是赏善罚恶而润色之，兴辟雍庠序而教诲之。然后贤愚异议，廉鄙异科，长幼异节，上下有差，强弱相扶，大小相怀，尊卑相承，雁行相随，不言而信，不怒而威，岂恃坚甲利兵，深刑刻法，朝夕切切而后行哉？（八）

这种无为的、柔道的治道论，固然是先秦思想的混合产物，却也是当时一种应时救急的良方。凡无为的治道论大都是对于现时政治表示不满意的一种消极的抗议。好像是说："你们不配有为，不如歇歇罢；少做少错，多做多错，老百姓受不了啦，还是大家休息休息罢！"陆贾生当秦帝国大有为之后，又眼见汉家一班无赖的皇帝，屠狗、卖缯的功臣，都不是配有为的人，他的无为哲学似乎不是无所为而发的罢？他对那位开国皇帝说："您骑在马上得了天下，难道还可以骑在马上统治天下吗？"所以他盼望那些马上的好汉都下马来歇歇，好让大乱之后的老百姓们也歇歇了。夷三族、具五刑的玩意儿是不好天天玩的。还是歇歇的好。

陆贾不是消极无为的人，他的人生观是主张积极进取的，他说：

> 君子广思而博听，进退循法，动作合度，闻见欲众而采择欲谨。学问欲□□□□欲敦。……语之以晋楚之富而志不回，谈之以乔松之寿而行不易。（"晋楚之富"、"乔松之寿"皆是当时成语。前者见于《孟子》；后者见于《史记·李斯传》。）……上决是非于天文，其次定狐疑于世务。废兴有所据，转移有所守。……夫舜禹因盛而治世，孔子承衰而作功。圣人不空出，贤者不虚生。……久而不弊，劳而不废。（十二）

这是何等积极的人生观！所以他很沉痛的批评当时人的消极生活：

> 人不能怀仁行义，分别纤微，忖度天地，乃苦身劳形，入深山，求神仙，弃二亲，捐骨肉，绝五谷，废诗书，背天地之宝，求不死之道，非所以通世防非者也。（六）

又说：

> 夫播（弃也）布革，乱毛发，登高山，食木实，视之无优游之容，听之无仁义之辞；忽忽若狂痴，推之不往，引之不来；当世不蒙其功，后代不见其才；君倾而不扶，国危而不持；寂寞而无邻，寥廓而独寐，可谓避世，非为怀道者也。（六）

陆贾所讥评，很可以供我们作中国思想史的材料。古代思想里本不少消极的思想，本不少出世的人生观。左派的思想家，如老子、杨朱，思想虽然透辟，而生活的态度却趋向消极，故左派的思想末流容易走向颓废出世的路上去。不过当时国际的竞争激烈，志行坚强的人还不甘颓废，故孔子凄凄皇皇，知其不可而为之；故墨子摩顶放踵以利天下，遗风所被，还能维持一个积极有为的人世界。但战国晚期，颓废的人生观和出世求神仙的生活都成了时髦的风尚了。燕昭王和齐威、宣王都曾奖励求神仙的事。（见《史记》二八）《吕氏春秋》说：

> 当今之世，求有道之士，则于四海之内，山谷之中，僻远幽闲之所。（《谨听篇》）

又说：

> 单豹好术，离俗弃尘，不食谷实，不衣芮（絮）温，身居山林岩堀，以全其身。（《必己篇》）

这都是中国思想逐渐走入中古时期的征象。陆贾所讥评，正是这种出世的人生观。他是主张“圣人不空出，贤者不虚生”的，故他很严厉的批评这种懒惰不长进的人生观。他在政治上虽然稍稍倾向无为，但他的人生哲学却要人努力求世，“劳而不废”；正如孔子有时也梦想无为而治，他的实际生活却是“知其不可为而为之”。

陆贾的思想很可以代表我所谓“左倾”的中派的遗风：思想尽管透辟，而生活仍要积极。这便是积极“左倾”的中派。他又批评当时的另一种风尚，也有史料的价值。他说：

> 夫世人不学诗书，行仁义……乃论不验之语，学不然之事，图天地之形，说灾异之变，乖先王之法，异圣人之意，惑学者之心，移众人之志；指天画地，是非世事，动人以邪变，惊人以奇怪，听之者若神，观之者如异。……事不生于法度，道不本于天地，可言而不可行也，可听而不可传也，可□玩而不可大用也。（九）

这里形容的是当时谈论阴阳灾异图谶的方士、儒生。陆贾这样排斥迷信派，还不失为“左倾”的中派思想家。

陆贾的积极的人生观，到了吕后专政的时期（前194—前180）也就无所用之。《史记》说：

> 孝惠帝时，吕太后用事，欲王诸吕，畏大臣有口者。陆生自度不能争之，乃病免家居。以好畤田地善，往家焉。有五男，乃出所使越得橐中装，卖千金，分其子，［每］子二百金，令为生产（汉制，每一金直千贯）。陆生常安车驷马，以歌舞鼓琴瑟侍者十人，宝剑直百金。谓其子曰：“与汝约：过汝，汝给我人马酒食，极欲十日而更。所死家得宝剑车骑侍从者。一岁中往来过他客，率不过再三过。数见不鲜，无久溷汝为也。”（《史记》九七，参用《汉书》四三）

这是他自己韬晦的方法。然而他后来替陈平画策，交欢周勃，遂诛诸吕，迎立文帝，使那第二帝国危而复安，这还够得上他的“贤者不虚生”的人生哲学。

刘 弘[①]

仲长统（死在西历220）的《昌言·法诫篇》有这两句很平实的话：

> 夫使为政者，不当与之婚姻；婚姻者，不当使之为政也。（《后汉书》传三十九）

我常说：仲长统这几句话最浅近明白，应该人人可以懂，所以应该选在公民常识教科书里，让将来的政治家从小就牢记在脑子里。

今天读《晋书（六十六）·刘弘传》，又看见了一段同样浅近的故事，我也抄在这里，留作将来编教科书之用。

刘弘是四世纪的一个模范人物，他的人格的可敬可爱，不下于陶侃。《晋书》把这两个人的传记合在一卷（卷六十六，列传三十六），这一卷是我最爱读的。

且说晋惠帝太安二年（西历303），荆州刺史刘弘战胜了张昌的兵队，杀了张昌，平定了荆州。

> 时荆部守宰多缺，弘请补选，帝从之。弘乃叙功铨德，随才补授，甚为论者所称。

他选补的各官之中，有他的牙门将皮初，他选补襄阳太守。

朝廷以初虽有功，襄阳又是名郡，名器宜慎，不可授初，乃以前东平太守夏侯陟为襄阳太守。余并从之。

① 本文作于1943年9月4日。原稿收入《胡适遗稿及秘藏书信》第5册，黄山书社1994年12月版。题目为编者所加，原题为《政治与亲戚——读〈晋书·刘弘传〉》。

陟，弘之婿也。

弘下教曰：“夫统天下者，宜与天下同心。化一国者，宜以一国为任。若必姻亲然后可用，则荆州十郡，安得十女婿然后为政哉？”乃表“陟姻亲，旧制不得相监。皮初之勋宜见酬报”。诏听之。

卅二，九，四夜

政治與親戚（讀晉書劉弘傳）

仲長統（死在西曆二二〇）的昌言法誡篇有這兩句很平實的話：

夫使為政者，不當與之婚姻；婚姻者，不當使之為政也。（後漢書傳三十九本傳）

我常說，仲長統這幾句話最淺近明白，應該人人可以懂，所以應該選在公民常識教科書裏，讓將來的政治家從小就牢記在腦子裏。

今天讀晉書（六十六）劉弘傳，又看見了一段同

■　胡适《政治与亲戚》手稿

王昭君[1]

列位看我这篇传记，一定要奇怪，说这“王昭君”三字，怎么能和这“爱国女杰”四字合在一起呢？那王昭君不是汉朝一个失宠的宫女么？不是受了画工毛延寿的害，不中元帝的意，被元帝派出去和番的么？这个人怎么算得爱国的女豪杰呢？列位这种疑心并没有错，不过列位都被那古时做书的人欺瞒了几千年，所以如今还说这种话，简直把这位爱国女杰王昭君受了二千年的冤枉，埋没到如今。我如今既然找到了真凭实据，可以证明这位王昭君确是一位爱国女豪杰，断不敢不来表彰一番，使大家来崇拜崇拜，这便是在下做这篇《昭君传》的原因了。

我且先说那旧说，那旧说道：

> 王昭君是汉元帝时候一个宫人。那时元帝的后宫，人太多了，一时不能看遍，遂召许多画工，把那些宫人的容貌，都图成一册，好照着那册子上的面貌按图召见。便有那许多宫人，容貌中常的，便在那画工面前行了贿赂，有的送十万钱的，也有送五万钱的。只有王昭君不屑做这些苟且无耻的事，那画工不能得钱，便把昭君的容貌画成丑相。后来匈奴（匈奴是汉朝北方一种外国人的种名，时常来扰中国）的单于来朝（单于是匈奴国王的称呼，和中国称王一般），问皇帝求一个美女。元帝翻那画册，只见王昭君的面貌最丑，便许了匈奴，把昭君赐他。到了次日，元帝便召昭君来见，不料竟是一个绝色美人，竟是宫中第一等的美人，一切应对举止，没有一件不好的。元帝心中可惜的了不得，但是既许了匈奴，不便失信于外夷，只得把昭君赐了匈奴。后来元帝心中越想越可惜，便把那些画工都抓来杀了。

① 原载 1908 年 11 月 4 日《竞业旬报》第 32 期。题目为编者所加，原题为《中国爱国女杰王昭君传》。

以上说的，都是从前说昭君的话头。你想那些画工竟敢在皇帝宫中做起买卖来了，胆子也算大极了。况且元帝既见之后，又何尝不可把别人来代替他？所以这种话都是靠不住的。我如今所引证的，也是从古书上来的，并不是无稽之谈，列位且听我道来。

王昭君，名嫱，是蜀郡秭归人氏，她父亲叫做王穰，所生只有昭君一女。昭君自幼便和平常女儿家不同，一切举动，都合礼法，长成的时候，生得秀外慧中，绝代丰姿，真个宋玉说的，“增一分则太长，减一分则太短，傅粉则太白，涂脂则太赤”。再加之幽娴贞静，所以不到十七岁，便早已通国闻名的了。及笄以后，那些世家王孙，来求婚的，真个不知其数，他父亲总不肯许。恰巧那时元帝选良家女子入宫，王穰听了这个消息，便来与女儿说知，想要把昭君送进宫去。王昭君听了这话，心中自己估量，自思自己的父亲只生一女，古语道得好，“生女不生男，缓急非所益”。父母生我一场，难道亲恩未报，就此罢了不成？如今不如趁这机会，得进宫去，或者得天子恩宠，得为昭仪或是婕好，那时可不是连我的父母、祖宗都有了光荣，也不枉父母生我一场。主意已定，便极力赞成王穰的说话。王穰见女儿情愿，便把昭君献入宫去。看官要晓得，这原是昭君一片孝心，想做那光耀门楣的女儿，那里晓得那皇帝的深宫，是一个最凄惨最可怜的地方。古来许多诗人做的许多宫怨的诗词，已是写得穷形尽致的了。更有那《红楼梦》上说的，有一位贾元妃，对他父亲说：“当日送我到那不见人的去处。”你看这十二个字，写得多少凄怆呜咽。人尚且不能见，什么人生的乐趣，更不用说自然是没有的了。那宫中几千宫女，个个抬起头来，望着皇帝来临，甚至于有用竹叶插门，盐汁洒地，来引皇帝的羊车的。其实好好一个人，到了这种地方，除了卑鄙龌龊、苟且逢迎之外，那里还想得天子的顾盼。唉，这种卑鄙污下的行为，岂是我们这位爱国女杰王昭君做得到的么？昭君到了这个地方，看了这种行为，心想自己容貌虽好，品行虽好，终究不能得天子的宠遇，休说宠遇，简直连天子的颜色都不大望得见了。要是照这样下去，还不是到头做一个白发宫人么？昭君想到这里，自然要蛾眉紧蹙，珠泪常垂的了。

看官要记清，上面所说的，都是王昭君入宫的历史，如今要说那王昭君爱国的历史了。看官须晓得，汉朝一代，最大的边患，便是那匈奴，从汉高祖以来，常常入寇中国，弄得中国边境，年年出兵，民不聊生。宣帝的时候，匈奴内乱，自相争杀，遂分成两国，一边是呼韩邪单于，一边是郅支单于。后来汉朝帮助呼韩邪攻杀郅支。呼韩邪单于大喜，遂来中国，入朝朝覲。那时正是汉元帝竟宁元年，那时便是王昭君立功的时代了。

那时呼韩邪来朝，先谢皇帝复国的恩典，便说：

> 小臣得天子威灵，得有今日，从此以后，断不敢再萌异心。如今想求皇帝赐一个中国女子给臣，使小臣生为汉朝的臣子，又做汉朝的女婿，子孙便做汉朝的外甥，从此匈奴可不是永永成了天朝的外臣了么？

皇帝听了呼韩邪的话，心中很喜欢，只是一件，那匈奴远在长城之外，胡天万里，冰霜遍地，沙漠匝天，住的是韦鞲毳幙，吃的是羶肉酪浆。那种苦况，这些娇滴滴的宫娃，那里受得起，谁肯舍了这柏梁建章的宫殿，去吃这种惨不可言的苦况呢。想到这里，心里便踌躇起来了，便叫内监，把全宫的宫人都宣上殿来。不多一会，那金殿上便黑压压到了无数如花似玉的宫人，元帝便问道："如今匈奴的国王，要求朕赐一女子给他，你们如有愿去匈奴的，可走出来。"连问了几遍，那些宫人面面相觑，没有一个敢答应的。那时王昭君也在其内，听了皇帝的话，看了大众的情形，晓得大众的意思，都是偷安旦夕，全不顾大局的安危，心里便老大不自在。心想我王嫱入宫已有几年了，长门之怨，自不消说，与其做个碌碌无为的上阳宫人，何如轰轰烈烈做一个和亲公主，我自己的姿容或者能够感动匈奴的单于，使他永远做汉朝的臣子。一来呢，可以增进大汉的国威；二来呢，使两国永永休兵罢战，也免了那边境上年年生民涂炭之苦。将来汉史上即使不说我的功勋，难道那边塞上的口碑，也把我埋没了么？想到这里，便觉得这事竟是我王嫱义不容辞的责任了。昭君主意已定，叹了一口气，黯然立起身来，颤巍巍地走出班来，说："臣妾王嫱愿去匈奴。”那时元帝看见没人肯去，正在狐疑的时候，忽见人从里走出这么一位倾城倾国、绝代无双的美人来，定睛一看，竟是宫中第一个绝色美人，而且是平日没有见过的。这时候，元帝又惊又喜，又怜又惜。惊的是，宫中竟有这么一个美人；喜的是，这位美人竟肯远去匈奴；怜的是这位美人怎禁得起那万里长征的苦趣；惜的是，宫中有了这个美人，却不曾享受得，便把去送与匈奴，岂不可惜，岂不可惜吗？皇帝心中虽是可惜，然而那时匈奴的使臣陪着呼韩邪单于，都在殿上，昭君的美貌，是满朝都看见的了，昭君的言语，是都听见的了，到了这时候，唉，虽有天子的威力，大汉的国势，也不能挽回这事了。元帝到了这时候，一时没得法了，只好把昭君赐了匈奴。从此以后，我们这位爱国女杰王昭君，便做了匈奴呼韩邪单于的大阏支（阏支的意思和我们中国称王后一般）了。

呼韩邪得了王昭君，快活极了。那时汉元帝封昭君为宁胡阏支。这“宁胡”二字，便是“安抚胡人”的意思。果然一个王昭君，竟胜似千百万雄兵。从此以后，胡也宁了，汉也宁了。那时呼韩邪单于便和昭君回到匈奴，一路上经过许多平沙大漠，呼韩邪便叫匈奴的乐工在马上弹起琵琶来，叫昭君一路行一路听着，免得他生思乡之念。不多时，昭君到了匈奴。匈奴便年年进贡，永远做汉朝的外臣，于是汉朝的国威远及西北诸国。从元帝到成帝、哀帝、平帝，一直到王莽篡汉的时候，那时呼韩邪也死了，昭君也死了，他子孙做单于的都说：“我国世世为汉朝的外甥，如今天子已非刘氏，如何做他的藩属？”于是匈奴遂不进贡了，遂独立了。可见这都是这位爱国女杰王昭君的功劳，这便是王昭君的爱国历史。我们中国几千年以来，人人都可怜王昭君出塞和番的苦趣，却没有一个人晓得赞叹王昭君的爱国苦心的。唉，怎么对得住王昭君呀，那真是对不住王昭君了！

王 莽[1]

王莽受了一千九百年的冤枉，至今还没有公平的论定。他的贵本家王安石虽受一时的唾骂，却早已有人替他伸冤了。然而王莽确是一个大政治家，他的魄力和手腕远在王安石之上。我近来仔细研究《王莽传》及《食货志》及《周礼》，才知道王莽一班人确是社会主义者。王莽于西历纪元九年建国，那年他就下诏曰：

> 古者设庐井八家，一夫一妇田百亩，什一而税，则国给民富而颂声作。此唐虞之道，三代所遵行也。秦为无道，厚赋税以自供奉，罢民力以极欲，坏圣制，废井田，是以兼并起，贪鄙生：强者规田以千数，弱者曾无立锥之居；又置奴婢之市，与牛马同兰，制于民臣，颛断其命，奸虐之人，因缘为利，至略卖人妻子，逆天心，悖人伦，缪于“天地之性人为贵”之义（此等处皆可以补史传的不足。百年前，董仲舒也有“去奴婢，除专杀之威”的主张）。……汉氏减轻田税，三十而税一，常有更赋：罢癃咸出（晋灼曰，虽老病者，皆复出口算），而豪民侵陵，分田劫假；厥名三十税一，实什税五也。父子夫妇终年耕芸，所得不足以自存，故富者犬马余菽粟……贫者不厌糟糠。……今更名天下田曰王田，奴婢曰私属，皆不得卖买。其男口不盈八而田过一井者，分余田予九族邻里乡党。故无田，今当受田者，如制度。
>
> 敢有非井田圣制，无法惑众者，投诸四裔，以御魑魅。如皇始祖考虞帝故事。（此莽诏须看《王莽传》）

《莽传》说：

---

① 原载《努力周报》附刊《读书杂志》1922年9月第1期。原题为《王莽——一千九百年前的一个社会主义者》。

坐卖买田宅奴婢铸钱，自诸侯大夫至于庶民，抵罪者不可胜数。（《食货志》同）

此政策即“土地国有”、“均产”、“废奴”三个大政策。当日施行时自然有大困难。到了西历十二年，中郎区博谏莽曰：

井田虽圣王法，其废久矣。周道既衰，而民不从。秦知顺民之心可以获大利也，故灭庐井而置阡陌，遂王诸夏。讫及海内未厌其敝，今欲违民心，追复千载绝迹，虽尧舜复起而无百年之渐，弗能行也。天下初定，万民新附，诚未可施行。（《传》）

莽知民愁，乃下书曰：

诸名食“王田”，皆得卖之，勿拘以法。犯私买卖庶人者，且一切勿治。（同）

西历十年，莽即位之二年，初设“六筦之令”。“筦”字《食货志》作“斡”，即是“归国家管理”之意。六筦是：

一、盐，二、酒，三、铁，四、名山大泽，五、钱布铜冶（今本钱作铁，今依钱大昭校，据闽本），六、五均赊贷。

《食货志》记诸筦，有两次诏令的原文。《莽传》亦有两次，一在西十年，一在西十七年。《食货志》第一诏当是十年的：

夫《周礼》有赊贷（此指“泉府”之职），《乐语》有“五均”。（邓展曰，《乐语》、《乐元语》，河间献王所传，道五均事。臣瓒曰，其文云，“天子取诸侯之土，以立‘五均’，则市无二贾，四民常均，强者不得困弱，富者不得要贫，则公家有余，恩及小民矣。”沈钦韩曰，《乐语》、《白虎通》引之。）传记各有“斡”焉。今开赊贷，张五均，设诸“斡”者，所以齐众庶，抑并兼也。

“遂于长安及五都立五均官，更名长安东西市，令及洛阳，邯郸，临淄，宛，成都市长，皆为‘五均司市师’，〔两市及五都〕皆置交易丞五人，钱府（即泉府）丞一人。”此时似尚未明定“六筦”之数，诸“斡”次第举行。凡属于国有富源的，办法如下：

> 工商能采金银铜连（铅）锡，登龟取贝者。皆自占〔于〕司市钱府，顺时气而取之。……

这不是国家自办，乃是归国家管理；凡做此项事业的，须呈报（“占”）于司市钱府。营业所得，国家要抽“所得税”。故《食货志》说：

> 诸取众物——鸟兽鱼鳖百虫——于山林水泽，及畜牧者，嫔妇桑蚕织纴纺绩补缝，工匠医巫卜祝，及它方技商贩贾人坐肆列里区谒舍，皆各自占所为于其所在之县；官除其本，计其利，十一分之，而以其一为贡。敢不自占，自占有不实者，尽没入所采取，而作〔于〕县官一岁。

抽所得税竟抽到女工方技，似乎不确。况且科罚条文内说“尽没入所采取”，似乎原令的所得税只限于“诸取众物于山林水泽，及畜牧者”或至多“及它方技商贩贾人坐肆列里区谒舍”者。《莽传》也只说“命县官酤酒，卖盐铁器，铸钱。诸采取名山大泽众物者，税之。”可以互证。

《食货志》说酤酒的办法最详细：

> 令官作酒，以二千五百石为一均，率开一卢以卖，雠五十酿为准。一酿用粗米二斛，麹一斛，得成酒六斛六斗。各以其市月朔米麹三斛并计其贾而参分之，以其一为酒一斛之平。除米麹本贾，计其利而什分之，以其七入官，其三及醩截（酢浆也）灰炭给工器薪樵之费。

五均之制，《食货志》也说的详细：

> 一、市平（平均的物价）“诸司市常以四时中月，实定所掌，为物上中下之贾，各自用为其市平，毋拘他所。”
>
> 二、收滞货　“众民卖买五谷布帛丝绵之物，周于民用，而不雠者，均官有以考检厥实，用其本贾取之，毋令折钱。”
>
> 三、平市　“万物卬贵过平一钱，则以〔所收不雠之物以〕平

贾卖与民。其贾氐贱减〔于〕平者，听民自相与市，以防贵庾者。”

四、赊 “民欲祭祀丧纪而无用者，钱府以所入工商之贡，但赊之（师古曰，但，空也，徒也，言不取息利也）。祭祀无过旬日，丧纪无过三月。”

五、贷本 “民或乏绝，欲贷以治产业者，均授之，除其费，计所得〔而〕受息，毋过岁什一。”《莽传》作“赊贷与民，收息百月三”。

这些政策，都是“国家社会主义”的政策。他们的目的都是“均众庶，仰并兼”。但当那个时代，国家的组织还不完备，这种大计画的干涉政策，当然不能一时收效。政府里的书生又不能不依靠有经验的商人，故《食货志》又说：

羲和（官名）置命士，督五均六斡，郡有数人，皆用富贾。洛阳薛子仲、张长叔，临菑姓伟等，乘传求利，交错天下。因与郡县通奸，多张空簿，府藏不实。百姓俞病。

到了西十七年，王莽又下诏曰：

夫盐，食肴之将；酒，百药之长，嘉言之好；铁，农田之本；名山大泽，饶衍之藏；五均赊贷，百姓所取平，仰给以赡；钱布铜冶，通行有无，备民用也。此六者，非编户齐民所能家作，必仰于市；虽贵数倍，不得不买。豪民富贾，即要贫弱，先圣知其然也，故筦之。每一斡为设科条防禁，犯者罪至死。

我们看这一诏，可以知道当日的政治家确能了解“国家社会主义”的精意。六筦都是民间的“公共用具”，私人自做，势必不能；若让少数富贾豪民去做，贫民必致受他们的剥削。社会主义者所以主张把这种“公共用具”一切收归社会（或国家）办理。这个意思，即是王莽的政策的用意，那是无可疑的了。

西二十一年，南郡秦丰，平原女子迟昭平各聚兵作乱。莽召群臣问禽贼方略，故左将军公孙禄征来与议，他说：

> ……国师嘉信公（刘歆）颠倒五经，毁师法，令学士疑惑。明学男张邯，地理侯**孙阳**，造井田，使民弃土业。羲和**鲁匡设六筦**，**以穷工商**。……宜诛此数子，以慰天下。

这几个重要人物，除了刘歆之外，几乎全不可考。若不是公孙禄明白提出，我们竟无从知道这些主名了。作井田的孙阳，已不可考。张邯见于《汉书·儒林传》（八十八）之《后苍传》下。后苍通诗礼，传匡衡、翼奉、萧望之，匡衡的传经表如下：

- 匡衡——
  - 琅邪师丹
  - 伏理
  - 颍水满昌——
    - 九江张邯
    - 琅邪皮容

按《莽传》，满昌为莽太子讲诗。又按《后苍传》，张邯与皮容“皆至大官，徒众尤盛”。鲁匡见于《后汉书·鲁恭传》（五十五），“恭，扶风平陵人也。……哀平间，自鲁而徙。祖父匡，王莽时为羲和，**有权数，号曰智囊**。”《食货志》说：

> 国师公刘歆言周有泉府之官，取不雠，与欲得，即《易》所谓“理财正辞禁民为非”者也。莽乃下诏（即十年之诏）。……羲和鲁匡言：
>
> 名山大泽、盐、铁、钱、布帛，五均赊贷，筦在县官。唯酒酤独未筦。……《诗》曰，“无酒酤我。”而《论语》曰，“酤酒不食。”二者非相反也。夫《诗》据承平之世，酒酤在官，和旨便人，可以相御也。《论语》孔子当周衰乱，酒酤在民，薄恶不诚，是以疑而弗食。今绝天下之酒，则无以行礼相养，放而亡限，则费财伤民。请法古令官作酒。……（余见上）

这种穿凿附会，绝像王莽时代的经学家。《莽传》又说，公孙禄请诛数子之后，莽怒，使虎贲扶禄出，然颇采其言，左迁鲁匡为五原卒正。以百姓怨非，故六筦非匡所独造，莽厌众意而出之。

大概酒莞是鲁匡的计画，其余则刘歆等人的合作，未必是鲁匡一人“所独造”了。

西二十二年，四方盗贼并起，太师王匡等战数不利。莽“乃议遣风俗大夫司国宪等分行天下，除井田奴婢山泽六筦之禁。即位以来诏令不便于民者，皆收还之，待见未发”。此事竟无下文，似乎终莽之世，这些政策不曾废除。再过一年，他就死了。

《食货志》说：

莽性躁扰，不能无为。每有所兴造，必欲依古。

《莽传》说：

莽意以为制定则天下自平，故锐思于地里，制礼作乐，讲合六经之说。公卿旦入暮出，论议连年不决。……莽自见前颛权以得汉政，故务自揽众事。……莽常御灯火至明，犹不能胜。……

可怜这样一个勤勤恳恳，生性“不能无为”，要“均众庶，抑并兼”的人，到末了竟死在渐台上，他的头被一个商人杜吴斫去，尸首被军人分裂，“支节肌骨脔分！”而二千年来，竟没有人替他说一句公平的话！

十一，九，三

再论王莽

昨晚写英文《王莽》演说稿，到今早三点半才完功。此次写此文，虽费了不少精力，却得了不少益处。十一年（1922）九月间我初写《王莽》一文，不过是一天的读书笔记，后来遂不曾细细修正过。今回重写此文，曾细读《食货志》、《王莽传》等篇，始知王莽所行的新法大都有所本，其中止有一部分是王莽的创制。如他建国后，第一年所行的三大政策：土地国有，均田，废奴婢，皆是汉武帝时代董仲舒曾提出的。始建国元年的诏书可以说是完全根据董仲舒说武帝的话，略加引申的。仲舒原书见《食货志》上：

> 古者税民不过什一，其求易供；使民不过三日，其力易足。民财内足以养老尽孝，外足以事上共税，下足以畜妻子极爱，故民说从上。
>
> 至秦则不然：用商鞅之法，改帝王之制，除井田，民得卖买。富者田连仟伯，贫者亡立锥之地。又颛川泽之利，管山林之饶，荒淫越制，逾侈以相高。邑有人君之尊，里有公侯之富。小民安得不困？又加月为更卒，已复为正；一岁屯戍，一岁力役，三十倍于古（师古曰，更卒，谓给郡县一月而更者也。正卒，谓给中都官者也。率计今人一岁之中屯戍及力役之事，三十倍多于古也）。田租口赋盐铁之利，二十倍于古（师古曰，既收田租，又出口赋，而官更夺盐铁之利）。或耕豪民之田，见税什五。
>
> 故贫民常衣牛马之衣，而食犬彘之食，重以贪暴之吏刑戮妄加；民愁亡聊，亡逃山林，转为盗贼。赭衣半道，断狱岁以千万数。
>
> 汉兴，循而未改。
>
> 古井田法虽难卒行，宜少近古，限民名田，以澹（赡）不足。塞并兼之路，盐铁皆归于民。去奴婢，除专杀之威。薄赋敛，省繇役，以宽民力，然后可善治也。

王莽改田制去奴婢之诏理论是全抄仲舒的，办法则比他更彻底。

《食货志》又说，哀帝即位，师丹辅政，曾建限田之议，他说：

> 古之圣王莫不设井田，然后治乃可平。孝文皇帝承亡周乱秦兵革之后，天下空虚，故务劝农桑，帅以节俭。民始充实，未有并兼之害。故不为民田及奴婢为限。今累世承平，豪富吏民赀数巨万，而贫弱俞困。
>
> 盖君子为政贵因循而重改作。然所以有改者将以救急也。亦未可详，宜略为限。

哀帝下诏云：

> 制节谨度，以防奢淫，为政所先，百王不易之道也。诸侯王，列侯，公主，吏二千石，及豪富民，多畜奴婢田宅亡限，与民争利。百姓失职，重困不足。其议限列。（《哀帝纪》）

有司（《食货志》上作“丞相孔光大司空何武”）条奏：

> 诸〔侯〕王列侯〔皆〕得名田国中；列侯在长安，及（《志》无“及”字）公主名田县道；〔及〕（《志》有此字）关内侯，吏民名田，皆无得过三十顷。（如淳曰，名田国中者，自其所食国中也。既收其租税，又自得有私田三十顷。名田县道者，《令甲》，“诸侯在国，名田他县，罚金二两”；今列侯有不之国者，虽遥食其国租税，复自得田于他县道。公主亦如之。不得过三十顷。）
>
> 诸侯王奴婢二百人。列侯公主，百人。关内侯吏民，三十人。
>
> 年六十以上，十岁以下，不在数中。
>
> 贾人皆不得名田为吏。
>
> 犯者以律论。
>
> 诸名田畜奴婢过品，皆没入县官。（《哀帝纪》）

《食货志》云：

> 期尽三年，犯者没入官。

又云：

> 时田宅奴婢贾为减贱。丁傅用事，董贤隆贵，皆不便也。诏书“且须后”，遂寝不行。

故《哀帝纪》无实行的诏书。此事在绥和二年（前7）。王莽的改制与师丹、孔光的主张正是一贯，不过他认限制名田畜奴为不彻底，故索性废止私有土田奴婢了。

王莽的六筦之中，盐与铁由国家设官专卖，起于东郭咸阳与孔仅，事在元狩四年（前 119）。铸钱在汉初尚不归政府专办；至武帝时，始禁铸钱，由上林三官专铸。至五铢钱出，币制画一，禁私铸的政策始生效力。《食货志》说：

> ……令天下非三官钱不得行。诸郡国前所铸钱，皆废销之，输入其铜三官。而民之铸钱益少。计其费不能相当，唯真工大奸乃盗为之。

又说：

> 自孝武元狩五年（前 118）三官初铸五铢钱，至平帝元始中（1—5），成钱二百八十亿万余云（28000000000）。

依这些史事看来，王莽的六筦，只有三筦是他的创制。

十七，四，十九

司马迁[①]

一

中国的正统派经济思想一面主张均田均产，一面主张重农抑商。凡井田之论，限民名田之议，以及王莽没收私有土地实行均田之政策，皆属于前者。凡挫辱商人，不许商人乘车衣丝，市井子孙不得仕宦，以及种种驱民归农的政策，皆属于后者。

均田均产的思想是由于渴想一种“调均”的社会。孔子说：“不患贫而患不均。”又说：“均无贫。”（《论语》作“不患寡而患不均”。今依汉人引文校改。）他虽然不曾发挥这个意思，到了孟子手里，便有经界井田的主张出来了。后来封建制度完全消灭，政权全归国家，土地全归私有，私有资本主义更发达了。当时富人并兼贫人，必有很冷酷的不均现象，如董仲舒说的：“富者田连阡陌，贫者无立锥之地”，“贫者常衣牛马之衣，而食犬彘之食”。儒家既以“调均”为理想，故多主张均田制度。汉文帝时博士所作《王制》便主张农夫每人分田百亩。董仲舒在《春秋繁露》的《度制》篇里也主张“方里八家，一家百亩”。董生也明白井田制度不容易实行，故他对汉武帝说：“古井田法虽难猝行，宜少近占，限民名田，以赡不足，塞并兼之路。”哀帝时，儒生当国，师丹、孔光等人便主张实行限田，贵族与平民私有田地皆不得过三十顷。当时贵族宠臣反对此议，遂不得实行。到王莽才把天下私有土地全数收为国有，名曰“王田”，不得买卖：“其男口不盈八而田过一井者，分余田予九族邻里乡党。故无田，今当受田者，如制度。”均田之议遂见于制度，试行了三年而废除。

重农抑商的主张起于一种错误的价值论，认商人为不劳而获的不生

① 原载1931年3月《经济学季刊》第2卷第1期。题目为编者所加，原题为《司马迁替商人辩护》。

利阶级，不但不生利，还得靠剥削农人为谋利之道。如晁错说的，商人“男不耕耘，女不蚕织，衣必文采，食必粱肉，无农夫之苦，有阡陌之利”，这是很普遍的见解。他们虽不曾明说劳动为价值的原素，然而他们都深信古话所谓“一夫不耕，或受之饥；一女不织，或受之寒”的原则，所以绝不能了解何以不耕不织的人可以衣食千百人。这是重农抑商的第一个理由。他们又不能了解货币的性质，故有一种最幼稚的货币理论，以为货币越不方便，越好；越方便，越不好。故他们以为五谷是交易有无的基本，而金钱是有害无利的。如晁错说的：

> 夫珠玉金银，饥不可食，寒不可衣。然而众贵之者，以上用之故也。其为物轻微易藏，在于把握，可以周海内而无饥寒之患。此令臣轻背其主，而民易去其乡，盗贼有所劝，亡逃者得轻资也。粟米布帛生于地，长于时，聚于力，非可一日成也。数石之重，中人勿胜，不为奸邪所利。一日弗得而饥寒至。是故明君贵五谷而贱金玉。

这也是重农抑商政策的一个理由。他们根本上不愿人民“轻去其乡”，更不愿商人“千里游敖，冠盖相望，乘坚策肥，履丝曳缟”。他们根本上就不要一个商业发达的社会。所以他们处处想用法律压迫商人，不准商人“衣锦绣绮縠絺纻罽，操兵（兵是兵器），乘骑马”（《高祖本纪》，八年），不准市井子弟做官（《食货志》）。哀帝时孔光等议限田奏中有“贾人皆不得名田为吏”，这不但要禁止商人为吏，还要禁止他们买田了！

这种种政策和他们背后的经济思想，都只是不承认那自然产生的私产制度的新社会，而要想用法律政治来矫正这个自然变迁，来压制商人，来“使民务农”。这种干涉政策有什么效果呢？我们可让晁错自己回答：

> 今法律贱商人，商人已富贵矣。尊农夫，农夫已贫贱矣。故俗之所贵，主之所贱也。吏之所卑，法之所尊也。

干涉政策的成效如此，而干涉之论仍日出不穷。故重农抑商，均田均产，二千年中继续为儒生的正统经济思想。

二

在那干涉的调均论最流行的时代，董仲舒的朋友司马迁独唱一种替资本主义辩护的论调。司马迁受道家的自然无为主义的影响很深，故他对于那贫富不均的社会，并不觉得奇怪，也不觉得有干涉的必要。在他的眼里，商人阶级的起来，不过是一种很自然的现象。他很平淡的说：

> 富者，人之情性所不学而俱欲者也。（以下均引《史记》一二九，《货殖列传》）
>
> 天下熙熙，皆为利来；天下攘攘，皆为利往。夫千乘之王，万家之侯，百室之君，尚犹患贫，而况匹夫编户之民乎？

这不但是自然的现象，并且是很有益于社会的。社会国家都少不得商人，商人阶级是供给社会的需要而产生的。他说：

> 夫山西饶材竹谷纑旄玉石，山东多鱼盐漆丝声色，江南出柟梓姜桂金锡连（铅）丹沙犀玳瑁珠玑齿革，龙门、碣石北多马牛羊旃裘筋角，铜铁则千里往往山出棋置。此……皆中国人民所喜好，谣俗被服饮食奉生送死之具也。故待农而食之，虞而出之，工而成之，商而通之。此宁有政教发征期会哉？人各任其能，竭其力，以得所欲。故物贱之征贵，贵之征贱，各劝其业，乐其事，若水之趋下，日夜无休时，不召而自来，不求而民出之。岂非道之所符而自然之验耶？《周书》曰："农不出则乏其食，工不出则乏其事，商不出则三宝绝，虞不出则财匮少。财匮少而山泽不辟矣。"此四者，民所衣食之原也。原大则饶，原小则鲜。上则富国，下则富家。贫富之道，莫之夺予，而巧者有余，拙者不足。

司马迁在这里把农工商虞（虞是经营山泽之利的，盐铁属于此业）四个职业分的最清楚，"商而通之"一语更是明白指出商业的功用。同书里曾说：

汉兴，海内为一，开关梁，弛山泽之禁，是以富商大贾周流天下，交易之物莫不通得其所欲。

这几句简单的话，使我们知道资本主义的发达是由于汉帝国初期的开放政策。政府尽管挫辱商人，不准商人乘车衣丝，但只要免除关市的苛捐杂税，只要开放山泽之利，商业自然会发达的。商业的发达能使交易之物各得其所欲，这正是商人流通有无的大功用。

司马迁的卓识能认清贫富不均是由于人的巧拙不齐，是自然的现象。他说：

贫富之道，莫之夺予，而巧者有余，拙者不足。

又说：

无财，作力；少有，斗智；既饶，争时。

又说：

纤啬筋力，治生之正道也（此即所谓无财作力）。而富者必用奇胜（此即所谓斗智争时）。田农拙业，而秦阳以盖一州。掘冢，奸事也，而曲叔以起。博戏，恶业也，而桓发用之富。行贾，丈夫贱行也，而雍乐成以饶。贩脂，辱处也，而雍伯千金。卖浆，小业也，而张氏千万。洒削（治刀剑），薄技也，而郅氏鼎食。胃脯（焊羊胃，以末椒姜拌之，晒干作脯），简微耳，浊氏连骑。马医，浅方，张里击钟。此皆诚壹之所致。由是观之，富无经业，则货无常主。能者辐凑，不肖者瓦解。

这都是说工商致富都靠自己的能力智术，不是偶然的，也不是不劳而得的。他引白圭的话道：

吾治生产犹伊尹、吕尚之谋，孙、吴用兵，商鞅行法是也。是故其智不足与权变，勇不足以决断，仁不能以取予，强不能有所守，虽欲学吾术，终不告之矣。

故他赞白圭道：

> 白圭其有所试矣。能试有所长，非苟而已也。

这都是承认营利致富是智能的报酬，不是倘来之物。这是很替资本制度辩护的理论，在中国史上最是不可多得的。太史公不像董仲舒那样“下帷讲诵，三年不窥园”，而偏爱高谈天下经济问题的人，他少年时便出门游历，足迹遍于四方，故能有这种特殊的平恕的见解。他看不起那些迂腐儒生，

> 无岩处奇士之行，而长贫贱，好语仁义，亦足羞也。

司马迁既认那农工虞商的资本主义的社会是“道之所符而自然之验”，故他不主张干涉的政策，不主张重农抑商的政策，也不主张均贫富的社会主义。他说：

> 夫神农以前，吾不知已。至若《诗》、《书》所述，虞、夏以来，耳目欲极声色之好，口欲穷刍豢之味，身安逸乐而心夸矜势能之荣，使俗之渐民久矣。虽户说以眇（妙）论，终不能化。故善者因之，其次利导之，其次教诲之，其次整齐之，最下者与之争。

这种自然主义的放任政策是资本主义初发达时代的政治哲学。欧洲十八世纪的经济学者，大都倾向于这条路。但资本主义的社会自然产生贫富大不均平的现象，董生所谓“富者田连阡陌，而贫者无立锥之地”，“贫民常衣牛马之衣，而食犬彘之食”。这种现象也自然要引起社会改革家的注意与抗议，故干涉的政策，均贫富的理想，均田限田的计划，都一一的起来。董生和太史公同时相熟，而两人的主张根本不同如此。后来的儒家比较占势力，而后来的道家学者又很少像司马迁那样周知社会经济状况的，故均贫富，抑并兼的均产主义渐渐成为中国的正统思想。师丹限田之制失败之后，王莽还要下决心实行均田之制。王莽失败了，后世儒者尽管骂王莽，而对于社会经济，却大都是王莽的信徒。试看班固的《货殖传》，材料全抄《史记》，而论断完全不同了。我们试一比较这两种《货殖传》，可以看出思想的变迁了。

十九年八月

王梵志[①]

宋人笔记里屡次提起王梵志的诗，读者往往不大注意，都以为他是宋朝一个打油诗人。谁也想不到他是唐朝的人，更想不到他是隋末唐初的人！《全唐诗》里也不曾收他的诗。

去年我在巴黎检读伯希和先生（M. Paul Pelliot）从甘肃敦煌莫高窟带回去的六朝、唐、五代人的写本，检得三个残卷，都是王梵志的诗。三卷都有年代，最早的是后汉乾祐二年己酉（西历 949），最晚的是宋太祖开宝壬申（972）。我才知道王梵志是唐人。

后来又在巴黎读唐写本《历代法宝记》，其中有成都保唐寺和尚无住的语录长卷，引有王梵志的诗。无住死于大历九年（774），可见盛唐时期，王梵志的诗已通行很远了。我才知道王梵志是唐朝初期的人。

后来我回国之后，又检得《太平广记》卷八十二有“王梵志”一条，记有他的年代与生地，注云“出《史遗》”。后来又检得唐人冯翊《桂苑丛谈》也有此条，文字大同小异，大概同出于一个来源。今钞《太平广记》的原文，而附注冯氏所记异文于下：

> 王梵志，卫州黎阳人也。黎阳城东十五里有王德祖，当隋文帝时（冯本作“当隋之时”），家有林檎树，生瘿大如斗。经三年〔其瘿〕（冯本有此二字）朽烂，德祖见之，乃剖（冯作“撤”）其皮，遂见一孩儿抱胎而〔出〕（冯本有此字）。德祖收养之。至七岁，能语，〔问〕曰：“谁人育我？复何（冯作‘及问’）姓名？”德祖具以实语之。因名曰“林木梵天”（冯作“因林木而生曰梵天”），后改曰“梵志”（冯无“梵”字）。曰：“王家育我（冯作‘我家

① 原载 1927 年 12 月 3 日《现代评论》第 6 卷第 156 期。题目为编者所加，原题为《白话诗人王梵志》。

长育’，似误）可姓王也。”梵志乃作诗示人，甚有义旨。冯无“梵志乃”三字，示作“讽”。

冯翊《桂苑丛谈》多记咸通（860—873）乾符（874—879）间事，有一条写“僖宗末”，又一条写“吴王收复浙右之岁”；吴王即杨行密，死于九〇五年。冯翊此书当作于九〇〇年左右，在《太平广记》编纂（978）之前约八十年。

此条虽近于神话，然有三点似可信：（一）王梵志生于卫州黎阳，当现在河南浚县。（二）他生于隋朝，约当六世纪之末，约六〇〇年。（三）此条可见唐朝有王梵志的神话，可证他的诗盛行民间，引起神话式的传说。

以《历代法宝记》证之，旧说所记梵志的年代似不为过早。他生于隋朝，死于唐高宗时（约660—670），故八世纪的一个四川和尚得引用他的诗句。

据敦煌写本上的记载，梵志的诗共有三卷。上卷有三个残本，

一、开宝壬申（972）阎海真写本。

二、□□己酉（当是乾祐二年己酉，949）高文□写本，只有十几行。

三、乾祐二年己酉（949）樊文升写本，此本我未见原本，曾借钞董康先生钞日本羽田亨博士摄影本。

中卷无传本。下卷只有一个残本，为汉天福三年庚戌（当作乾祐三年，950，天福只有一年）金光明寺僧写本。

以上四残卷均在巴黎法国图书馆。我的朋友刘半农先生近拟印行《敦煌掇琐》一书，其中的王梵志诗即是上述的阎海真写上卷本。

上卷别名《夫子训世词》，多是日用常识的格言诗，很像应璩的《百一诗》的格式。其诗多没有文学趣味，我们略选几首作例：

（一）

黄金未是宝，学问胜珍珠。丈夫无伎艺，虚沾一世人。

（二）

得他一束绢，还他一束罗。计时应大重，直为岁年多。

（三）

有势不烦意，欺他必自危。但看木里火，出则自烧伊。

下卷极多好诗，我们选钞几首作例：

（四）

吾有十亩田，种在南山坡。青松四五树，绿豆两三窠。热即池中浴，凉便岸上歌。遨游自取足，谁能奈我何？

（五）

我见那汉死，肚里热如火。不是惜那汉，恐畏还到我。

（六）

共受虚假身，共禀太虚气。死去虽更生，回来尽不记。以此好寻思，百事淡无味。不如慰俗心，时时一倒醉。

（七）

草屋足风尘，床无破毡卧。客来且唤入，地铺稿荐坐。家里元无炭，柳麻且吹火。白酒瓦钵藏，铛子两脚破。鹿脯三四条，石盐五六课。看客只宁馨，从你痛笑我。（课当是“颗”字，“宁馨”即是“那哼？”即是“那么样？”）

以上是从巴黎藏的古写本选出的。在中国现存的材料里，我又辑到一些，计：

费衮《梁溪漫志》卷十，有八首。

胡仔《苕溪渔隐丛话》前集卷五十六，有两首。《诗话总龟》同。共计十首，皆不见于敦煌写本，或是《王梵志诗》中卷原文；其中有一部分（如费衮所录）也许是出于北宋人假托的。

胡仔引黄山谷所称许的梵志诗两首，都是绝好的诗，也钞在这里：

（八）

梵志翻著袜，人皆道是错。乍可刺你眼，不可隐我脚。

此诗最受宋朝文人的赞叹。如陈善《扪虱新话》卷五说：

知梵志“翻著袜”法，则可以作文。

如慧洪《林间录》云：

予尝爱王梵志诗云：梵志翻著袜，人皆谓我错。宁可刺我眼，不可隐我脚。

慧洪本与山谷所记有三个字不同。我以为应从山谷本。“乍可”乃是唐人俗话。如高适诗云：

我本渔樵孟诸野，一生自是悠悠者。乍可狂歌大泽中，宁堪作吏风尘下？

可以为证。

山谷所记第二首也是好诗：

（九）

城外土馒头，馅草在城里。一人吃一个，莫嫌没滋味。

山谷评此诗道：

已且为土馒头，尚谁食之？今改：

预先著酒浇，使教有滋味。

《诗话总龟》（《四部丛刊》本）引此条，也说是山谷改这两句；大概《总龟》是根据《苕溪渔隐丛话》的。但宋僧晓莹《云卧记谭》卷上引圜悟禅师的话却说这两句是苏东坡改的。圜悟即克勤，他嫌东坡改的不好，他竟改作一首如下：

城外土馒头，豏（即“馅”的本字）草在城里。著群（？）

哭相送，入在土皮里。次第作搛草，相送无穷已。以兹警世人，莫开眼瞌睡！

这样改诗，真是克勤和尚“开眼瞌睡”呵！

费衮所录八首，三首为七言，五首为五言。我们选两首作例：

（十）

世无百年人，强作千年调。打铁作门限，鬼见拍手笑。

慧洪《林间录》引此诗，说是寒山子的诗，其文也有异同，如下：

人是黑头虫，刚作千年调。铸铁作门限，鬼见拍手笑。

今本《寒山诗集》无此诗。

（十一）

他人骄[骑]大马，我独跨驴子。回顾担柴汉，心下较些子。

这本是新作《白话文学史》第十一章里的材料。因有一些材料不便收入《文学史》里去；又因本章付印之后，我又寻的一点新材料，故写成此文，在这里发表。我在客中，藏书甚少，搜集不广。倘蒙国内外读者把关于王梵志的新材料钞寄给我，我十分欢迎。

胡适

神会大师[1]

【参考书】

《神会语录》敦煌本

《六祖坛经》敦煌本　又明藏本

《菩提达摩南宗定是非论》敦煌本

《历代法宝记》敦煌本

宗密的慧能神会略传《圆觉大疏钞》卷三下（省称《圭传》），文多错误，用宗密《圆觉经略疏钞》（省称《略钞》）及清远《〈圆觉经疏钞〉随文要解》（省称《随解》）两本参校。

宗密《禅门师资承袭图》（省称《圭图》）

宗密《禅源诸诠集都序》（省称《禅源序》）

赞宁《宋高僧传》卷八（省称《宋僧传》）

道原《景德传灯录》卷五（省称《灯录》）

《全唐文》

《唐文拾遗》

《曹溪大师别传》《续藏经》二编乙，十九套，五册。

一　神会与慧能

神会，襄阳人，姓高氏（《圭传》作姓万，又作姓嵩，皆字之误。各书皆作高）。《宋高僧传》说他

> 年方幼学，厥性惇明。从师传授五经，克通幽赜；次寻庄老，

① 原收入《神会和尚遗集》，1930 年 12 月上海亚东图书馆初版。1958 年，胡适对此书作了校订和修改。1968 年 12 月，台北“中研院”胡适纪念馆影印出版了胡适的《神会和尚遗集》手校本。题目为编者所加，原题为《荷泽大师神会传》。

灵府廓然。览《后汉书》，知浮图之说，由是于释教留神，乃无仕进之意。辞亲投本府国昌寺颢元法师下出家。其讽诵群经，易同反掌。全大律仪，匪贪讲贯。闻岭表曹侯溪慧能禅师盛扬法道，学者骏奔，乃效善财南方参问。裂裳裹足，以千里为跬步之间耳。……

居曹溪数载，后遍寻名迹。

《宋僧传》所据，似是碑版文字，其言最近情理。王维受神会之托，作慧能碑文，末段云：

弟子曰神会，遇师于晚景，闻道于中年。

《圭传》与《灯录》都说神会初见慧能时，年十四，则不得为“中年”。慧能死于先天二年（713），年七十六。《宋僧传》说神会死于上元元年（760），年九十三岁。据此，慧能死时，神会年已四十六岁，正是所谓“遇师于晚景，闻道于中年”。《圭传》说神会死于乾元元年（758），年七十五，则慧能死时他只有三十岁；《灯录》说他死于上元元年（760），年七十五，则慧能死时他只有二十八岁，都不能说是“中年”。以此推之，《宋僧传》似最可信，王维碑文作于神会生时，最可以为证。

《圭传》又说神会先事北宗神秀三年，神秀被召入京（在700年），他才南游，依曹溪慧能，其时年十四。宗密又于慧能略传下说：

有襄阳神会，年十四，往谒。因答“无住（本作位，依《灯录》改）为本，见即是主”（主字本作性，依《灯录》改），杖（本作校，《略钞》作杖，《随解》云，以杖试为正）试诸难，夜唤审问，两心既契，师资道合。

神会北游，广其闻见，于西京受戒。景龙年中（西历707—709），却归曹溪。大师知其纯熟，遂默授密语。缘达磨悬记，六代后命如悬丝，遂不将法衣出山。（《圆觉大疏钞》卷三下）

宗密在《禅门师资承袭图》里引“祖宗传记”云：

年十四来谒和尚。和尚问：“知识远来大艰辛，将本来否？”

> 答，“将来。”“若有本，即合识主。”答，“神会以无住为本，见即是主。”大师云，“遮沙弥争敢取次语！”便以杖乱打。师于杖下思惟，“大善知识，历劫难逢。今既得遇，岂惜身命？”

《传灯录》全采此文，几乎不改一字。宗密自言是根据于“祖宗传记”，可见此种传说起于宗密之前。宗密死于会昌元年（841），已近九世纪中叶了。其时神会久已立为第七祖，此项传说之起来，当在八世纪下期至九世纪之间。《宋僧传》多采碑传，便无此说，故知其起于神会死后，是碑记所不载的神话。

大概神会见慧能时，已是中年的人；不久慧能便死了。敦煌本《坛经》说：先天二年，慧能将死，与众僧告别，

> 法海等众僧闻已，涕泪悲泣，唯有神会不动，亦不悲泣。六祖言：“神会小僧，却得善等（明藏本作“善不善等”），毁誉不动。余者不得。”

最可注意的是慧能临终时的预言，——所谓“悬记”：

> 上座法海向前言，“大师，大师去后，衣法当付何人？”大师言，“法即付了，汝不须问。吾灭后二十余年，邪法辽乱，惑我宗旨。有人出来，不惜身命，第佛教是非，竖立宗旨，即是吾正法。衣不合转。”

此一段今本皆无，仅见于敦煌写本《坛经》，此是《坛经》最古之本，其书成于神会或神会一派之手笔，故此一段暗指神会在开元、天宝之间“不惜身命，第佛教是非，竖立宗旨”的一段故事。

更可注意的是明藏本的《坛经》（《缩刷藏经》本）也有一段慧能临终的悬记，与此绝不相同，其文云：

> 又云：吾去七十年，有二菩萨从东方来，一出家，一在家，同时兴化，建立吾宗，缔缉伽蓝，昌隆法嗣。

这三十七个字，后来诸本也都没有。明藏本《坛经》的原本出于契嵩的

改本。契嵩自称得着“曹溪古本”，其实他的底本有两种，一是古本《坛经》，与敦煌本相同；一是《曹溪大师别传》，有日本传本。依我的考证，《曹溪大师别传》作于建中二年（781），正当慧能死后六十八年，故作者捏造这段悬记。契嵩当十一世纪中叶，已不明了神会当日“竖立宗旨”的故事了，故改用了这一段七十年后的悬记（参看我的《跋曹溪大师别传》）。

二十余年后建立宗旨的预言是神会一派造出来的，此说有宗密为证。宗密在《禅门师资承袭图》里说：

> 传末又云：和尚（慧能）将入涅槃，默受密语于神会，语云：“从上已来，相承准的，只付一人。内传法印，以印自心，外传袈裟，标定宗旨。然我为此衣，几失身命。达磨大师悬记云：至六代之后，命如悬丝。即汝是也。是以此衣宜留镇山。汝机缘在北，即须过岭。二十年外，当弘此法，广度众生。”

这是一证。宗密又引此传云：

> 和尚临终，门人行滔，超俗，法海等问和尚法何所付。和尚云，“所付嘱者，二十年外，于北地弘扬。”又问谁人。答云，“若欲知者，大庾岭上，以网取之。”（原注：相传云，岭上者，高也。荷泽姓高，故密示耳。）

这是二证。凡此皆可证《坛经》是出于神会或神会一派的手笔。敦煌写本《坛经》留此一段二十年悬记，使我们因此可以考知《坛经》的来历，真是中国佛教史的绝重要史料。关于《坛经》问题，后文有详论。

二　滑台大云寺定宗旨

《宋僧传》说神会

> 居曹溪数载，后遍寻名迹。开元八年（720），敕配住南阳龙兴寺。续于洛阳大行禅法，声彩发挥。

开元八年，神会已五十三岁，始住南阳龙兴寺。《神会语录》第一卷中记南阳太守王粥（弼？）及内乡县令张万顷问法的事，又记神会“问人口债”到南阳[1]，见侍御史王维，王维称“南阳郡有好大德，有佛法甚不可思议”。这都可见神会曾在南阳；因为他久住南阳，故有债可讨。[2]

《圭传》说：

> 又因南阳答王赵公三车义，名渐闻于名贤。

王赵公即王琚，是玄宗为太子时同谋除太平公主一党的大功臣，封赵国公。开元、天宝之间，他做过十五州的刺史，两郡的太守。十五州之中有邓州，他见神会当是他做邓州刺史的时代，约在开元晚年（他死在天宝五年）。三车问答全文见《神会语录》第一卷。

据《南宗定是非论》（《神会语录》第二卷），神会于开元二十二年[3]（734）正月十五日在滑台大云寺设无遮大会，建立南宗宗旨，并且攻击当日最有势力的神秀门下普寂大师。这正是慧能死后的二十一年[4]。《圭传》说：

> 能大师灭后二十年中，曹溪顿旨沉废于荆吴，嵩岳渐门炽盛于秦洛。普寂禅师，秀弟子也，谬称七祖，二京法主，三帝门师，朝臣归崇，敕使监卫。雄雄若是，谁敢当冲？岭南宗途甘从毁灭。

此时确是神秀一派最得意之时。神秀死于神龙二年（706），张说作《大通禅师碑》，称为“两京法主，三帝国师”（三帝谓则天帝，中宗，睿宗）。神秀死后，他的两个大弟子，普寂和义福，继续受朝廷和民众的热烈的尊崇。义福死于开元二十四年，谥为大智禅师；普寂死于二十七年，谥为大照禅师。神秀死后，中宗为他在嵩山岳寺起塔，此寺遂成为此宗的大本营，故宗密说“嵩岳渐门炽盛于秦洛”。

张说作神秀的碑，始详述此宗的传法世系如下：

---

① 编者注：“又记神会‘问人口债’到南阳”，“手校本”改为“又记神会在南阳”。

② 编者注：“这都可见神会曾在南阳；因为他久住南阳，故有债可讨”一句，“手校本”删。

③ 编者注：“开元二十二年（734）”，“手校本”改为“开元二十年（732）”。

④ 编者注：“二十一年”，“手校本”改为“二十年”。

自菩提达磨天竺东来，以法传慧可，慧可传僧璨，僧璨传道信，道信传弘忍，继明重迹，相承五光。（《全唐文》二三一）

这是第一次记载此宗的传法世系。李邕作《嵩岳寺碑》，也说：

达摩菩萨传法于可，可付于璨，璨受（授）于信，信恣（资）于忍，忍钟于今和尚寂[①]。（《全唐文》二六三）

这就是宗密所记普寂“谬称七祖”的事。《神会语录》（第三卷）也说：

今普寂禅师自称第七代，妄竖和尚（神秀）为第六代。

李邕作《大照禅师碑》，也说普寂临终时

诲门人曰：吾受托先师，传兹密印。远自达摩菩萨导于可，可进于璨，璨钟于信，信传于忍，忍授于大通，大通贻于吾，今七叶矣。（《全唐文》二六二）

严挺之作义福的碑，也有同样的世系：

禅师法轮始自天竺达摩，大教东派三百余年，独称东山学门也。自可，璨，信，忍，至大通，递相印属。大通之传付者，河东普寂与禅师二人，即东山继德七代于兹矣。（《全唐文》二八〇）

这个世系本身是否可信，那是另一问题，我在此且不讨论。当时神秀一门三国师，他们的权威遂使这世系成为无人敢疑的法统。这时候，当普寂和义福生存的时候，忽然有一个和尚出来指斥这法统是伪造的，指斥弘忍不曾传法给神秀，指出达摩一宗的正统法嗣是慧能而不是神秀，指出北方的渐门是旁支而南方的顿教是真传。——这个和尚便是神会。

《圭传》又说：

法信衣服，数被潜谋。传授碑文，两遇磨换。

---

① 编者注：“忍钟于今和尚寂”，“手校本”在“忍”和“钟”之间补入“遗于秀，秀（据《文苑英华》八五八补。此处脱了四字，故无神秀，当校之）”。

《圭图》也说：

> 能和尚灭度后，北宗渐教大行，因成顿门弘传之障。曹溪传授碑文，已被磨换。故二十年中，宗教沉隐。

磨换碑文之说，大概全是捏造的话。慧能死后未有碑志，有二证[①]。王维受神会之托作慧能的碑文，其文尚存（《全唐文》三二六），文中不提及旧有碑文，更没有磨换的话。此是一证。《圭传》又说，“据碑文中所叙，荷泽亲承付属。”据此则所谓“曹溪传授碑文”已记有神会传法之事。然则慧能临终时又何必隐瞒不说，而仅说二十年外的悬记呢？此是二证。[②]

《历代法宝记》（《大正大藏经》五十一卷，页一八二）也说慧能死后，“太常寺丞韦据造碑文，至开元七年，被人磨改，别造碑文。近代报修，侍郎宋鼎撰碑文”。这也是虚造故实，全不可信。[③]

今据巴黎所藏敦煌写本之《南宗定是非论》及《神会语录》第三残卷所记滑台大云寺定南宗宗旨的事，大致如下。

唐开元二十二年[④]正月十五日，神会在滑台大云寺演说“菩提达摩南宗”的历史，他大胆地提出一个修改的传法世系，说：

> 达摩……传一领袈裟以为法信，授与惠可，惠可传僧璨，璨传道信，道信传弘忍，弘忍传惠能，六代相承，连绵不绝。

他说：

> 神会今设无遮大会，兼庄严道场，不为功德，为天下学道者定宗旨，为天下学道者辨是非。

---

① 编者注：“手校本”将“有二证”改为“许多年之后”。

② 编者注：“手校本”将“此是一证。……此是二证”一段删去。

③ 编者注：“手校本”将“这也是虚造故实，全不可信”一语删去，改为“宋鼎撰碑，也是神会争法统时期的事。《宋僧传》的《慧能传》记‘会于洛阳荷泽寺崇树能之影堂，兵部侍郎宋鼎为碑焉’。赵明诚《金石录》七，第一千二百九十八件是‘唐曹溪能大师碑’，注云‘宋泉（鼎）撰，史惟则八分书，天宝十一载二月’。（碑在邢州）《集古录》目作天宝七载”。

④ 编者注：“唐开元二十二年”，“手校本”改为“唐开元二十年”。

他说：

> 秀禅师在日，指第六代传法袈裟在韶州，口不自称为第六代。今普寂禅师自称第七代，妄竖和尚为第六代，所以不许。

他又说，久视年中，则天召秀和尚入内，临发之时，秀和尚对诸道俗说：

> 韶州有大善知识，元是东山忍大师付属，佛法尽在彼处。

这都是很大胆的挑战。其时慧能与神秀都久已死了，死人无可对证，故神会之说无人可否证。但他又更进一步，说传法袈裟在慧能处，普寂的同学广济曾于景龙三年十一月到韶州去偷此法衣。此时普寂尚生存，但此等事也无人可以否证，只好听神会自由捏造了。

当时座下有崇远法师，人称为“山东远”，起来质问道：

> 普寂禅师名字盖国，天下知闻，众口共传，不可思议。如此[①]相非斥，岂不与身命有雠？

神会侃侃地答道：

> 我自料简是非，定其宗旨。我今谓弘扬大乘，建立正法，令一切众生知闻，岂惜身命？

这种气概，这种搏狮子的手段，都可以震动一时人的心魄，故滑台定宗旨的大会确有“先声夺人”的大胜利。先声夺人者，只是先取攻势，叫人不得不取守势。神会此时已是六十七岁的老师。我们想像一个眉发皓然的老和尚，在这庄严道场上，登师子座，大声疾呼，攻击当时“势力连天”的普寂大师，直指神秀门下“师承是傍，法门是渐”（宗密《承袭图》中语），这种大胆的挑战当然能使满座的人震惊生信。即使有少数怀疑的人，他们对于神秀一门的正统地位的信心也遂不能不动摇了。

---

① 编者注：“手校本”“如此”后补入“苦”字。

所以滑台之会是北宗消灭的先声，也是中国佛教史上的一大革命。《圭传》说他“龙鳞虎尾，殉命忘躯”，神会这一回真可说是“批龙鳞，履虎尾”的南宗急先锋了。

三　菩提达摩以前的传法世系

在滑台会上，崇远法师问：

> 唐国菩提达摩既称其始，菩提达摩西国复承谁后？又经几代？（《语录》第三卷）

这一问可糟了！自神秀以来，只有达摩以下的世系，却没有人提起达摩以前的世系问题。神会此时提出一个极大胆而又大谬误的答案，他说：

> 菩提达摩为第八代。……自如来付西国与唐国，总经有一十三代。

这八代是：

如来

（1）迦叶

（2）阿难

（3）末田地

（4）舍那婆斯

（5）优婆崛

（6）须婆蜜（当是“婆须蜜”之误。）

（7）僧伽罗叉

（8）菩提达摩

崇远又问：

> 据何得知菩提达摩西国为第八代？

神会答道：

> 据《禅经序》中，具明西国代数。又惠可禅师亲于嵩山少林寺

问菩提达摩，答一如《禅经序》中说。

在这一段话里，神会未免大露出马脚来了！《禅经》即是东晋佛陀跋陀罗在庐山译出的达摩多罗与佛大先二人的《修行方便论》，俗称为《禅经》。其首段有云：

佛灭度后，尊者大迦叶，尊者阿难，尊者末田地，尊者舍那婆斯，尊者优婆崛，尊者婆须密，尊者僧伽罗叉，尊者达摩多罗，乃至尊者不若蜜多罗，诸持法者，以此慧灯，次第传授。我今如其所闻而说是义。

神会不懂梵文，又不考历史，直把达摩多罗（Dharmatrata）认作了菩提达摩（Bodhidharma）。达摩多罗生在“晋中兴之世”（见《出三藏记》十，焦镜法师之《后出杂阿毗昙心序》），《禅经》在晋义熙时已译出，其人远在菩提达摩之先。神会这个错误是最不可恕的。他怕人怀疑，故又造出惠可亲问菩提达摩的神话。前者还可说是错误，后者竟是有心作伪了。

但当日的和尚，尤其是禅宗的和尚，大都是不通梵文又不知历史的人。当时没有印板书，书籍的传播很难，故考证校勘之学无从发生。所以神会认达摩多罗和菩提达摩为一个人，不但当时无人斥驳，历千余年之久也无人怀疑。敦煌写本中往往有写作“菩提达摩多罗”的！

但自如来到达摩，一千余年之中，岂止八代？故神会的八代说不久便有修正的必要了。北宗不承认此说，于是有东都净觉的七代说，只认译出《楞伽经》的求那跋陀罗为第一祖，菩提达摩为第二祖（见敦煌写本《楞伽师资记》，伦敦与巴黎各有一本）。多数北宗和尚似固守六代说，不问达摩以上的世系，如杜朏之《传法宝记》（敦煌写本，巴黎有残卷）虽引《禅经序》，而仍以达摩为初祖。南宗则纷纷造达摩以上的世系，以为本宗光宠，大率多引据《付法藏传》，有二十三世说，有二十四世说，有二十五世说，又有二十八九世说。唐人所作碑传中，各说皆有，不可胜举。又有依据僧祐《出三藏记》中之萨婆多部世系而立五十一世说的，如马祖门下的惟宽即以达摩为五十一世，慧能为五十六世（见白居易《传法堂碑》）。但八代太少，五十一世又太多，故后来渐渐归到二十八代说。二十八代说是用《付法藏传》为根据，以师子比丘为第二十三代；师子以下，又伪造四代，而达摩为第二十八代。此伪造的四代，纷争最多，久无定论。宗密所记，及日本所传，如下表：

（23）师子比丘

（24）舍那婆斯

（25）优婆崛

（26）婆须密

（27）僧伽罗叉

（28）达摩多罗

直到北宋契嵩始明白此说太可笑，故升婆须密为第七代，师子改为第二十四代，而另伪造三代如下：

（25）婆舍斯多

（26）不如密多

（27）般若多罗

（28）菩提达摩

今本之《景德传灯录》之二十八祖，乃是依契嵩此说追改的，不是景德原本了。

二十八代之说，大概也是神会所倡，起于神会的晚年，用来替代他在滑台所倡的八代说。我所以信此说也倡于神会，有两层证据。第一，敦煌写本的《六祖坛经》出于神会一系，上文我已说过了。其中末段已有四十世说，前有七佛，如来为第七代，师子为第三十代，达摩为第三十五代，慧能为四十代。自如来到达摩共二十九代，除去旁出的末田地，便是二十八代。这一个证据使我相信此说出于神会一系之手。但何以知此说起于神会晚年呢？第二，李华作天台宗《左溪大师碑》（《全唐文》三二〇）已说：

佛以心法付大迦叶，此后相承，凡二十九世。至梁魏间，有菩萨僧菩提达摩禅师传《楞伽》法。

左溪即是元朗[1]，死于天宝十三载（754），其时神会尚未死，故我推想此说起于神会晚年，也许即是他自己后来改定之说。但《南宗定是非论》作于开元二十二年[2]，外间已有流传，无法改正了，故敦煌石室里还保存此最古之八代说，使我们可以窥见此说演变的历史。

二十八代说的前二十三代的依据是《付法藏传》。《付法藏传》即是《付法藏因缘传》（《缩刷藏经》“藏”九），号称“元魏西域三藏吉迦夜共昙曜译”。此书的真伪，现在已不容易考了。但天台智颉在隋开皇十四年（594）讲《摩诃止观》，已用此传，历叙付法藏人，自迦叶至师子，共二十三人，加上末田地，则为二十四人。天台一宗出于南岳慧思，慧思出于北齐慧文，慧文多用龙树的诸论，故智颉说他直接龙树，“付法藏中第十三师”。南岳一宗本有“九师相承”之说，见于唐湛然的《止观辅行传弘决》卷第一。但智颉要尊大其宗门，故扫除此说，而采用《付法藏传》，以慧文直接龙树，认“龙树是高祖师”。这是天台宗自造法统的历史。后来神秀一门之六代法统，和南宗的八代说与二十八代等说，似是抄袭智颉定天台法统的故智。《付法藏传》早经天台宗采用了，故南宗也就老实采用此书做他们的根据了。

《宋僧传》在《慧能传》中说：

弟子神会，若颜子之于孔门也。勤勤付嘱，语在会传（按会传无付嘱事）。会于洛阳荷泽寺崇树能之真堂，兵部侍郎宋鼎为碑焉。会序宗脉，从如来下西域诸祖外，震旦凡六祖，尽图缋其影。太尉房琯作《六叶图序》。

神会在洛阳所序“西域诸祖”，不知是八代，还是二十八代。大概[3]已是二十八代了。

---

① 编者注：“元朗”，“手校本”改为“玄郎”。

② 编者注：“开元二十二年”，“手校本”改为“开元二十年”。

③ 编者注：“大概”，“手校本”改为“可能”。

四 顿悟的教义

神会在滑台、洛阳两处定南宗宗旨，竖立革命的战略，他作战的武器只有两件：一是攻击北宗的法统，同时建立南宗的法统；一是攻击北宗的渐修方法，同时建立顿悟法门。上两章已略述神会争法统的方法了，本章要略述神会的顿悟教旨。

宗密在《圆觉大疏钞》卷三下，《禅门师资承袭图》，及《禅源诸诠集都序》里，都曾叙述神会的教旨。我们先看他怎么说。宗密在《大疏钞》里说荷泽一宗的教义是：

> 谓万法既空，心体本寂，寂即法身。即寂而知，知即真智。亦名菩提涅槃。……此是一切众生本源清净心也。是自然本有之法。言“无念为宗”者，既悟此法本寂本知，理须称本用心，不可遂起妄念。但无妄念，即是修行。故此一门宗于无念。

在《承袭图》与《禅源序》里，宗密述荷泽一宗的教义，文字略相同。今取《禅源序》为主，述神会的宗旨如下：

> 诸法如梦，诸圣同说。故妄念本寂，尘境本空。空寂之心，灵知不昧。即此空寂之知是汝真性。任迷任悟，心本自知，不藉缘生，不因境起。知之一字，众妙之门。由无始迷之，故妄执身心为我，起贪瞋等念。若得善友开示，顿悟空寂之知。知且无念无形，谁为我相人相？觉诸相空，心自无念。念起即觉，觉之即无。修行妙门，唯在此也。故虽备修万行，唯以无念为宗。但得无念知见，则爱恶自然淡泊，悲智自然增明，罪业自然断除，功行自然增进。既了诸相非相，自然无修之修。烦恼尽时，生死即绝。生灭灭已，寂照现前。应用无穷，名之为佛。

宗密死在会昌元年（841），离神会的时代不远，他又自认为神会第四代法嗣，故他的叙述似乎可以相信。但我们终觉得宗密所叙似乎不能表现神会的革命精神，不能叫我们明白他在历史上占的地位。我们幸有敦煌写本的《神会语录》三卷，其中所记是神会的问答辩论，可以使我们明白神会在当日争论最猛烈，主张最坚决的是些什么问题。这些问题，举其要点，约有五项：

一，神会的教义的主要点是顿悟。顿悟之说，起源甚早，最初倡此说的大师是慧远的大弟子道生，即是世俗所[①]称为“生公”的。道生生当晋、宋之间，死于元嘉十一年（434）。他是“顿宗”的开山祖师，即是慧能、神会的远祖。慧皎《高僧传》说：

> 生既潜思日久，彻悟言外，乃喟然叹曰，“夫象以尽意，得意则象忘。言以诠理，入理则言息。自经典东流，译人重阻，多守滞文，鲜见圆义。若忘筌取鱼，始可与言道矣”。于是校练空有（此三字从僧祐原文，见《出三藏记》十五），研思因果，乃言“善不受报”“顿悟成佛”。又著《二谛论》，《佛性当有论》，《法身无色论》，《佛无净土论》，《应有缘论》等，笼罩旧说，妙有渊旨。而守文之徒多生嫌嫉。与夺之声纷然竞起。又六卷《泥洹》（《涅槃经》）先至京都，生剖析经理，洞入幽微，乃说一阐提人皆得成佛（一阐提人，梵文 chāntika，是不信佛法之人）。于时《大涅槃经》未至此土，孤明先发，独见忤众，于是旧学僧党以为背经邪说，讥忿滋甚。遂显于大众，摈而遣之。生于四众之中正容誓曰，“若我所说反于经义者，请于现身即表厉疾。若与实相不相违背者，愿舍寿之时据师子座”。言竟，拂衣而逝。……以元嘉七年投迹庐岳，销影岩阿，怡然自得。俄而《大涅槃经》至于京都，果称阐提皆有佛性，与前所说，若合符契。生既获斯经，寻即建讲。以宋元嘉十一年冬十月庚子，于庐山精舍升于法座……法席将毕……端坐正容隐几而卒。……于是京邑诸僧内惭自疚，追而信服。（卷七。此传原文出于僧祐所作《道生传》，故用《出三藏记》十五所收原传校改。）

① 编者注：“所”字，“手校本”删。

这是中国思想对于印度思想的革命的第一大炮。革命的武器是“顿悟”。革命的对象是那积功积德，调息安心等等繁琐的“渐修”工夫。生公的顿悟论可以说是“中国禅”的基石，他的“善不受报”便是要打倒那买卖式的功德说，他的“佛无净土论”便是要推翻他的老师（慧远）提倡的净土教，他的“一阐提人皆得成佛”便是一种极端的顿悟论。我们生在千五百年后，在顿宗盛行之后，听惯了“放下屠刀立地成佛”的话头，所以不能了解为什么在当日道生的顿悟论要受旧学僧党的攻击摈逐。须知顿渐之争是一切宗教的生死关头，顿悟之说一出，则一切仪式礼拜忏悔念经念佛寺观佛像僧侣戒律都成了可废之物了。故马丁路得提出一个自己的良知，罗马天主教便坍塌了半个欧洲。故道生的顿悟论出世，便种下了后来顿宗统一中国佛教的种子了。

慧皎又说：

> 时人以生推阐提得佛，此语有据，“顿悟”“不受报”等，时亦宪章。宋太祖尝述生顿悟义，沙门僧弼等皆设巨难。帝曰，“若使逝者可兴，岂为诸君所屈？”
>
> 后龙光（虎邱龙光寺）又有沙门宝林……祖述生公诸义。……林弟子法宝……亦祖述生义。

此外，祖述顿悟之说的，还有昙斌，道猷，法瑗等，皆见于《高僧传》（卷八）。《道猷传》中说：

> 宋文帝（太祖）简问慧观，“顿悟之义，谁复习之？”答云，生弟子道猷。即敕临川郡发遣出京。既至，即延入宫内，大集义僧，命猷伸述顿悟。时竞辩之徒，关责互起。猷既积思参玄，又宗源有本，乘机挫锐，往必摧锋。帝乃抚几称快。

道生与道猷提倡顿悟，南京皇宫中的顿渐之辩论，皆在五世纪的前半。中间隔了三百年，才有神会在滑台、洛阳大倡顿悟之说。

顿悟之说在五世纪中叶曾引起帝王的提倡，何以三百年间渐修之说又占了大胜利呢？此中原因甚多，最重要的一个原因是天台禅法的大行。天台一宗注重“止观”双修，便是渐教的一种。又有“判教”之说，造成一种烦琐的学风。智𫖮本是大学者，他的学问震动一世，又有陈隋诸帝的提倡，故天台的烦琐学风遂风靡了全国。解释“止观”二字，摇笔便是十万字！

智者大师的权威还不曾衰歇，而七世纪中又出了一个更伟大的烦琐哲学的大师，——玄奘。玄奘不满意于中国僧徒的闭门虚造，故舍命留学印度十多年，要想在佛教的发源地去寻出佛教的真意义。不料他到印度的时候，正是印度佛教的烦琐哲学最盛的时候。这时候的新烦琐哲学便是“唯识”的心理学和“因明”的论理学。心理的分析可分到六百六十法，说来头头是道，又有因明学作护身符，和种种无意义的陀罗尼作引诱，于是这种印度烦琐哲学便成了世界思想史上最细密的一大系统。伟大的玄奘投入了这个大蛛网里，逃不出来，便成了唯识宗的信徒与传教士。于是七世纪的中国便成了印度烦琐哲学的大殖民地了。

菩提达摩来自南印度，本带有一种刷新的精神，故达摩对于中国所译经典，只承认一部《楞伽经》，楞伽即是锡兰岛，他所代表的便是印度的“南宗”。达摩一宗后来便叫做“楞伽宗”，又叫做“南天竺一乘宗”（见道宣《续僧传》卷三十五《法冲传》，我另有《楞伽宗考》）。他们注重苦行苦修，看轻一切文字魔障，虽然还不放弃印度的禅行，已可以说是印度佛教中最简易的一个宗派了。革命的中国南宗出于达摩一派，也不是完全没有理由的。

但在那烦琐学风之下，楞伽宗也渐渐走到那讲说注疏的路上去了。道宣《续僧传》（三十五）所记楞伽宗二十八人之中，十二人便都著有《楞伽经》的疏钞，至七十余卷之多！神秀住的荆州玉泉寺便是智𫖮大师手创的大寺，正是天台宗的一个重镇。故神秀一派虽然仍自称“楞伽宗”（有敦煌本的净觉《楞伽师资记》可证），这时候的楞伽宗已不是菩提达摩和慧可时代那样简易的苦行学派了。神秀的《五方便论》（有敦煌本）便是一种烦琐哲学（参看宗密《圆觉大疏钞》卷三下所引《五方便论》）。简易的“壁观”成了烦琐哲学，苦行的教义成了讲说疏钞（古人所谓“钞”乃是疏之疏，如宗密的大疏之外又有“疏钞”，更烦琐了），隐遁的头陀成了“两京法主，三帝门师”，便是革命的时机到了。

那不识字的卢行者（慧能）便是楞伽宗的革命者，神会便是他的北伐急先锋。他们的革命旗帜便是“顿悟”。神会说：

> 世间有不思议，出世间亦有不思议。世间不思议者，若有布衣顿登九五，即是世间不思议。出世间不思议者，十信初发心，一念相应，便成正觉，于理相应，有何可怪？此明顿悟不思议。（第一卷，下同）

他的语录中屡说此义。如云：

> 如周太公、傅说皆竿钓板筑，〔简〕在帝心，起自匹夫，位顿登台辅，岂不是世间不思议事？出世不思议者，众生心中具贪爱无明宛然者，遇真善知识，一念相应，便成正觉，岂不是出世间不思议事？

他又说：

> 众生见性成佛道，又龙女须臾发菩提心，便成正觉。又欲令众生入佛知见，不许顿悟，如来即合遍说五乘。今既不言五乘，唯言入佛知见，约斯经义，只显顿门。唯存一念相应，实更非由阶渐。相应义者，谓见无念者，谓了自性者，谓无所得。以无所得，即如来禅。

他又说：

> 发心有顿渐，迷悟有迟疾。迷即累劫，悟即须臾。……譬如一綟之丝，其数无量。若合为一绳，置于木上，利剑一斩，一时俱断。丝数虽多，不胜一剑。发菩萨心人，亦复如是。若遇真正善知识，以□[①]方便直示真如，用金刚慧断诸位地烦恼，豁然晓悟，自见法性本来空寂，慧利明了，通达无碍。证此之时，万缘俱绝，恒沙妄念一时顿尽，无边功德应时等备。

① 编者注：“□”框，“手校本”改为“诸”。

这便是神会的顿悟说的大意。顿悟说是他的基本主张，他的思想都可以说是从这一点上引申出来的。下文所述四项，其实仍只是他的顿悟说的余义。

二，他的“定慧等”说。他答哲法师说：

> 念不起，空无所有，名正定。能见念不起空无所有，名为正慧。即定之时是慧体，即慧之时是定用。即定之时不异慧，即慧之时不异定。即定之时即是慧，即慧之时即是定。

这叫做“定慧等”。故他反对北宗大师的禅法。他说：

> 经云：“若学诸三昧，是动非坐禅。心随境界流，云何名为定？”若指此定为是者，维摩诘即不应诃舍利弗宴坐。

他又很恳挚地说：

> 诸学道者，心无青黄赤白，亦无出入去来及远近前后，亦无作意，亦无不作意。如是者谓之相应也。若有出定入定及一切境界，非论善恶，皆不离妄心。有所得并是有为，全不相应。
>
> 若有坐者，“凝心入定，住心看净，起心外照，摄心内证”者，此障菩提未与菩提相应，何由可得解脱？

此条所引“凝心入定”十六字据《语录》第三残卷所记，是北宗普寂与降魔藏二大师的教义。神会力辟此说，根本否认坐禅之法：

> 不在坐里！若以坐为是，舍利弗宴坐林间，不应被维摩诘诃。

神会自己的主张是“无念”。他说：

> 决心证者，临三军际，白刃相向下，风刀解身，日见无念，坚如金刚，毫微不动。纵见恒沙佛来，亦无一念喜心。纵见恒沙众生一时俱灭，亦不起一念悲心。此是大丈夫，得空平等心。

这是神会的无念禅。

三，怎么是无念呢？神会说：

> 不作意即是无念。……一切众生心本无相。所言相者，并是妄心。何者是妄？所作意住心，取空取净，乃至起心求证菩提涅槃，并属虚妄。但莫作意，心自无物。即无物心，自性空寂。空寂体上，自有本智，谓知以为照用。故《般若经》云，“应无所住而生其心”。应无所住，本寂之体。而生其心，本寂之用。但莫作意，自当悟入（此是很革命的思想）。

无念只是莫作意。调息住心，便是作意；看空看净，以至于四禅定，四无色定境界，都是作意。所以他说，“乃至起心求证菩提涅槃，并属虚妄”。后来的禅宗大师见人说“出三界”，便打你一顿棒，问你出了三界要往何处去。起心作意成佛出三界，都是愚痴妄见。所以此宗说“无念为本”。

四，神会虽说无念，然宗密屡说荷泽主张“知之一字，众妙之门”，可见此宗最重知见解脱。当日南北二宗之争，根本之点只是北宗重行，而南宗重知，北宗重在由定发慧，而南宗则重在以慧摄定。故慧能、神会虽口说定慧合一，其实他们只认得慧，不认得定。此是中国思想史上的绝大解放。禅学本已扫除了一切文字障和仪式障，然而还有个禅定在。直到南宗出来，连禅定也一扫而空，那才是澈底的解放了。神会说：

> 未得修行，但得知解。以知解久薰习故，一切攀缘妄想，所有重者，自渐轻微。神会见经文所说，光明王……帝释梵王等，具五欲乐甚于今日百千万亿诸王等，于般若波罗蜜唯则学解，将解心呈问佛，佛即领受印可。得佛印可，即可舍五欲乐心，便证正位地菩萨。

这是完全侧重知解的方法。一个正知解，得佛印可后，便证正位地菩萨。后来禅者，为一个知见，终身行脚，到处寻来大善知识，一朝大澈大悟还须请求大师印可，此中方法便是从这里出来的。

五，中国古来的自然哲学，所谓道家，颇影响禅学的思想。南宗之禅，并禅亦不立，知解方面则说顿悟，实行方面则重自然。宗密所谓“无修之修”，即是一种自然主义。神会此卷中屡说自然之义。如他答马择问云：

> 僧立因缘，不立自然者，僧之愚过。道士唯立自然，不立因缘者，道士之愚过。
>
> 僧家自然者，众生本性也。又经云，众生有自然智，无师智，谓之自然。道士因缘者，道能生一，一能生二，二能生三，从三生万物，因道而生。若其无道，万物不生。今言万物者，并属因缘。

这是很明白的承认道家所谓自然和佛家所谓因缘同是一理。至于承认自然智无师智为自然，这更是指出顿悟的根据在于自然主义，因为有自然智，故有无修而顿悟的可能。所以神会对王维说：

> 众生若有修，即是妄心，不可得解脱。

这是纯粹的自然主义了。

语录第一卷首幅有一段论自然，也很可注意。神会说：

> 无明亦自然。

问，无明若为自然。神会答道：

> 无明与佛性俱是自然而生。无明依佛性，佛性依无明，两相依，有则一时有。觉了者即佛性，不觉了即无明。

问，若无明自然者，莫不同于处道自然耶？神会答道：

> 道家自然同，见解有别。

神会指出的差别其实很少，可以不论。所可注意者，神会屡说不假修习，刹那成道，都是自然主义的无为哲学。如说：

> 修习即是有为诸法。

如说：

> 生灭本无，何假修习？

又如说：

> 三事不生，是即解脱。心不生即无念，智不生即无知。慧不生即无见。通达此理者，是即解脱。

又如说：

> 大乘定者，不用心，不看静，不观空，不住心，不澄心，不远看，不近看，无十方，不降伏，无怖畏，无分别，不沉空，不住寂，一切妄相不生，是大乘禅定。

凡此诸说，皆只是自然，只是无为。所谓无念，所谓不作意，也只是自然无为而已。后来马祖教人“不断不造，任运自在，任心即为修”；更后来德山、临济都教人无为无事，做个自然的人，——这都是所谓“无念”，所谓“莫作意”，所谓“自然”，所谓“无修之修”。

总之，神会的教义在当日只是一种革命的武器，用顿悟来打倒渐修，用无念来打倒一切住心入定求佛作圣等等妄念，用智慧来解除种种无明的束缚。在那个渐教大行，烦琐学风弥漫全国的时代，这种革命的思想自然有绝大的解放作用。但事过境迁之后，革命已成功了，“顿悟”之说已成了时髦的口号了，渐修的禅法和烦琐的学风都失了权威了，——在这时候，后人回头看看当日革命大将慧能、神会的言论思想，反觉得他们的议论平淡寻常，没有多少东西可以满足我们的希冀。这种心理，我们可以在宗密的著作里看出。宗密自称是荷泽法嗣，但他对于神会的教义往往感觉一种呐呐说不出的不满足。他在《师资承袭图》里已说，

> 荷泽宗者，尤难言述。

所以尤难言述者，顿悟与无念在九世纪已成了风尚，已失了当日的锋芒与光彩，故说来已不能新鲜有味了；若另寻积极的思想，则又寻不出什么，

所以“尤难言述”了。宗密在《大疏钞》里，态度更明白了，他说顿悟是不够的，顿悟之后仍须渐修，这便是革命之后的调和论了。宗密说：

> 寂知之性举体随缘，作种种门，方为真见。寂知如镜之净明，诸缘如能现影像。荷泽深意本来如此。但为当时渐教大兴，顿宗沉废，务在对治之说，故唯宗无念，不立诸缘。如对未识镜体之人，唯云净明是镜，不言青黄是镜。今于第七家（即荷泽一宗）亦有拣者，但拣后人局见。非拣宗师。……于七宗中，若统圆融为一，则七皆是；若执各一宗，不通余宗者，则七皆非。

这是很不满意于神会的话。其时革命的时期已过去七八十年了，南宗革命的真意义已渐渐忘了，故宗密回到调和的路上，主张调和七宗，圆融为一。他的调和论调使他不惜曲解神会的主张，遂以为“荷泽深意”不但要一个寂知，还须“作种种门”，他说：

> 寂知如镜之净明，诸缘如能现影像。荷泽深意本来如此。

但《神会语录》却有明文否认此种曲解。神会明明说：

> “明镜高台能照，万像悉现其中”，古德相传，共称为妙。今此门中未许此为妙。何以故？明镜能照万像，万像不见其中，此将为妙。何以故？如来以无分别智，能分别一切。岂将有分别心即分别一切？（第一卷）

即此一条，便可证宗密在神会死后七八十年中已不能明白荷泽一宗的意旨了。神会的使命是革命的，破坏的，消极的，而七八十年后的宗密却要向他身上去寻求建设的意旨，怪不得他要失望了。南宗革命的大功劳在于解放思想，解放便是绝大的建设。由大乘佛教而至于禅学，已是一大肃清，一大解放，但还有个禅在。慧能、神会出来，以顿悟开宗，以无念为本，并禅亦不立，这才是大解放。宗密诸人不知这种解放的本身便是积极的贡献，却去胡乱寻求别种“荷泽深意”，所以大错了。

荷泽门下甚少传人，虽有博学能文的宗密，终不成革命真种子。南宗的革命事业后来只靠马祖与石头两支荷担，到德山、临济而极盛。德山、临济都无一法与人，只教人莫向外求，只教人无事体休歇去，这才是神会当日革命的“深意”，不是宗密一流学究和尚所能了解的。

五　贬逐与胜利

神会于开元八年住南阳，二十二年在滑台定宗旨。我们看独孤沛在《南宗定是非论序》里对于神会的崇敬，便可知滑台大会之后神会的名望必定很大。《圭传》说：

> 天宝四载（745），兵部侍郎宋鼎请入东都。然正道易申，谬理难固，于是曹溪了义大播于洛阳，荷泽顿门派流于天下。

《传灯录》说：

> 天宝四年，方定两宗。

定两宗不始于此年，但神会在东京也很活动。《宋僧传》说：

> 续于洛阳大行禅法，声彩发挥。先是两京之间皆宗神秀，若不淰之鱼鲔附沼龙也。从见会明心，六祖之风荡其渐修之道矣。南北二宗，时始判焉。致普寂之门盈而后虚。

若神会入洛在天宝四年，则其时义福、普寂早已死了。两京已无北宗大师，神会以八十高年，大唱南宗宗旨，他的魔力自然很大。此时北宗渐衰，而南宗新盛，故可说南北二宗判于此时。据《历代法宝记》的无相传中所记，

> 东京荷泽寺神会和上每月作坛场，为人说法，破清净禅，立如来禅。

又说：

> 开元中，滑台寺为天下学道者定其宗旨。……天宝八载中，洛

> 州荷泽寺亦定宗旨。

此皆可见神会在洛阳时的活动。

北宗对于神会的战略，只有两条路：一是不理他，一是压制他。义福与普寂似乎采取第一条路。但他们手下的人眼见神会的声名一天大一天，见他不但造作法统史，并且“图绘其形”，并且公开攻击北宗的法统，他们有点忍不住了，所以渐渐走上用势力压迫神会的路上去。

神会此时已是八十多岁的老和尚了，他有奇特的状貌，聪明的辩才（均见《圭传》），他的顿悟宗旨又是很容易感动人的，他的法统史说来头头是道，所以他的座下听众一定很多。于是他的仇敌遂加他一个“聚众”的罪名。天宝十二年（753），

> 御史卢奕阿比于寂，诬奏会聚徒，疑萌不利。（《宋僧传》）

卢奕此时作御史中丞，留在东都。但此时普寂已死了十多年了，不能说是“阿比于寂”。《宋僧传》又说，卢奕劾奏之后，

> 玄宗召赴京，时驾幸昭应，汤池得对，言理允惬，敕移住均部。二年，敕徙荆州开元寺般若院住焉。

《宋僧传》依据碑传，故讳言贬谪。《圭传》记此事稍详：

> 天宝十二年，被谮聚众，敕黜弋阳郡，又移武当郡。至十三载，恩命量移襄州。至七月，又敕移荆州开元寺，皆北宗门下之所致也。

弋阳在今江西弋阳，武当在今湖北均县，属唐之均州。襄州在襄阳。二年之中，贬徙四地。我们悬想那位八十五六岁的大师，为了争宗门的法统，遭遇这种贬逐的生活，我们不能不对他表很深的同情，又可以想见当时的人对他表同情的必定不少。神会的贬逐是南北二宗的生死关头。北宗取高压手段，不但无损于神会，反失去社会的同情，反使神会成了一个“龙鳞虎尾殉命忘躯”的好汉。从此以后，北宗便完了，南宗却如日方中，成为正统了。

贾悚（死于835）作神会弟子大悲禅师灵坦的碑，说灵坦（《全唐文》误作云坦，《唐文粹》不误）

> 随父至洛阳，闻荷泽寺有神会大师，即决然蝉蜕万缘，誓究心法。父知其志不可夺，亦壮而许之。凡操彗服勤于师之门庭者八九年。而玄关秘钥罔不洞解。一旦密承嘱付，莫有知者。后十五日而荷泽被迁于弋阳，临行，谓门人曰："吾大法弗坠矣，遂东西南北夫亦何恒？"时天宝十二载也。（《全唐文》七三一）

神会在洛阳，从天宝四年至十二年，正是八九年。

当神会被贬谪的第三年，历史上忽然起了一个大变化。天宝十四年（755）十一月，安禄山造反了，次年洛阳、长安都失陷了，玄宗仓皇出奔西蜀，太子即位于灵武。至德二年（757），郭子仪等始收复两京。这时候的大问题是怎样筹军饷。《宋僧传》说：

> 副元帅郭子仪率兵平殄，然于飞挽索然。用右仆射裴冕权计，大府各置戒坛度僧，僧税[①]缗，谓之香水钱，聚是以助军须。

《佛祖历代通载》十七记此制稍详：

> 肃宗至德丁酉[②]，寻敕五岳各建寺庙，选高行沙门主之。听白衣能诵经五百纸者度为僧。或纳钱百缗，请牒剃落，亦赐明经出身。
>
> 及两京平，又于关辅诸州纳钱度僧道万余人。进纳自此而始。

《佛祖统纪》四十一，《释氏资鉴》七，所记与此略同。

这时候，神会忽然又在东京出现了，忽然被举出来承办劝导度僧，推销度牒，筹助军饷的事。《宋僧传》说：

> 初洛都先陷，会越在草莽。时卢奕为贼所戮，群议乃请会主其坛度。于时寺宇宫观鞠为灰烬，乃权创一院，悉资苫盖，而中

---

① 编者注："手校本"在"税"后补入"百"字。

② 编者注："手校本"在"丁酉"后补入"（二年，959）"。

> 筑方坛。所获财帛，顿支军费。代宗郭子仪收复两京，会之济用颇有力焉。

元昙噩编的《新修科分六学传》卷四也说：

> 时大农空乏，军兴绝资费。右仆射裴冕策，以为凡所在郡府宜置戒坛度僧，而收其施利，以给国用。会由是获主洛阳事，其所输入尤多。

神会有辩才，能感动群众，又刚从贬逐回来，以九十岁的高年，出来为国家效力，自然有绝大的魔力，怪不得他“所输入尤多”。

这时候，两京残破了，寺宇宫观化为灰烬了，当日备受恩崇的北宗和尚也逃散了，挺身出来报国立功的人乃是那四次被贬逐的九十老僧神会。他这一番功绩，自然使朝廷感激赏识。所以《宋僧传》说：

> 肃宗皇帝诏入内供养，敕将作大匠并功齐力为造禅宇于荷泽寺中。

昔日贬逐的和尚，今日变成了皇帝的上客了。《宋僧传》接着说：

> 会之敷演，显发能祖之宗风，使秀之门寂寞矣。

于是神会建立南宗的大功告成了。上元元年（760），五月十三日，他与门人告别，是夜死了，寿九十三岁。建塔于洛阳宝应寺，敕谥为真宗大师，塔号为般若。（《宋僧传》）

《圭传》说神会死于乾元元年（758）五月十三日，年七十五。我们觉得《宋僧传》似是依据神会的碑传，比较可信，故采《宋僧传》之说。元昙噩的《新修科分六学传》中的《神会传》与《宋僧传》颇相同，似同出于一源，昙噩也说神会死于上元元年，年九十三。《景德传灯录》说神会死于上元元年五月十三日，与《宋僧传》相同；但又说“俗寿七十五”，便又与《圭传》相同了。①

① 编者注：“手校本”在此段后用括号加了一段按语，其内容为：适按：我今考定神会死在“元年”的“建午月十三日”，即762年，他生在咸亨元年（670）。适之——1958，8，4。

关于塔号谥号，《圭传》所记稍详：

> 大历五年[1]，敕赐祖堂额，号真宗般若传法之堂。七年[2]，敕赐塔额，号般若大师之塔。

《圭传》与《圭图》都说：

> 德宗皇帝贞元十二年(796)，敕皇太子集诸禅师楷定禅门宗旨，搜求传法傍正。遂有敕下，立荷泽大师为第七祖。内神龙寺见有碑记。又御制七代祖师赞文，见行于世（文字依《圭图》）。

此事不见于他书，只有志磐的《佛祖统纪》四十二说：

> 贞元十二年正月，敕皇太子于内殿集诸禅师，详定传法旁正。

志磐是天台宗，他的《佛祖统纪》是一部天台宗的全史，故他记此事似属可信。但志磐不记定神会为七祖事，他书也没有此事，故宗密的孤证稍可疑。

如此事是事实，那么，神会死后三十六年，便由政府下敕定为第七祖，慧能当然成了第六祖，于是南宗真成了正统了。神会的大功真完成了。

又据陈宽的《再建圆觉塔志》（《唐文拾遗》三十一），

> 司徒中书令汾阳王郭子仪复东京之明年，抗表乞[菩提达摩]大师谥。代宗皇帝谥曰圆觉，名其塔曰空观。

复东京之明年为乾元元年（758）。在那个战事紧急的时候，郭子仪忽然替达摩请谥号，这是为什么缘故呢？那一年正是神会替郭子仪筹饷立功之年，神会立了大功，不求荣利，只求为他的祖师请谥，郭子仪能不帮忙吗？这是神会的手腕的高超之处。神会真是南宗的大政治家！

---

① 编者注：“大历五年”后“手校本”补入“（770）”。

② 编者注：“七年”后“手校本”补入“（772）”。

六　神会与《六祖坛经》

神会费了毕生精力，打倒了北宗，建立了南宗为禅门正统，居然成了第七祖。但后来禅宗的大师都出于怀让和行思两支的门下，而神会的嫡嗣，除了灵坦、宗密之外，很少大师。临济、云门两宗风行以后，更无人追忆当日出死力建立南宗的神会和尚了。在《景德传灯录》等书里，神会只占一个极不重要的地位。他的历史和著述，埋没在敦煌石室里，一千多年中，几乎没有人知道神会在禅宗史上的地位。历史上最不公平的事，莫有过于此事的了。

然而神会的影响始终还是最伟大的，最永久的。他的势力在这一千二百年中始终没有隐没。因为后世所奉为禅宗唯一经典的《六祖坛经》，便是神会的杰作。《坛经》存在一日，便是神会的思想势力存在一日。

我在上文已指出《坛经》最古本中有“吾灭后二十余年……有人出来，不惜身命，第佛教是非，竖立宗旨”的悬记，可为此经是神会或神会一派所作的铁证。神会在开元二十二年在滑台定宗旨，正是慧能死后二十一年。这是最明显的证据。《坛经》古本中无有怀让、行思的事，而单独提出神会得道，“余者不得”，这也是很明显的证据。

此外还有更无可疑的证据吗？

我说，有的。

韦处厚（死于828）作《兴福寺大义禅师碑铭》（《全唐文》七一五），有一段很重要的史料：

> 在高祖时有道信叶昌运，在太宗时有弘忍示元珠，在高宗时有惠能筌月指。自脉散丝分，或遁秦，或居洛，或之吴，或在楚。
>
> 秦者曰秀，以方便显（适按，此指神秀之《五方便》，略见宗密《圆觉大疏钞》卷三下。《五方便》原书有敦煌写本，藏巴黎）。普寂其胤也。
>
> 洛者曰会，得总持之印，独曜莹珠。习徒迷真，橘柘变体，竟

成《檀经》《传宗》，优劣详矣。

吴者曰融，以牛头闻，径山其裔也。

楚者曰道一，以大乘摄，大师其党也。

大义是道一门下，死于八一八年。其时神会已死五十八年。韦处厚明说《檀经》（《坛经》）是神会门下的“习徒”所作。（《传宗》不知是否《显宗记》？）[①]可见此书出于神会一派，是当时大家知道的事实？

但究竟《坛经》是否神会本人所作呢？

我说，是的。至少《坛经》的重要部分是神会作的。如果不是神会作的，便是神会的弟子采取他的语录里的材料作成的。但后一说不如前一说的近情理，因为《坛经》中确有很精到的部分，不是门下小师所能造作的。

我信《坛经》的主要部分是神会所作，我的根据完全是考据学所谓“内证”。《坛经》中有许多部分和新发见的《神会语录》完全相同，这是最重要的证据。我们可以略举几个例证。

（例一）定慧等

[《坛经》敦煌本] 善知识，我此法门以定慧为本。第一勿迷言慧定别。定慧体一不二。即定是慧体，即慧是定用。即慧之时定在慧，即定之时慧在定。善知识，此义即是定慧等。

[《坛经》明藏本] 善知识，我此法门以定慧为本。大众勿迷言定慧别。定慧一体不是二。定是慧体，慧是定用。即慧之时定在慧，即定之时慧在定。若识此义，即是定慧等学。

[《神会语录》] 即定之时是慧体，即慧之时是定用。即定之时不异慧，即慧之时不异定。即定之时即是慧，即慧之时即是定。何以故？性自如故？即是定慧等学。（第一卷）

（例二）坐禅

[《坛经》敦煌本] 此法门中，何名坐禅？此法门中，一切无寻，外于一切境界上念不去（起），为坐。见本性不乱，为禅。

① 编者注：“（《传宗》不知是否《显宗记》？）”一语，“手校本”删。

[《坛经》明藏本]善知识，何名坐禅？此法门中，无障无碍，外于一切善恶境界心念不起，名为坐。内见自性不动，名为禅。

[《神会语录》]今言坐者，念不起为坐。今言禅者，见本性为禅。（第三卷）

（例三）辟当时的禅学

[《坛经》敦煌本]迷人著法相，执一行三昧，直心坐不动，除妄不起心，即是一行三昧。若如是，此法同无情，却是障道因缘。道须通流，何以却滞？心在（当作"不"）住即通流，住即被缚。若坐不动是，维摩诘不合呵舍利弗宴坐林中。善知识，又见有人教人坐看心看净，不动不起，从此置功；迷人不悟，便执成颠。即有数百般如此教导者，故之（知？云？）大错。

此法门中坐禅，元不著（看）心，亦不著（看）净，亦不言[不]动。若言看心，心元是妄，妄如幻，故无所看也。若言看净，人性本净，为妄念故，盖覆真如。离妄念，本性净。不见自性本净，心起看净，却生净妄，妄无处所，故知看者看却是妄也。净无形相，却立净相，言是功夫。作此见者，障自本性，却被净缚。若不动者，[不]见一切人过患，是性不动。迷人自身不动，开口即说人是非，与道违背。看心看净，却是障道因缘。

以上二段，第一段明藏本在"定慧第四品"，第二段明藏本在"坐禅第五品"。读者可以参校，我不引明藏本全文了。最可注意的是后人不知道此二段所攻击的禅学是什么，故明藏本以下的《定慧品》作"有人教坐，看心观静，不动不起"，而下文《坐禅品》的"看心"、"看净"都误作"著心"、"著净"。著是执著，决不会有人教人执著心，执著净。唐人写经，"净"、"静"不分，而"看""著"易混，故上文"看心观静"不误，而下文"著心著净"是误写。今取《神会语录》校之，便可知今本错误，又可知此种禅出自北宗门下的普寂，又可知此种驳议不会出于慧能生时，乃是神会驳斥普寂的话。《神会语录》之文如下：

[《神会语录》] 远师问，嵩岳普寂禅师，东岳降魔禅师，此二大德皆教人“凝心入定，住心看净，起心外照，摄心内证”，指此以为教门。禅师今日何故说禅不教人“凝心入定，住心看净，起心外照，摄心内证？”何名为坐禅？

和尚答曰，若教人“凝心入定，住心看净，起心外照，摄心内证”者，此是障菩提。今言坐者，念不起为坐。今言禅者，见本性为禅。若指（下阙）（第三卷）

又说：

若有坐者，“凝心入定，住心看净，起心外照，摄心内证”者，此障菩提，未与菩提相应，何由可得解脱？

不在坐里。若以坐为是，舍利弗宴坐林间，不应被维摩诘诃。诃云，“不于三界现身意，是为宴坐”。但一切时中见无念者，不见身相名为正定，不见心相名为正惠。（第一卷）

又说：

问，何者是大乘禅定？

答，大乘定者，不用心 [不看心]，不看静，不观空，不住心，不澄心，不远看，不近看……

问，云何不用心？

答，用心即有，有即生灭。无用 [即] 无，无生无灭。

问，何不看心？

答，看即是妄，无妄即无看。

问，何不看净？

答，无垢即无净，净亦是相，是以不看。

问，云何不住心？

答，住心即假施设，是以不住。心无处所。（第一卷之末）

语录中又有神会诘问澄禅师一段：

问，今修定者，元是妄心修定，如何得定？

> 答，今修定者，自有内外照，即得见净。以净故即得见性。
>
> 问，性无内外，若言内外照？元是妄心，若为见性？经云，若学诸三昧，是动非坐禅。心随境界流，云何名为定？若指此定为是者，维摩诘即不应诃舍利弗宴坐。（第一卷）

我们必须先看神会这些话，然后可以了解《坛经》中所谓“看心”“看净”是何物。如果看心看净之说是普寂和降魔藏的学说，则慧能生时不会有那样严重的驳论，因为慧能死时，普寂领众不过几年，他又是后辈，慧能怎会那样用力批评？但若把《坛经》中这些话看作神会驳普寂的话，一切困难便都可以解释了。

（例四）论《金刚经》

> [《坛经》敦煌本] 善知识，若欲入甚深法界，入般若三昧者，直修般若波罗蜜行，但持《金刚般若波罗蜜经》一卷，即得见性，入般若三昧。当知此经功德无量，经中分明赞叹，不能具说。此是最上乘法，为大智上根人说。少根智人若闻法，心不生信。何以故？譬如大龙若下大雨，雨衣（被）阎浮提，如漂草叶。若下大雨，雨放大海，不增不减。若大乘者闻说《金刚经》，心开悟解，故知本性自有般若之智，自用知惠观照，不假文字。譬如其雨水，不从无有，无（元）是龙王于江海中将身引此水，令一切众生，一切草木，一切有情无情，悉皆蒙润。诸水众流，却入大海，海纳众水，合为一体。众生本性般若之智亦复如是。少根之人闻说此顿教，犹如大地草木，根性自少者，若被大雨一沃，悉皆倒，不能增长。少根之人亦复如是。（参看《坛经》明藏本“般若品”，文字稍有异同，如“如漂草叶”误作“如漂枣叶”；“雨水不从无有”作“雨水不从天有”之类，皆敦煌本为胜。）
>
> [《神会语录》] 若欲得了达甚深法界，直入一行三昧者，先须诵持《金刚般若波罗蜜经》，修学般若波罗蜜法。……《金刚般若波罗蜜经》者，如来为发大乘者说，为发最上乘者说。何以故？譬如大龙，不雨阎浮。若雨阎浮，如飘弃叶。若雨大海，其海不增

不减。若大乘者，若最上乘者，闻说《金刚般若波罗蜜经》，不惊不怖，不畏不疑者，当知是善男子，善女人，从无量久远劫来，常供养无量诸佛及诸菩萨，修学一切善法，今是得闻《般若波罗蜜经》，不生惊疑。（第三卷）

（例五）无念

[《坛经》敦煌本]无者无何事？念者念何物？无者，离二相诸尘劳。[念者，念真如本性]（依明藏本补）。真如是念之体，念是真如之用。[自]性起念，虽即见闻觉知，不染万境，而常自在。（明藏本“定慧第四”）

[《神会语录》]问，无者无何法？念者念何法？

答，无者无有云然，念者唯念真如。

问，念与真如有何差别？

答，无差别。

问，既无差别，何故言念真如？

答，言其念者，真如之用。真如者，念之体。以是义故，立无念为宗。若见无念者，虽具见闻觉知，而常空寂。（第一卷）

以上所引，都是挑选的最明显的例子。我们比较这些例子，不但内容相同，并且文字也都很相同，这不是很重要的证据吗？大概《坛经》中的几个重要部分，如明藏本的“行由”品，“忏悔”品，是神会用气力撰著的，也许是有几分历史的根据的；尤其是《忏悔》品，《神会语录》里没有这样有力动人的说法，也许真是慧能在时的记载。此外，如“般若”，“疑问”，“定慧”，“坐禅”诸品，都是七拼八凑的文字，大致是神会杂采他的语录凑成的。“付嘱”品的一部分大概也是神会原本所有。其余大概是后人增加的了。《坛经》古本不分卷；北宋契嵩始分为三卷，已有大改动了；元朝宗宝又“增入弟子请益机缘”，是为明藏本之祖。

如果我们的考证不大错，那么，神会的思想影响可说是存在在《坛经》里。柳宗元作《大鉴禅师碑》，说："其说具在，今布天下，凡言禅皆本曹溪。"我们也可以这样说神会："其说具在，今布天下。凡言禅皆本曹溪，其实是皆本于荷泽。"

南宗的急先锋，北宗的毁灭者，新禅学的建立者，《坛经》的作者，——这是我们的神会。在中国佛教史上，没有第二个人有这样伟大的功勋，永久的影响。

十八年除夕脱稿

范仲淹[①]

几年前，有人问我，美国开国前期争自由的名言“不自由，毋宁死”（原文是 Patrick Henry 在 1755 年的“给我自由，否则给我死”“Give me liberty， or give me death”），在中国有没有相似的话。我说，我记得是有的，但一时记不清是谁说的了。

我记得是在王应麟的《困学纪闻》里见过有这样一句话，但这几年我总没有机会去翻查《困学纪闻》。今年偶然买得一部影印元本的《困学纪闻》，昨天检得卷十七有这一条：

范文正《灵乌赋》曰：“宁鸣而死，不默而生。”其言可以立懦。

“宁鸣而死，不默而生”，当时往往专指谏诤的自由，我们现在叫做言论自由。

范仲淹生在西历九八九年，死在一〇五二年，他死了九百零三年了。他作《灵乌赋》答梅圣俞的《灵乌赋》，大概是在景祐三年（1036）他同欧阳修、余靖、尹洙诸人因言事被贬谪的时期。这比亨利柏得烈的“不自由，毋宁死”的话要早七百四十年。这也可以特别记出，作为中国争自由史上的一段佳话。

梅圣俞名尧臣，生在西历一〇〇三年，死在一〇六一年。他的集中有《灵乌赋》。原是寄给范仲淹的，大意是劝他的朋友们不要多说话。赋中有这句子：

凤不时而鸣，

① 原载 1955 年 4 月 1 日《自由中国》第 12 卷第 7 期。题目为编者所加，原题为《“宁鸣而死，不默而生”——九百年前范仲淹争自由的名言》。

乌哑哑兮招唾骂于里闾。
乌兮，事将乖而献忠，
人反谓尔多凶。……
胡不若凤之时鸣，
人不怪兮不惊！……
乌兮，尔可，
吾今语汝，庶或我（原作汝，似误）听。
结尔舌兮钤尔喙，
尔饮啄兮尔自遂，
同翱翔兮八九子，
勿噪啼兮勿睥睨，
往来城头无尔累。

这篇赋的见解、文辞都不高明。（圣俞后来不知因何事很怨恨范文正，又有《灵乌后赋》，说他“憎鸿鹄之不亲，爱燕雀之来附。既不我德，又反我怒。……远己不称，昵己则誉。”集中又有《谕乌诗》，说，“乌时来佐凤，署置且非良，咸用所附己，欲同助翱翔。”此下有一长段丑诋的话，好像也是骂范文正的。这似是圣俞传记里一件疑案；前人似没有注意到。）

范仲淹作《灵乌赋》，有自序说：

梅君圣俞作是赋，曾不我鄙，而寄以为好。因勉而和之，庶几感物之意同归而殊途矣。

因为这篇赋是中国古代哲人争自由的重要文献，所以我多摘抄几句：

灵乌，灵乌，
尔之为禽兮何不高飞而远翥？
何为号呼于人兮告吉凶而逢怒！
方将折尔翅而烹尔躯，
徒悔焉而亡路。

彼哑哑兮如愬，
请臆对而忍谕：
我有生兮累阴阳之含育，
我有质兮虑天地之覆露。
长慈母之危巢，
托主人之佳树。……
母之鞠兮孔艰，
主之仁兮则安。
度春风兮既成我以羽翰，
眷高柯兮欲去君而盘桓。
思报之意，厥声或异：
忧于未形，恐于未炽。
知我者谓吉之先，
不知我者谓凶之类。
故告之则反灾于身，
不告之则稔祸于人。
主恩或忘，我怀靡臧。
虽死而告，为凶之防。
亦由桑妖于庭，惧而修德，俾王之兴；
雉怪于鼎，惧而修德，俾王之盛。
天听甚迩，人言曷病！
被希声之凤皇，
亦见讥于楚狂。
彼不世之麒麟，
亦见伤于鲁人。
凤岂以讥而不灵？
麟岂以伤而不仁？
故割而可卷，孰为神兵？
焚而可变，孰为英琼？

宁鸣而死，不默而生！
胡不学太仓之鼠兮，
何必仁为，丰食而肥？
仓苟竭兮，吾将安归！
又不学荒城之狐兮，
何必义为，深穴而威？
城苟圮兮，吾将畴依！
……
我乌也勤于母兮自天，
爱于主兮自天。
人有言兮是然。
人无言兮是然。

这是九百多年前一个中国政治家争取言论自由的宣言。

赋中“忧于未形，恐于未炽”两句，范公在十年后（1046），在他最后被贬谪之后一年，作《岳阳楼记》，充分发挥成他最有名的一段文字：

> 嗟夫，予尝求古仁人之心……不以物喜，不以己悲，居庙堂之高则忧其民，处江湖之远则忧其君，是进亦忧，退亦忧。然则何时而乐耶？其必曰“先天下之忧而忧，后天下之乐而乐”乎？噫，微斯人，吾谁与归？

当前此三年（1043）他同韩琦、富弼同在政府的时期，宋仁宗有手诏，要他们“尽心为国家诸事建明，不得顾忌”。范仲淹有《答手诏条陈十事》，引论里说：

> 我国家革五代之乱，富有四海，垂八十年。纲纪制度，日削月侵，官壅于下，民困于外，夷狄骄盛，寇盗横炽，不可不更张以救之。……

这是他在那所谓“庆历盛世”的警告。那十事之中，有“精贡举”一事，他说：

……国家乃专以辞赋取进士，以墨义取诸科。士皆舍大方而趋小道。虽济济盈庭，求有才有识者，十无一二。况天下危困，乏人如此，将何以救？在乎教以经济之才，庶可以救其不逮。或谓救弊之术无乃后时？臣谓四海尚完，朝谋而夕行，庶乎可济。安得晏然不救，坐俟其乱哉？……

这是在中原沦陷之前八十三年提出的警告。这就是范仲淹说的“忧于未形，恐于未炽”；这就是他说的“先天下之忧而忧”。

从中国向来知识分子的最开明的传统看，言论的自由，谏诤的自由，是一种“自天”的责任，所以说，“宁鸣而死，不默而生”。

从国家与政府的立场看，言论的自由可以鼓励人人肯说“忧于未形，恐于未炽”的正论危言，来替代小人们天天歌功颂德、鼓吹升平的滥调。

（纽约读书笔记）

欧阳修[①]

欧阳修两次被人用家庭暗昧事参劾，一次在庆历五年（1045），他年三十九；一次在治平四年（1067），他年六十一。第二次乃御史蒋之奇劾他与长子妇吴氏有私，其后诏问语所从来，之奇说得之彭思永，思永力抵以为风闻，神宗以为辞穷。遂降谪思永、之奇，而降手诏安慰他。此事只见于《文集》附录之《神宗实录本传》（墨本及朱本）及《神宗旧史本传》。而《行状》、《墓志》、《神道碑》，及《年谱》皆不载此事，止泛说“无根之言”、“飞语”而已。本集九十三有《乞根究蒋之奇弹疏札子》，内有云：

> 之奇诬罔臣者，乃是禽兽不为之丑行，天地不容之大恶。臣若有之，万死不足以塞责。……

细检各传，乃知之奇原奏所劾是什么事。

第一次狱事牵涉他的外甥女张氏。记此事的，王铚《默记》最详：

> 公甥张氏，妹婿龟正之女，非欧生也。幼孤，鞠育于家，嫁侄晟。晟自虔州司户罢，以替名仆陈谏同行，而张与谏通。事发，鞠于开封府右军巡院。张惧罪，且图自解免，其语皆引公未嫁时事，词多丑异。
>
> 军巡判官著作佐郎孙揆止劾张与谏通事，不复支蔓。宰相闻之，怒，再命太常博士三司户部判官苏安世勘之，遂尽用张前后语成案。俄又差王昭明（内侍供奉官）监勘。……昭明至狱，见安世所劾案牍，视之，骇曰，“昭明在官家左右，无三日不说欧阳修；今省判所勘乃迎合宰相意，加以大恶。异日昭明吃剑不得”。安世闻之大

① 原载 1929 年 4 月《吴淞月刊》第 1 期。题目为编者所加，原题为《欧阳修的两次狱事》。

惧，竟不敢易揆所勘，但劾欧公用张氏资买田产立户事，奏之。宰相大怒。公既降知制诰，知滁州；而安世坐“牒三司取录问吏人不闻”，奏降殿中丞，泰州监税；昭明降寿春监税。公责告云：

> 不知（《年谱》作能）淑慎，以远罪辜。知出非己族而鞠于私门，知女归有室（《年谱》作有室归）而纳之群从。向以讼起晟家之狱，语连张氏之资，券既不（《年谱》作非）明，辩无所验。〔朕〕（《年谱》有此字）以其久参近侍（《年谱》作侍从），免致深文；其（朱鲍校补“可”字，叶本无。《年谱》作止）除延阁之名，还序右垣之次。仍归漕节，往布郡条。体余宽恩，思释前咎（《年诺》作吝）。

又安世责词云：

> 汝受制按考，法当穷审，而乃巧为朋比，愿弭事端；漏落偏说，阴合傅会。知朕慎重狱事，不闻有司，而私密省寺，潜召胥役。迹其阿比之实，尚与朋党之风。（涵芬楼本，下，二一三）

王铚引当日责词，与《欧阳文忠公全集》所附胡柯的《文忠公年谱》所载制词相符，足见其可信。惟王铚颇不满意于苏安世，而王安石作安世的墓志（《临川集》石印本二十三，9）却极力归功于他。王安石说：

> 庆历五年……欧阳修以言事切宜，为权贵人所怒；因其孤甥女子有狱，诬以奸利事。天子使……苏君与中贵人杂治。当是时，权贵人连内外诸怨恶修者，为恶言，欲倾修，锐甚。天下汹汹，必修不能自脱。苏君卒白上曰，修无罪，言者诬之耳。于是权贵人大怒，诬君以不直，绌为殿中丞，泰州监税。……苏君以此名闻天下。

此事结案“欧公用张氏资买田产立户事”，王铚说“立户”，《神宗实录本传》叙此事云，“坐用张氏奁中物买田立欧阳氏券”，《神宗旧史本传》亦同。

但《实录》与《旧史》记张氏事云：

> 修妹适张龟正，龟正无子而死，有龟正前妻之女，才四岁，无

> 所归，以俱来。及笄，修以嫁族兄之子晟。后在晟所与奴奸，事下开封府。狱吏附致其言以（原注：三字一作“暧昧之言”）及修。（墨本，朱本及《旧史》略同）

各传皆云此女归欧阳家时“才四岁”。然欧阳修自己的《滁州谢上表》云：

> 伏念臣生而孤苦，少则贱贫；同母之亲，惟存一妹。丧厥夫而无托，携孤女以来归。张氏此时，生才七岁。……在人情难弃于路隅，缘臣妹遂养于私室。今方公私嫁娶，皆行姑舅婚姻；况晟于臣宗已隔再从，而张非己出，因谓无嫌。乃未及笄，遽令出适。然其既嫁五六年后，相去数千里间，不幸其人自为丑秽，臣之耳目不能接，思虑不能知，而言者及臣，诚为非意。以至究穷于资产，固已吹析于毫毛；若以攻臣之人恶臣之甚，苟罹纤过，奚逭深文？盖荷圣明之主张，得免罗织之冤枉。（庆历五年十月。《文集》九十，页九一一〇）

他自称此女来外家时年七岁，而史传改为四岁，又何必呢？

钱愐《钱氏私志》（《学海类编》本，《古今说海》本）对于欧阳修有私怨，故多谤词。书中说他“有文无行”，又记他在河南推官任时，在钱惟演幕中，亲一妓，为作“柳外轻雷池上雨”的《临江仙》词。书中记张氏一案云：

> 欧后为人言其盗甥。表云：“丧厥夫而无托，携孤女以来归。张氏此时，年方七岁。”内翰伯（钱穆父）见而笑云：“年七岁正是学‘簸钱时也’。”欧词云：
>
> 江南柳，
> 叶小未成阴。
> 人为丝轻那忍折？
> 莺怜枝嫩不胜吟，——
> 留取待春深。
> 十四五，

闲抱琵琶寻。
堂上簸钱堂下走，
恁时相见已留心。——
何况到如今。

欧知贡举时，落第举人作《醉蓬莱》词以讥之，词极丑诋。

钱愐引的词为《忆江南》，今集中不收。但欧诗多被后人删削，罗泌、曾慥皆删去不少。以今所存的看来，此词大概不是伪造的。此词虽然不一定是为张氏作的，但今所存的词如《南歌子》：

凤髻金泥带，
龙纹玉掌梳；
走来窗下笑相扶，
爱道“画眉深浅入时无？”

弄笔偎人久，
描花试手初，
等闲妨了绣功夫，
笑问双鸳鸯字怎生书？

也是写一个很放浪而讨人欢喜的女孩子，此女子确不是倡女，乃是住在他家的。大概张氏一案不全出于无因。狱起时，欧公止三十九岁，他谪滁州后，即自号醉翁，外谪数年而头发皆白；此可见当日外界攻击之多了。

十三，十月底记此事，十一，五夜写完

邵　雍[1]

邵雍（1011—1077），字尧夫，范阳人，幼时徙共城，晚徙河南。李之才（挺之）摄共城令，授以先天象数之学。（程颢作《墓志》，说“先生得之于李挺之，挺之得之于穆伯长。推其源流，远有端绪。”）他初做学问很刻苦，后来游历四方，“走吴，适楚，寓齐鲁，客梁晋，久之而归。”程颢说：

> 先生少时自雄其材，慷慨有大志。既学，力慕高远，谓先王之事为必可致。及其学益老，德益邵，玩心高明，观于天地之运化，阴阳之消长，以达乎万物之变，然后颓然其顺，浩然其归。

一个“自雄其才，慷慨有大志”的人，到了后来，竟成了一个纯粹的道士，“颓然其顺，浩然其归”！

富弼、司马光、吕公著退居洛阳时，为邵雍买园宅。他病畏寒暑，常以春秋时行游。每乘小车出，一人挽之，任意所适。士大夫识其车音，争相迎候。故他的诗云：

> 春暖未苦热，秋凉未甚寒。
> 小车随意出，所到即成欢。（《小车吟》）

又云：

> 每度过东街，东街怨暮来。
> 只知闲说话，那觉太开怀。
> 我有千般乐，人无一点猜。
> 半醺欢喜酒，未晚未成回。（《每度过东街》）

---

① 此为未刊手稿，原稿收入《胡适遗稿及秘藏书信》第 5 册，黄山书社 1994 年 12 月版。

程颢说他：

> 在洛几三十年；……讲学于家，未尝强以语人，而就问者日众。……先生德气粹然，望之可知其贤。然不事表暴，不设防畛；正而不谅，通而不汙；清明坦夷，洞澈中外。

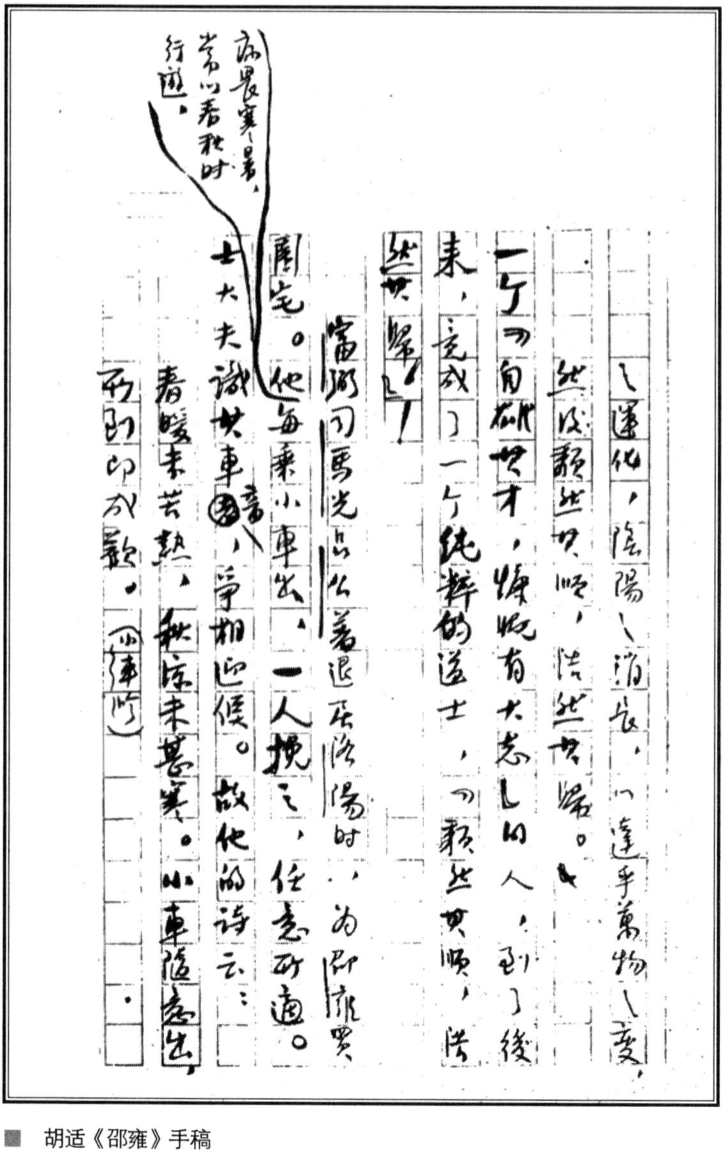

之運化，陰陽之消長，以達乎萬物之變，然後頹然其順，浩然其歸。一个可自負其才，慷慨有大志的人，到了後來，竟成了一个純粹的道士，可頹然其順，浩然其歸！

當司馬光諸公著退居洛陽時，為邵雍買園宅。他每乘小車出，病畏寒暑，常以春秋時行遊。一人挽之，任意所適。士大夫識其車音，爭相迎候。故他的詩云：

春暖未芸熱，秋涼未甚寒。小車隨意出，所到即成歡。（小車吟）

■ 胡适《邵雍》手稿

这里写邵雍真是一个理想的道士。程颢弟兄虽和他极要好，但都不满意于他的象数之学。程颢作邵雍的墓志，有一大段说：

> 昔七十子学于仲尼，其传可见者惟曾子所以告子思，而子思所以授孟子者耳。其余门人各以其材之所宜者为学；虽同尊圣人，所因而入者门户则众矣。况后此千余岁，师道不立，学者莫知其从来。独先生之学为有传也。先生得之于李挺之，挺之得之于穆伯长。推其源流，远有端绪。今穆李之言及其行事概可见矣。而先生淳一不杂，汪洋浩大，乃其所自得者众矣。然而名其学者，岂所谓门户之众，各有所因而入者欤？

这明是说，邵雍之学远过于穆李，然而还自命为穆李之学。此一大段中程颢明明表示不满意于穆李，而对于邵雍之自名“其学”，也表示惋惜之意。此文向来人多不深究；今试引二程的话来作证：

> 明道云，尧夫欲传数学于某兄弟。某兄弟那得工夫？要学须是二十年工夫。尧夫初学于李挺之，师礼甚严。虽在野店，饭必襕，坐必拜。欲学尧夫，亦必如此。

伊川的话更明显：

> 晁以道闻先生之数于伊川，答云，某与尧夫同里巷居三十余年，世间事无所不问，惟未尝一字及数。

总之，邵雍一生得力于道家的自然主义，而又传得当日道士的先天象数之学。当日的洛阳学派之中，司马光于这两方面都玩过；程氏弟兄却只赏识他的自然主义，而不受他的象数之学。象数的方面，到南渡后朱震、朱熹表章出来，方才重新兴起，成为宋学的一部分。

他临死时，程颐问：“从此永诀，更有见告否？”先生举两手示之。程颐曰，“何谓也？”曰，“面前路径须令宽。路窄则自无着身处。况能使人行耶？”这也是道家的精神。

他的书有：

《皇极经世》六十二卷。

《伊川击壤集》二十卷。（《四部丛刊》本）

（二）[①]

邵雍中年时还有许多野心，故他的诗有：

霜天皎月虽千里，不抵伤时一寸心。（集二）
男子雄图存用舍。（二）
事观今古兴亡后，道在君臣进退间。
若蕴奇才必奇用，不然须负一生闲。（三）

他有《题四皓庙》四首，其一二云：

强秦失御血横流，天下求君君不有。
正是英雄角逐时，未知鹿入何人手。
灞上真人既已翔，四人相顾都无语。
徐云天命自有归，不若追踪巢与许。（二）

这竟是说，皇帝做不成，只好做隐士了。

他的自然主义以"变化"为中心；程颢所谓"观于天地之运化，阴阳之消长，以达乎万物之变"。他的诗常提到这个观念。

为今日之山，是昔日之原。
为今日之原，是昔日之川。
山川尚如此，人事宜信然。
幸免红尘中，随风浪着鞭。

（《川上怀旧》三，36）

① 编者注：前面无（一），这里有（二），原底本如此。

朱敦儒[①]

朱敦儒，字希真，洛阳人。少年时以布衣负重名。靖康时（1126），召至京师，不肯就官，辞还山。南渡后，寓居嘉禾。高宗召他，他又辞。避乱客南雄州，屡次征召，方才应征。赐进士出身，为秘书省正字，迁两浙东路提点刑狱，后被人劾罢。绍兴十九年（1149），他上书告归，秦桧当国时，喜欢奖用诗人，他的儿子秦熺也好文学；于是除敦儒为鸿胪少卿。秦桧死后（1155），他也废黜了。（《宋史》四四五）

他的生死年岁不可考。他的《樵歌》三卷里，只有两首词有甲子可考。最早的是政和丁酉（1117）洛阳西内造成，他代洛阳人作望幸之曲（望海潮题）。又绍兴丁丑（1157）有中秋赏月的柳梢青词。此外无甲子可考的有“七十衰翁，告老归来”（沁园春），“好笑衰翁年纪，不觉七十有四”（如梦令），“屈指八旬将到”（西江月），“今年生日，庆一百省岁”（洞仙歌）。大概他活到九十多岁。《宋史》说他绍兴十九年（1149）告归；以“七十衰翁，告老归来”之句参考起来，他大概生于神宗元丰初年，约当一〇八〇；死于孝宗淳熙初年，约当一一七五。

《宋史》称他“素工诗及乐府，婉丽清畅”。汪叔耕说他的词“多尘外之想；虽杂以微尘，而其清气自不可没”。《花庵词选》说他“天资旷逸，有神仙风致”。

他的《樵歌》三卷，有王氏四印斋刻本，朱氏彊邨丛书本。我们看他的词，可分三个时期。第一是南渡以前的少年时期，“轻红遍写鸳鸯带，浓碧争斟翡翠卮”的时期。第二是南渡时期，颇多家国的感慨，身世的悲哀，“南北东西处处愁；独倚阑干遍”的时期。第三是他晚年闲

① 原载1926年10月15日北新书局出版的《樵歌》。题目为编者所加，原标题为《朱敦儒小传》。

居的时期。这时候，他已很老了，饱经世故，变成了一个乐天自适的词人：“老来可喜，是历遍人间，谙知物外；看透虚空，把恨海愁山一齐挼碎。免被花迷，不为酒困，到处惺惺地。”这一个时期的词有他独到的意境，独到的技术。词中之有《樵歌》，很像诗中之有《击壤集》（邵雍的诗集）。但以文学的价值而论，朱敦儒远胜邵雍了。将他比陶潜，或更确切罢？

吴敬梓[①]

我们安徽的第一个大文豪，不是方苞，不是刘大櫆，也不是姚鼐，是全椒县的吴敬梓。

吴敬梓，字敏轩，一字文木。他生于清康熙四十年，死于乾隆十九年（西历1701—1754）。他生在一个很阔的世家，家产很富；但是他瞧不起金钱，不久就成了一个贫士。后来他贫的不堪，甚至于几日不能得一饱。那时清廷开博学鸿词科，安徽巡抚赵国麟荐他应试，他不肯去。从此，“乡试也不应，科岁也不考，逍遥自在，做些自己的事”。后来死在扬州，年纪只有五十四岁。

他生平的著作有《文木山房诗集》七卷，文五卷（据金和《〈儒林外史〉跋》）；《诗说》七卷（同）；又《儒林外史》小说一部（程晋芳《吴敬梓传》作五十卷，金《跋》作五十五卷，天目山樵评本五十六卷，齐省堂本六十卷）。据金和《跋》，他的诗文集和《诗说》都不曾付刻。只有《儒林外史》流传世间，为近世中国文学的一部杰作。

他的七卷诗，都失传了。王又曾（毂原）《丁辛老屋集》里曾引他两句诗：“如何父师训，专储制举材。”这两句诗的口气、见解，都和他的《儒林外史》是一致的。程晋芳《拜书亭稿》也引他两句：“遥思二月秦淮柳，蘸露拖烟委曲尘。”——可以想见他的诗文集里定有许多很好的文字。只可惜那些著作都不传了，我们只能用《儒林外史》来作他的传的材料。

《儒林外史》这部书所以能不朽，全在他的见识高超，技术高明。这书的“楔子”一回，借王冕的口气，批评明朝科举用八股文的制度道：“将来读书人既有此一条荣身之路，把那文行出处都看得轻了。”这是全书的宗旨。

书里的马二先生说：

---

① 题目为编者所加，原题为《吴敬梓传》。

> 举业二字是从古及今，人人必要做的。就如孔子生在春秋时候，那时用言扬行举做官；故孔子只讲得个“言寡尤，行寡悔，禄在其中”。这便是孔子的举业。……到唐朝用诗赋取士，他们若讲孔孟的话，就没有官做了。……到本朝用文章取士，就是夫子在而今也要念文章，做举业，断不讲那“言寡尤，行寡悔”的话。何也？就日日讲“言寡尤，行寡悔”，那个给你官做？孔子的道，也就不行了。

这一段话句句是恭维举业，其实句句是痛骂举业。末卷表文所说：“夫萃天下之人才而限制于资格，则得之者少，失之者多”，正是这个道理。国家天天挂着孔孟的招牌，其实不许人“说孔孟的话”，也不要人实行孔孟的教训，只要人念八股文，做试帖诗；其余的“文行出处”都可以不讲究，讲究了又“那个给你官做？”不给你官做，便是专制君主困死人才的唯一妙法。要想抵制这种恶毒的牢笼，只有一个法子：就是提倡一种新社会心理，叫人知道举业的丑态，知道官的丑态；叫人觉得“人”比“官”格外可贵，学问比八股文格外可贵，人格比富贵格外可贵。社会上养成了这种心理，就不怕皇帝“不给你官做”的毒手段了。

一部《儒林外史》的用意只是要想养成这种社会心理。看他写周进、范进那样热中的可怜，看他写严贡生、严监生那样贪吝的可鄙，看他写马纯上那样酸，匡超人那样辣。又看他反过来写一个做戏子的鲍文卿那样可敬，一个武夫萧云仙那样可爱。再看他写杜少卿、庄绍光、虞博士诸人的学问人格那样高出八股功名之外。——这种见识，在二百年前，真是可惊可敬的了！

程晋芳做的《吴敬梓传》里说他生平最恨做时文的人；时文做得越好的人，他痛恨他们也越利害。《儒林外史》痛骂八股文人，有几处是容易看得出的，不用我来指出。我单举两处平常人不大注意的地方：

第三回写范进的文章，周学台看了三遍之后才晓得是“天地间之至文，真乃一字一珠！”

第四回写范进死了母亲，去寻汤知县打秋风，汤知县请他吃饭，用的是银镶杯箸，范举人因为居丧不肯举杯箸；汤知县换了磁杯象牙箸来，他还不肯用。“汤知县疑惑他居丧如此尽礼，倘或不用荤酒，却是不曾备办；后来看见他在燕窝碗里拣了一个大虾元送在嘴里，方才放心！”

这种绝妙的文学技术，绝高的道德见解，岂是姚鼐、方苞一流人能梦见的吗？

最妙的是写汤知县、范进、张静斋三人的谈话：

> 张静斋道：“想起洪武年间刘老先生——”
>
> 汤知县道：“那个刘老先生？”
>
> 静斋道：“讳基的了。他是洪武三年开科的进士，‘天下有道’三句中的第五名。”
>
> 范进插口道：“想是第三名？”
>
> 静斋道：“是第五名！那墨卷是弟读过的。后来入了翰林，洪武私行到他家，恰好江南张王送了他一坛小菜，当面打开看，都是些瓜子金，洪武圣上恼了，把刘老先生贬为青田县知县，又用毒药摆死了。”汤知县见他说的“口若悬河”，又是本朝确切的典故，不由得不信！

这一段话写两个举人和一个进士的“博雅”，写时文大家的学问，真可令人绝倒。这又岂是方苞、姚鼐一流人能梦见的吗？

这一篇短传里，我不能细评《儒林外史》全书了。这一部大书，用一个做裁缝的荆元做结束。这个裁缝每日做工有余下的工夫，就弹琴写字，也极欢喜做诗。朋友问他道：“你既要做雅人，为什么还要做你这贵行？何不同学校里人相与相与？”他道：“我也不是要做雅人。只为性情相近，故此时常学学。至于我们这个贱行，是祖父遗留下来的，难道读书识字做了裁缝就玷污了不成？况且那些学校里的朋友，他们另有一番见识，怎肯和我相与？我而今每日寻得六七分银子，吃饱了饭，要弹琴，要写字，诸事都由得我。我又不贪图人的富贵，又不伺候人的颜色；天不收，地不管，倒不快活！”

这是真自由，真平等，——这是我们安徽的一个大文豪吴敬梓想要造成的社会心理。

九，四，八

崔　述[1]

顾颉刚先生开始标点《崔东壁遗书》是在民国十年，到现在民国二十五年，快满十五年了。这部大书出版期所以延搁到今日，顾先生自己在序文里曾有详细的说明。最重要的原因当然是顾先生不肯苟且的治学精神。他要搜罗的最完备，不料材料越搜越多，十几年的担搁竟使这部书的内容比任何《东壁遗书》加添了四分之一。在这些新发见的材料之中，最重要的是嘉庆本的《东壁书钞》，东壁先生的诗稿和《荍田剩笔》，他的兄弟崔迈的《遗集》四种七卷。嘉庆本《书钞》使我们可以看［出］东壁先生屡次改订他的著作的不苟精神，借此也可以推见他的见解演变的痕迹。他自己的诗稿和他兄弟的诗文稿给我们增添了不少的传记材料。崔迈的遗著里很有一些有见解的文字；他研究《尚书》，议论古史，讨论文学，都有点不随流俗的创见。这些遗著的发见使我们格外明了崔述不但受了他父亲的大影响，并且得了这一个天才很高的弟弟不少帮助。《荍田剩笔》虽是残稿，但其中保存的东壁遗札二十一封，［有］很多重要的传记材料。其《与陈介存》第一札中有云：

> 虽素好考核，然常不敢自信。今岁所为，明岁辄复窜易。《补上古》及《洙泗》两考信录近已多所更定。乃吾介存竟以旧本付梓，令人骇绝！是彰吾过于天下耳，岂爱我乎！朱子将易箦时，犹改“诚意”章注，何况吾辈庸人？王右军一点一画失所，辄若眇目折肱，愚亦同有此癖。介存何不相谅也！

这是何等可敬可爱的治学精神！这样一位“好求完备”的学者的遗著，

---

[1] 本文作于 1936 年 1 月 27 日，载 1936 年 4 月 30 日天津《大公报·图书》副刊第 128 期。题目为编者所加，原题为《〈崔东壁遗书〉序》。崔述：号东壁，清乾隆年间举人。

在一百多年后居然得着一位同样“好求完备”的学者顾颉刚先生费了十多年的精力来搜求整理，这真是近世学术史上最可喜的一段佳话！

崔述生于乾隆五年（1740），四年后（民国二十九年，1940）就是他的二百年纪念了。他的著作，因为站在时代的前面，所以在这一百多年中，只受了极少数人的欣赏，而不曾得着多数学人的承认。现在我们可以捧出这一部搜罗最完备、校点最精细的“崔学全书”来准备做他二百年祭坛上的供品了。我们对于顾颉刚先生和他的同志洪业先生、赵贞信先生等等，都应该表示最大的感谢，并且庆贺他们的成功。

我在十四年前，曾说：

> 我深信中国新史学应该从崔述做起，用他的《考信录》做我们的出发点，然后逐渐谋更向上的进步。……我们读他的书，自然能渐渐相信他所疑的都是该疑，他认为伪书的都是不可深信的史料：这是中国新史学的最低限度的出发点。从这里进一步，我们就可问：他所信的是否可信？他扫空了一切传记谶纬之书，只留下了几部“经”。但他所信的这几部“经”，就完全无可疑了吗？万一我们研究的结果竟把他保留下的几部“经”也全推翻了，或部分的推翻了，那么，我们的新史学的古史料又应该从那里去寻？等到这两个问题有了科学的解答，那才是中国新史学成立的日子到了。简单说来，新史学的成立须在超过崔述以后；然而我们要想超过崔述，先须要跟上崔述。（《科学的古史家崔述》，页五一六）

这一段十四年前的预言，在今日看来，有中有不中，有验有不验。在古史研究的某些个方面，中国的新史学确然是已超过崔述了。崔述的材料只是几部“经”之中他认为可信的部分。近十几年的新古史学居然能够充分运用发掘出来的甲骨文字、金文，和其他古器物了。试用崔述的《商考信录》来比较最近十年中出版的关于殷商史料的著作，我们就可以知道，古史料的来源不限于那几部“经”，“经”之外还有地下保藏着的许多古器物，其年代往往比“经”更古，其可靠性往往比“经”更高；他们不但是不曾经过汉以后的学者的改窜误解，并且是不曾经过先秦文士的洗刷点染。这样扩大的材料范围，是《考信录》的作者当日不曾梦见的。所以在这些方面，我们可以说今日的古史学是超过崔述的了。

我那一段预言里曾说：“他所疑的都是该疑；他所信的是否可信？”但依这十几年的古史学看来，崔述所信的，未必无可疑的部分；他所疑的，也未必“都是该疑”。例如他作《洙泗考信录》，不信纬书，不信《家语》，不信《孔丛子》，不信《史记》的《孔子世家》，这都是大致不错的。但他不信《檀弓》，终不能使我们心服。《檀弓》一篇的语言完全是和《论语》同属于鲁国语的系统，决非“后儒”所能捏造。崔述不信“孔子少孤，不知其墓”，又不信孔子一家有再世出妻的事，就以为“《檀弓》之文本不足信”。这都是因为崔述处处用后世儒生理想中的“圣人”作标准，凡不合这种标准的，都不足凭信——这样的考证是不足服人之心的。

又如崔述最尊信《论语》，但他因为《论语》有“公山弗扰”和“佛肸”两章，都不合他理想中的“圣人”标准，所以他疑心《论语》“非孔门《论语》之原本，亦非汉初《论语》之旧本”，“乃张禹所更定”。我们当然不否认《论语》有被后人添改的可能，但我们也不能承认崔述的论证是充分的。最可注意的是崔述要证明佛肸不曾“召”孔子，于是引《韩诗外传》、《新序》、《列女传》三书作证，证明“佛肸之畔乃赵襄子时事……襄子立于鲁哀公之二十年，孔子卒已五年，佛肸安得有召孔子事乎？”（《洙泗考信录》二，页三七）崔述最不信汉人记古事的传记，然而他在这里引证的三部书都是汉人的记载，岂不是自坏其例吗？何况《左传》哀公五年（孔子死之前九年）明明有“赵鞅围中牟”的记载呢？

这样，凡不合于理想中的“圣人”标准的，虽然《檀弓》、《论语》所记，都不可信；凡可以助证这个标准的，虽是汉人的《韩诗外传》、《新序》，也不妨引证。这岂不是很危险的去取标准吗？

总而言之，近十几年的古史研究，大体说来，都已超过崔述的时代。一方面，他所疑为“后儒”妄作妄加的材料，至少有一部分（例如《檀弓》）是可以重新被估定，或者竟要被承认作可靠的材料的了。另一方面，古史材料的范围是早已被古器物学者扩大到几部“经”之外去了。

其实不但考古学的发掘与考证扩大了古史料的来源；社会学的观点也往往可以化朽腐为神奇，可以使旧日学者不敢信任的记载得着新鲜的意义。例如《檀弓》、《左传》等书，前人所谓“诬”、“妄”的记载，若从社会学的眼光看去，往往都可以有历史材料的价值。即如《檀弓》所记孔子将死时“坐奠于两楹之间”的一个梦，崔述以为“殊与孔子平日之言不类”，然而在我们今日看来，却正是很有趣味的史料。

以上所说，只是要说明，今日的新史学确已有超过崔述的趋势，所以有人说“崔述时代已过去了”，这也并不是过分的话。

然而我这番话绝不是要指出崔述的古史学在今日已完全没有价值。崔述是一百多年前的史家，他当然要受那个时代的思想学术的限制，他的许多见不到的地方，都是很可以原谅宽恕的。他的永久价值并不在这一些随时有待于后人匡正的枝节问题。崔学的永久价值全在他的“考信”的态度，那是永永不会磨灭的。我在十四年前说的“先须要跟上崔述”，也正是要跟上他的“考信”的态度。

“考信”的态度只是要“考而后信”。崔述自己说的最好：

> 大抵文人学士多好议论古人得失，而不考其事之虚实。余独谓虚实明而后得失或可不爽。故今为《考信录》，专以辨其虚实为先务，而论得失者次之。（《提要》上，页三四）

虚实即是伪与真。“虚实明而后得失或可不爽”是一切史学的根本方法。“考信”的态度只是要人先考核某项材料的真伪实虚，然后决定应疑应信的态度。崔述著书的本意在此，故全书称为“考信录”。可惜他受传统的儒家思想的影响太大了，有时也不能“先考而后信”，有时竟成了“先信而后考”！例如上文说的几个例子，他先信孔子决不会不知道他的父亲坟墓，决不会出妻，决不会受公山弗扰与佛肸之召，然后去考定《论语》、《檀弓》的真伪，——这就不是“考信”的真义了，这就成了先论其“得失”而后考其虚实真伪了。他自己也曾警告我们：

> 人之情好以己度人，以今度古，以不肖度圣贤。往往径庭悬隔，

> 而其人终不自知也。……以己度人，虽耳目之前而必失之。况欲以度古人，更欲以度古之圣贤，岂有当乎？……故《考信录》但取信于经，而不敢以战国、魏、晋以来度圣人者遂据之为实也。（《提要》上，页六一八）

崔述自己不知道他自己也往往用宋、明以来“度圣人者”来做量度圣人的标准，先定了得失的标准，然后考其虚实，所以“径庭悬隔，而不自知也”。

这都是时代风气的限制，不足为崔述的罪状。他这一部大书之中，大体都是能遵守他的基本方法，先定材料的虚实，而后论其得失。他很大胆的定下一条辨别史料虚实的标准：“凡其说出于战国以后者，必详为考其所本（考其所本即是寻出他的娘家），而不敢以见于汉人之书者遂真以为三代之事也。”这样一笔扫空了一切晚出的材料，就把古史建立在寥寥几部他认为最可信的史料之上。在那些他认为可信的材料之中，他又分出几种等级来，第一等为“经”的可信部分，第二等为“补”（源出于经，而今仅见于传记），第三等为“备览”，第四等为“存疑”。这都是辨其虚实真伪的态度，最可以作史家的模范。他的细目或有得失可以指摘，这种精神与方法是无可訾议的。

我们必须明白，崔述生于二百年前，不但时代的限制不易逃避，当时所有的古史材料实在是贫乏的可怜。我们现在读他的古史诸录，总不免觉得，古史经过他的大刀阔斧的删削之后，仅仅剩下几十条最枯燥的经文了！我们不要忘了他自己劝慰我们的话：

> 昔人有言曰：“买菜乎？求益乎？”言固贵精不贵多也。……吾辈生古人之后，但因古人之旧，无负于古人可矣，不必求胜于古人也。（《提要》上，页二七）

他在那个时代，无法“求胜于古人”，只能做一番删除虚妄的消极工作。但我们深信，“考信”的精神必不会否认后来科学的史家用精密的方法搜寻出来的新材料。例如《商考信录》，固然只是薄薄的两卷枯燥材料。

但今日学者实地发掘出来的甲骨，石刻，铜器，遗物等，其真实既已“考”定，当然是可“信”的。故“不必求胜于古人”只是崔述警告我们莫要滥收假古董来冒充真史料，而不是关闭了扩大古史料之门。王国维，罗振玉，李济，董作宾，梁思永诸先生寻出新史料来“求胜于古人”，正是崔述当日所求之不得的，正是他最欢迎的。

最后，我要指出，崔述的“考信”态度是道地的科学精神，也正是道地的科学方法。他最痛恨“含糊轻信而不深问”的恶习惯。他一生做学问，做人，做官，听讼，都只是用一种精神，一种方法，——就是“细为推求”——就是“打破沙锅问到底”。他要我们凡事“问到底”（《提要》下，页一九），他要我们“争”，要我们“讼”，要我们遇事“论其曲直”（《无闻集》二，页一五—二一。）他要我们“观理欲其无成见”（《考信附录》，页三四），遇事“细为推求”，“历历推求其是非真伪”（《提要》下，页二一）。这都是科学家求真理的态度。这个一贯的态度是崔述留给我们的最大的遗训。

廿五，一，廿七晨六时　在上海沧州饭店

附记：我本想写一篇较详细的介绍，现在只能拿这篇短序来塞责，这是我很抱歉的。我盼望全书出版后我能利用新出现的传记材料，继续写成我的《崔述年谱》，完成我十四年前介绍崔述的志愿。

胡适

第二编

辜鸿铭[①]

民国十年十月十三夜，我的老同学王彦祖先生请法国汉学家戴弥微先生（Mon Demiéville）在他家中吃饭，陪客的有辜鸿铭先生，法国的□先生，徐墀先生，和我；还有几位，我记不得了。这一晚的谈话，我的日记里留有一个简单的记载，今天我翻看旧日记，想起辜鸿铭的死，想起那晚上的主人王彦祖也死了，想起十三年之中人事变迁的迅速，我心里颇有不少的感触。所以我根据我的旧日记，用记忆来补充他，写成这篇辜鸿铭的回忆。

辜鸿铭向来是反对我的主张的，曾经用英文在杂志上驳我；有一次为了我在《每周评论》上写的一段短文，他竟对我说，要在法庭控告我。然而在见面时，他对我总很客气。

这一晚他先到了王家，两位法国客人也到了；我进来和他握手时，他对那两位外国客说：Here comes my learned enemy! 大家都笑了。

入座之后，戴弥微的左边是辜鸿铭，右边是徐墀。大家正在喝酒吃菜，忽然辜鸿铭用手在戴弥微的背上一拍，说："先生，你可要小心！"戴先生吓了一跳，问他为什么，他说："因为你坐在辜疯子和徐颠子的中间！"大家听了，哄堂大笑，因为大家都知道，"Cranky Hsü"和"Crazy Ku"的两个绰号。

一会儿，他对我说："去年张少轩（张勋）过生日，我送了他一副对子，上联是'荷尽已无擎雨盖'，——下联是什么？"我当他是集句的对联，一时想不起好对句，只好问他，"想不出好对句，你对的什么？"他说："下联是'菊残犹有傲霜枝'。"我也笑了。

他又问："你懂得这副对子的意思吗？"我说："'菊残犹有傲霜枝'当然是张大帅和你老先生的辫子了。'擎雨盖'是什么呢？"他说："是清朝的大帽。"我们又大笑。

---

① 原载1935年8月11日《大公报·文艺副刊》第64期。题目为编者所加，原题为《记辜鸿铭》。

他在席上大讲他最得意的安福国会选举时他卖票的故事，这个故事我听他亲口讲过好几次了，每回他总添上一点新花样，这也是老年人说往事的普通毛病。

安福部当权时，颁布了一个新的国会选举法，其中有一部分的参议员是须由一种中央通儒院票选的，凡国立大学教授，凡在国外大学得学位的，都有选举权。于是许多留学生有学士硕士博士文凭的，都有人来兜买。本人不必到场，自有人拿文凭去登记投票。据说当时的市价是每张文凭可卖二百元。兜买的人拿了文凭去，还可以变化发财。譬如一张文凭上的姓名是 Wu Ting，第一次可报“武定”，第二次可报“丁武”，第三次可报“吴廷”，第四次可说是江浙方音的“丁和”。这样办法，原价二百元的，就可以卖八百元了。

辜鸿铭卖票的故事确是很有风趣的。他说：

□□□来运动我投他一票，我说：我的文凭早就丢了。他说：“谁不认得你老人家？只要你亲自来投票，用不着文凭。”我说：“人家卖两百块钱一票，我老辜至少要卖五百块。”他说：“别人两百，你老人家三百。”我说：“四百块，少一毛钱不来，还得先付现款，不要支票。”他要还价，我叫他滚出去。他只好说：“四百块钱依你老人家。可是投票时务必请你到场。”

选举的前一天，□□□果然把四百元钞票和选举入场证都带来了，还再三叮嘱我明天务必到场。等他走了，我立刻出门，赶下午的快车到了天津，把四百块钱全报效在一个姑娘——你们都知道，她的名字叫一枝花——的身上了。两天工夫，钱花光了，我才回北京来。

□□□听说我回来了，赶到我家，大骂我无信义。我拿起一根棍子，指着那个留学生小政客，说：“你瞎了眼睛，敢拿钱来买我！你也配讲信义！你给我滚出去！从今以后不要再上我门来！”

那小子看见我的棍子，真个乖乖的逃出去了。

说完了这个故事，他回过头来对我说：

你知道有句俗话：“监生拜孔子，孔子吓一跳。”我上回听说□□□的孔教会要去祭孔子，我编了一首白话诗：

监生拜孔子，孔子吓一跳。

孔会拜孔子，孔子要上吊。

胡先生，我的白话诗好不好？

一会儿，辜鸿铭指着那两位法国客人大发议论了。他说：

先生们，不要见怪，我要说你们法国人真有点不害羞，怎么把一个文学博士的名誉学位送给□□□！□先生，你的《□□报》上还登出□□□的照片来，坐在一张书桌边，桌上堆着一大堆书，题做“□大总统著书之图”！呃，呃，真羞煞人！我老辜向来佩服你们贵国，——La belle France! 现在真丢尽了你们的 La belle France 的脸了！你们要是送我老辜一个文学博士，也还不怎样丢人！可怜的班乐卫先生，他把博士学位送给□□□，呃！

那两位法国客人听了老辜的话，都很感觉不安，那位《□□报》的主笔尤其脸红耳赤，他不好不替他的政府辩护一两句。辜鸿铭不等他说完，就打断他的话，说：“Monsieur，你别说了。有一个时候，我老辜得意的时候，你每天来看我，我开口说一句话，你就说：‘辜先生，您等一等。’你就连忙摸出铅笔和日记本子来，我说一句，你就记一句，一个字也不肯放过。现在我老辜倒霉了，你的影子也不上我门上来了。”

那位法国记者，脸上更红了。我们的主人觉得空气太紧张了，只好提议，大家散坐。

上文说起辜鸿铭有一次要在法庭控告我，这件事我也应该补叙一笔。

在民国八年八月间，我在《每周评论》第三十三期登出了一段随感录：

现在的人看见辜鸿铭拖着辫子，谈着“尊王大义”，一定以为他是向来顽固的。却不知辜鸿铭当初是最先剪辫子的人；当他壮年时，衙门里拜万寿，他坐着不动。后来人家谈革命了，他才把辫子留起来。辛亥革命时，他的辫子还没有养全，他带着假发接的辫子，坐着马车乱跑，很出风头。这种心理很可研究。当初他是“立异以为高”，如今竟是“久假而不归”了。

这段话是高而谦先生告诉我的，我深信高而谦先生不说谎话，所以我登在报上。那一期出版的一天，是一个星期日，我在北京西车站同一个朋友吃晚饭。我忽然看见辜鸿铭先生同七八个人也在那里吃饭。我身边恰好带了一张《每周评论》，我就走过去，把报送给辜先生看。他看了一遍，对我说：“这段记事不很确实。我告诉你我剪辫子的故事。我的父亲送我出洋时，把我托给一位苏格兰教士，请他照管我。但他对我说：现在我完全托了口先生，你什么事都应该听他的话。只有两件事我要叮嘱你：第一，你不可进耶稣教；第二，你不可剪辫子。我到了苏格兰，跟着我的保护人，过了许多时。每天出门，街上小孩子总跟着我叫喊：‘瞧呵，支那人的猪尾巴！’我想着父亲的教训，忍着侮辱，终不敢剪辫。那个冬天，我的保护人往伦敦去了，有一天晚上我去拜望一个女朋友。这个女朋友很顽皮，她拿起我的辫子来赏玩，说中国人的头发真黑的可爱。我看她的头发也是浅黑的，我就说：‘你要肯赏收，我就把辫子剪下来送给你。’她笑了；我就借了一把剪子，把我的辫子剪下来送了给她。这是我最初剪辫子的故事。可是拜万寿，我从来没有不拜的。”他说时指着同坐的几位老头子，“这几位都是我的老同事。你问他们，我可曾不拜万寿牌位？”

我向他道歉，仍回到我们的桌上。我远远的望见他把我的报纸传给同坐客人看。我们吃完了饭，我因为身边只带了这一份报，就走过去向他讨回那张报纸。大概那班客人说了一些挑拨的话，辜鸿铭站起来，把那张《每周评论》折成几叠，向衣袋里一插，正色对我说：“密斯忒胡，你在报上毁谤了我，你要在报上向我正式道歉。你若不道歉，我要向法庭控告你。”

我忍不住笑了。我说：“辜先生，你说的话是开我玩笑，还是恐吓我？你要是恐吓我，请你先去告状；我要等法庭判决了才向你正式道歉。”我说了，点点头，就走了。

后来他并没有实行他的恐吓。大半年后，有一次他见着我，我说：“辜先生，你告我的状子进去了没有？”他正色说：“胡先生，我向来看得起你；可是你那段文章实在写的不好！”

徐志摩[1]

悄悄的我走了，
　正如我悄悄的来；
我挥一挥衣袖，
　不带走一片云彩。

（《再别康桥》）

志摩这一回真走了！可不是悄悄的走。在那淋漓的大雨里，在那迷濛的大雾里，一个猛烈的大震动，三百匹马力的飞机碰在一座终古不动的山上，我们的朋友额上受了一个致命的撞伤，大概立刻失去了知觉，半空中起了一团大火，像天上陨了一颗大星似的直掉下地去。我们的志摩和他的两个同伴就死在那烈焰里了！

我们初得着他的死信，却不肯相信，都不信志摩这样一个可爱的人会死的这么惨酷。但在那几天的精神大震撼稍稍过去之后，我们忍不住要想，那样的死法也许只有志摩最配。我们不相信志摩会“悄悄的走了”，也不忍想志摩会死一个“平凡的死”，死在天空之中，大雨淋着，大雾笼罩着，大火焚烧着，那撞不倒的山头在旁边冷眼瞧着，我们新时代的新诗人，就是要自己挑一种死法，也挑不出更合式，更悲壮的了。

志摩走了，我们这个世界里被他带走了不少的云彩。他在我们这些朋友之中，真是一片最可爱的云彩，永远是温暖的颜色，永远是美的花样，永远是可爱。他常说：

我不知道风
是在那一方向吹——

---

① 原载1932年8月《新月》第4卷1号。题目为编者所加，原题为《追悼志摩》。

我们也不知道风是在那一个方向吹，可是狂风过去之后，我们的天空变惨淡了，变寂寞了，我们才感觉我们的天上的一片最可爱的云彩被狂风卷去了，永远不回来了！

这十几天里，常有朋友到家里来谈志摩，谈起来常常有人痛哭。在别处痛哭他的，一定还不少。志摩所以能使朋友这样哀念他，只是因为他的为人整个的只是一团同情心，只是一团爱。叶公超先生说，

> 他对于任何人，任何事，从未有过绝对的怨恨，甚至于无意中都没有表示过一些憎嫉的神气。

陈通伯先生说，

> 尤其朋友里缺不了他。他是我们的连索，他是粘着性的，发酵性的。在这七八年中，国内文艺界里起了不少的风波，吵了不少的架，许多很熟的朋友往往弄的不能见面。但我没有听见有人怨恨过志摩。谁也不能抵抗志摩的同情心，谁也不能避开他的粘着性。他才是和事的无穷的同情，使我们老[①]，他总是朋友中间的“连索”。他从没有疑心，他从不会妒忌。他使这些多疑善妒的人们十分惭愧，又十分羡慕。

他的一生真是爱的象征。爱是他的宗教，他的上帝。

> 我攀登了万仞的高冈，
> 荆棘扎烂了我的衣裳，
> 我向飘渺的云天外望——
> 　上帝，我望不见你！
> ……
> 我在道旁见一个小孩，
> 活泼，秀丽，褴褛的衣衫，
> 他叫声“妈”，眼里亮着爱——

① 编者注：以上几句原文如此，未作改动。

上帝，他眼里有你！

（《他眼里有你》）

志摩今年在他的《猛虎集自序》里，曾说他的心境是“一个曾经有单纯信仰的流入怀疑的颓废”。这句话是他最好的自述。他的人生观真是一种“单纯信仰”，这里面只有三个大字：一个是爱，一个是自由，一个是美。他梦想这三个理想的条件能够会合在一个人生里，这是他的“单纯信仰”。他的一生的历史，只是他追求这个单纯信仰的实现的历史。

社会上对于他的行为，往往有不能谅解的地方，都只因为社会上批评他的人不曾懂得志摩的“单纯信仰”的人生观。他的离婚和他的第二次结婚，是他一生最受社会严厉批评的两件事。现在志摩的棺已盖了，而社会上的议论还未定。但我们知道这两件事的人，都能明白，至少在志摩的方面，这两件事最可以代表志摩的单纯理想的追求。他万分诚恳的相信那两件事都是他实现那“美与爱与自由”的人生的正当步骤。这两件事的结果，在别人看来，似乎都不曾能够实现志摩的理想生活。但到了今日，我们还忍用成败来议论他吗？

我忍不住我的历史癖，今天我要引用一点神圣的历史材料，来说明志摩决心离婚时的心理。民国十一年三月，他正式向他的夫人提议离婚，他告诉她，他们不应该继续他们的没有爱情没有自由的结婚生活了，他提议“自由之偿还自由”，他认为这是“彼此重见生命之曙光，不世之荣业”。他说：

> 故转夜为日，转地狱为天堂，直指顾间事矣。……真生命必自奋斗自求得来，真幸福亦必自奋斗自求得来，真恋爱亦必自奋斗自求得来！彼此前途无限……彼此有改良社会之心，彼此有造福人类之心，其先自作榜样，勇决智断，彼此尊重人格，自由离婚，止绝苦痛，始兆幸福，皆在此矣。

这信里完全是青年的志摩的单纯的理想主义，他觉得那没有爱又没有自由的家庭是可以摧毁他们的人格的，所以他下了决心，要把自由偿还自由，要从自由求得他们的真生命，真幸福，真恋爱。

后来他回国了，婚是离了，而家庭和社会都不能谅解他。最奇怪的是他和他已离婚的夫人通信更勤，感情更好。社会上的人更不明白了。志摩是梁任公先生最爱护的学生，所以民国十二年任公先生曾写一封很恳切的信去劝他。在这信里，任公提出两点：

> 其一，万不容以他人之苦痛，易自己之快乐。弟之此举，其于弟将来之快乐能得与否，殆茫如捕风，然先已予多数人以无量之苦痛。
>
> 其二，恋爱神圣为今之少年所乐道。……兹事盖可遇而不可求。……况多情多感之人，其幻想起落鹘突，而得满足得宁帖也极难。所梦想之神圣境界恐终不可得，徒以烦恼终其身已耳。

任公又说：

> 呜呼志摩！天下岂有圆满之宇宙？……当知吾侪以不求圆满为生活态度，斯可以领略生活之妙味矣。……若沉迷于不可必得之梦境，挫折数次，生意尽矣，郁邑侘傺以死，死为无名。死犹可也，最可畏者，不死不生而堕落至不复能自拔。呜呼志摩，可无惧耶！可无惧耶！（十二年一月二日信）

任公一眼看透了志摩的行为是追求一种“梦想的神圣境界”，他料到他必要失望，又怕他少年人受不起几次挫折，就会死，就会堕落。所以他以老师的资格警告他：“天下岂有圆满之宇宙？”

但这种反理想主义是志摩所不能承认的。他答复任公的信，第一不承认他是把他人的苦痛来换自己的快乐。他说：

> 我之甘冒世之不韪，竭全力以斗者，非特求免凶惨之苦痛，实求良心之安顿，求人格之确立，求灵魂之救度耳。
>
> 人谁不求庸德？人谁不安现成？人谁不畏艰险？然且有突围而出者，夫岂得已而然哉？

第二，他也承认恋爱是可遇而不可求的，但他不能不去追求。他说：

> 我将于茫茫人海中访我唯一灵魂之伴侣；得之，我幸；不得，我命，如此而已。

他又相信他的理想是可以创造培养出来的。他对任公说：

> 嗟夫吾师！我尝奋我灵魂之精髓，以凝成一理想之明珠，涵之以热满之心血，朗照我深奥之灵府。而庸俗忌之嫉之，辄欲麻木其灵魂，捣碎其理想，杀灭其希望，污毁其纯洁！我之不流入堕落，流入庸懦，流入卑污，其几亦微矣！

我今天发表这三封不曾发表过的信，因为这几封信最能表现那个单纯的理想主义者徐志摩。他深信理想的人生必须有爱，必须有自由，必须有美；他深信这种三位一体的人生是可以追求的，至少是可以用纯洁的心血培养出来的。——我们若从这个观点来观察志摩的一生，他这十年中的一切行为就全可以了解了。我还可以说，只有从这个观点上才可以了解志摩的行为；我们必须先认清了他的单纯信仰的人生观，方才认得清志摩的为人。

志摩最近几年的生活，他承认是失败。他有一首《生活》的诗，诗是暗惨的可怕：

> 阴沉，黑暗，毒蛇似的蜿蜒，
> 生活逼成了一条甬道：
> 一度陷入，你只可向前，
> 手扪索着冷壁的粘潮，
>
> 在妖魔的脏腑内挣扎，
> 头顶不见一线的天光，
> 这魂魄，在恐怖的压迫下，
> 除了消灭更有什么愿望？
>
> （十九年五月二十九日）

他的失败是一个单纯的理想主义者的失败。他的追求，使我们惭愧，因为我们的信心太小了，从不敢梦想他的梦想。他的失败，也应该使我们对他表示更深厚的恭敬与同情，因为偌大的世界之中，只有他有这信心，冒了绝大的危险，费了无数的麻烦，牺牲了一切平凡的安逸，牺牲了家庭的亲谊和人间的名誉，去追求，去试验一个“梦想之神圣境界”，而终于免不了惨酷的失败，也不完全是他的人生观的失败。他的失败是因为他的信仰太单纯了，而这个现实世界太复杂了，他的单纯的信仰禁不起这个现实世界的摧毁；正如易卜生的诗剧 Brand 里的那个理想主义者，抱着他的理想，在人间处处碰钉子，碰的焦头烂额，失败而死。

然而我们的志摩“在这恐怖的压迫下”，从不叫一声“我投降了”！他从不曾完全绝望，他从不曾绝对怨恨谁。他对我们说：

> 你们不能更多的责备。我觉得我已是满头的血水，能不低头已算是好的。（《猛虎集自序》）

■ 左起依次为：徐志摩、朱经农、曹诚英、胡适、汪精卫、陶行知、马君武。右一为陈衡哲。（1924 年 9 月于浙江杭州）

是的，他不曾低头。他仍旧昂起头来做人；他仍旧是他那一团的同情心，一团的爱。我们看他替朋友做事，替团体做事，他总是仍旧那样热心，仍旧那样高兴。几年的挫折，失败，苦痛，似乎使他更成熟了，更可爱了。

他在苦痛之中，仍旧继续他的歌唱。他的诗作风也更成熟了。他所谓“初期的汹涌性”固然是没有了，作品也减少了；但是他的意境变深厚了，笔致变淡远了，技术和风格都更进步了。这是读《猛虎集》的人都能感觉到的。

志摩自己希望今年是他的“一个真正的复活的机会”。他说：

> 抬起头居然又见到天了。眼睛睁开了，心也跟着开始了跳动。

我们一班朋友都替他高兴。他这几年来想用心血浇灌的花树也许是枯萎的了；但他的同情，他的鼓舞，早又在别的园地里种出了无数的可爱的小树，开出了无数可爱的鲜花。他自己的歌唱有一个时代是几乎消沉了；但他的歌声引起了他的园地外无数的歌喉，嘹亮的唱，哀怨的唱，美丽的唱。这都是他的安慰，都使他高兴。

谁也想不到在这个最有希望的复活时代，他竟丢了我们走了！他的《猛虎集》里有一首咏一只黄鹂的诗，现在重读了，好像他在那里描写他自己的死，和我们对他的死的悲哀：

> 等候他唱，我们静着望，
> 怕惊了他。
> 　　　　　但他一展翅，
> 冲破浓密，化一朵彩云：
> 他飞了，不见了，没了——
> 像是春光，火焰，像是热情。

志摩这样一个可爱的人，真是一片春光，一团火焰，一腔热情。现在难道都完了？

决不！决不！志摩最爱他自己的一首小诗，题目叫做《偶然》，在他的《卞昆冈》剧本里，在那个可爱的孩子阿明临死时，那个瞎子弹着三弦，唱着这首诗：

我是天空里的一片云，
偶尔投影在你的波心——
　　你不必讶异，
　　更无须欢喜——
在转瞬间消灭了踪影。

你我相逢在黑暗的海上，
你有你的，我有我的方向。
　　你记得也好，
　　最好你忘掉，
在这交会时互放的光亮！

朋友们，志摩是走了，但他投的影子会永远留在我们心里，他放的光亮也会永远留在人间，他不曾白来了一世。我们有了他做朋友，也可以安慰自己说不曾白来了一世。我们忘不了，和我们

在那交会时互放的光亮！

二十年，十二月，三夜。

丁文江[1]

傅孟真先生的《我所认识的丁文江先生》，是一篇很伟大的文章，只有在君当得起这样一篇好文章。孟真说：

> 我以为在君确是新时代最良善最有用的中国人之代表；他是欧化中国过程中产生的最高的菁华；他是用科学知识作燃料的大马力机器；他是抹杀主观，为学术为社会为国家服务者，为公众之进步及幸福而服务者。

这都是最确切的评论。这里只有“抹杀主观”四个字也许要引起他的朋友的误会。在君是主观很强的人，不过孟真的意思似乎只是说他“抹杀私意”，“抹杀个人的利害”。意志坚强的人都不能没有主观，但主观是和私意私利绝不相同的。王文伯先生曾送在君一个绰号，叫做 the conclusionist。可译做“一个结论家”。这就是说，在君遇事总有他的“结论”，并且往往不放松他的“结论”。一个人对于一件事的“结论”多少总带点主观的成分，意志力强的人带的主观成分也往往比较一般人要多些。这全靠理智的训练深浅来调剂。在君的主观见解是很强的，不过他受的科学训练较深，所以他在立身行道的大关节目上终不愧是一个科学时代的最高产儿。而他的意志的坚强又使他忠于自己的信念，知了就不放松，就决心去行，所以成为一个最有动力的现代领袖。

在君从小不喜欢吃海味，所以他一生不吃鱼翅鲍鱼海参。我常笑问他：这有什么科学的根据？他说不出来，但他终不破戒。但是他有一次在贵州内地旅行，到了一处地方，他和他的跟人都病倒了。本地没有西医，在君是绝对不信中医的，所以他无论如何不肯请中医诊治。他打电

① 原载 1936 年 2 月 16 日《独立评论》第 188 号。题目为编者所加，原题为《丁在君这个人》。丁文江：字在君，地质学家，社会活动家，中国地质事业最重要的创始人。

报到贵阳去请西医，必须等贵阳的医生赶到了他才肯吃药。医生还没有赶到，跟他的人已病死了，人都劝在君先服中药，他终不肯破戒。我知道他终身不曾请教过中医，正如他终身不肯拿政府干薪，终身不肯因私事旅行借用免票坐火车一样的坚决。

我常说，在君是一个欧化最深的中国人，是一个科学化最深的中国人。在这一点根本立场上，眼中人物真没有一个人能比上他。这也许是因为他十五岁就出洋，很早就受了英国人生活习惯的影响的缘故。他的生活最有规则：睡眠必须八小时，起居饮食最讲究卫生，在外面饭馆里吃饭必须用开水洗杯筷；他不喝酒，常用酒来洗筷子；夏天家中吃无皮的水果，必须在滚水里浸二十秒钟。他最恨奢侈，但他最注重生活的舒适和休息的重要：差不多每年总要寻一个歇夏的地方，很费事的布置他全家去避暑；这是大半为他的多病的夫人安排的，但自己也必须去住一个月以上；他的弟弟、侄儿、内侄女，都往往同去，有时还邀朋友去同住。他绝对服从医生的劝告：他早年有脚痒病，医生说赤脚最有效，他就终身穿有多孔的皮鞋，在家常赤脚，在熟朋友家中也常脱袜子，光着脚谈天，所以他自称“赤脚大仙”。他吸雪茄烟有二十年了，前年他脚指有点发麻，医生劝他戒烟，他立刻就戒绝了。这种生活习惯都是科学化的习惯；别人偶一为之，不久就感觉不方便，或怕人讥笑，就抛弃了。在君终身奉行，从不顾社会的骇怪。

他的立身行己，也都是科学化的，代表欧化的最高层。他最恨人说谎，最恨人懒惰，最恨人滥举债，最恨贪污。他所谓“贪污”，包括拿干薪，用私人，滥发荐书，用公家免票来做私家旅行，用公家信笺来写私信，等等。他接受淞沪总办之职时，我正和他同住在上海客利饭店，我看见他每天接到不少的荐书，他叫一个书记把这些荐信都分类归档。他就职后，需要用某项人时，写信通知有荐信的人定期来受考试，考试及格了，他都雇用；不及格的，他一一通知他们的原荐人。他写信最勤，常怪我案上堆积无数未复的信。他说：“我平均写一封信费三分钟，字是潦草的，但朋友接着我的回信了。你写信起码要半点钟，结果是没有工夫写信。”蔡孑民先生说在君“案无留牍”，这也是他的欧化的精神。

罗文干先生常笑在君看钱太重，有寒伧气。其实这正是他的小心谨慎之处。他用钱从来不敢超过他的收入，所以能终身不欠债，所以能终身不仰面求人，所以能终身保持一个独立的清白之身。他有时和朋友打牌，总把输赢看得很重，他手里有好牌时，手心常出汗，我们常取笑他，说摸他的手心可以知道他的牌。罗文干先生是富家子弟出身，所以更笑他寒伧。及今思之，在君自从留学回来，担负一个大家庭的求学经费，有时候每年担负到三千元之多，超过他的收入的一半，但他从无怨言，也从不欠债；宁可抛弃他的学术生活去替人办煤矿，他不肯用一个不正当的钱；这正是他的严格的科学化的生活规律不可及之处；我们嘲笑他，其实是我们穷书生而有阔少爷的脾气，真不配批评他。

在君的私生活和他的政治生活是一致的。他的私生活的小心谨慎就是他的政治生活的预备。民国十一年，他在《努力周报》第七期上（署名“宗淹”）曾说，我们若想将来做政治生活，应做这几种预备：

> 第一，是要保存我们“好人”的资格。消极的讲，就是不要“作为无益”；积极的讲，是躬行克己，把责备人家的事从我们自己做起。
>
> 第二，是要做有职业的人，并且增加我们职业上的能力。
>
> 第三，是设法使得我们的生活程度不要增高。
>
> 第四，就我们认识的朋友，结合四五个人，八九个人的小团体，试做政治生活的具体预备。

看前面的三条，就可以知道在君处处把私生活看作政治生活的修养。民国十一年他和我们几个人组织“努力”，我们的社员有两个标准：一是要有操守，二是要在自己的职业上站得住。他最恨那些靠政治吃饭的政客。他当时有一句名言：“我们是救火的，不是趁火打劫的。”（《努力》第六期）他做淞沪总办时，一面整顿税收，一面采用最新式的簿记会计制度。他是第一个中国大官卸职时半天办完交代的手续的。

在君的个人生活和家庭生活，孟真说他“真是一位理学大儒”。在君如果死而有知，他读了这句赞语定要大生气的！他幼年时代也曾读过宋明理学书，但他早年出洋以后，最得力的是达尔文、赫胥黎一流科学家的实事求是的精神训练。他自己曾说：

> 科学……是教育同修养最好的工具。因为天天求真理，时时想破除成见，不但使学科学的人有求真理的能力，而且有爱真理的诚心。无论遇见什么事，都能平心静气去分析研究，从复杂中求简单，从紊乱中求秩序；拿论理来训练他的意想，而意想力愈增；用经验来指示他的直觉，而直觉力愈活。了然于宇宙生物心理种种的关系，才能够真知道生活的乐趣。这种活泼泼地心境，只有拿望远镜仰察过天空的虚漠，用显微镜俯视过生物的幽微的人，方能参领的透彻，又岂是枯坐谈禅妄言玄理的人所能梦见？（《努力》第四十九期，《玄学与科学》）

这一段很美的文字，最可以代表在君理想中的科学训练的人生观。他最不相信中国有所谓“精神文明”，更不佩服张君劢先生说的“自孔孟以至宋、元、明之理学家侧重内生活之修养，其结果为精神文明”。民国十二年四月中在君发起“科学与玄学”的论战，他的动机其实只是要打倒那时候“中外合璧式的玄学”之下的精神文明论。他曾套顾亭林的话来骂当日一班玄学崇拜者：

> 今之君子，欲速成以名于世，语之以科学，则不愿学，语之以柏格森、杜里舒之玄学，则欣然矣，以其袭而取之易也。（同上）

这一场的论战现在早已被人们忘记了，因为柏格森、杜里舒的玄学又早已被一批更时髦的新玄学“取而代之”了。然而我们在十三四年后回想那一场论战的发难者，他终身为科学僇力，终身奉行他的科学的人生观，运用理智为人类求真理，充满着热心为多数谋福利，最后在寻求知识的工作途中，歌唱着“为语麻姑桥下水，出山要比在山清”，悠然的死了，——这样的一个人，不是东方的内心修养的理学所能产生的。

丁在君一生最被人误会的是他在民国十五年的政治生活。孟真在他的长文里，叙述他在淞沪总办任内的功绩，立论最公平。他那个时期的文电，现在都还保存在一个好朋友的家里，将来作他传记的人（孟真和我都有这种野心）必定可以有详细公道的记载给世人看，我们此时可以不谈。我现在要指出的，只是在君的政治兴趣。十年前，他常说：“我家里没有活过五十岁的，我现在快四十岁了，应该趁早替国家做点事。”这是他的科学迷信，我们常常笑他。其实他对政治是素来有极深的兴趣的。他是一个有干才的人，绝不像我们书生放下了笔杆就无事可办，所以他很自信有替国家做事的能力。他在民国十二年有一篇《少数人的责任》的讲演（《努力》第六十七期），最可以表示他对于政治的自信力和负责任的态度。他开篇就说：

> 我们中国政治的混乱，不是因为国民程度幼稚，不是因为政客官僚腐败，不是因为武人军阀专横；是因为“少数人”没有责任心，而且没有负责任的能力。

他很大胆的说：

> 中年以上的人，不久是要死的；来替代他们的青年，所受的教育，所处的境遇，都是同从前不同的。只要有几个人，有不折不回的决心，拔山蹈海的勇气，不但有知识而且有能力，不但有道德而且要做事业，风气一开，精神就要一变。

他又说：

> 只要有少数里面的少数，优秀里面的优秀，不肯束手待毙，天下事不怕没有办法的。……最可怕的是一种有知识有道德的人不肯向政治上去努力。

他又告诉我们四条下手的方法，其中第四条最可注意。他说：

> 要认定了政治是我们唯一的目的，改良政治是我们唯一的义务。不要再上人家当，说改良政治要从实业教育着手。

这是在君的政治信念。他相信，政治不良，一切实业教育都办不好。所以他要我们少数人挑起改良政治的担子来。

然而在君究竟是英国自由教育的产儿，他的科学训练使他不能相信一切破坏的革命的方式。他曾说：

我们是救火的，不是趁火打劫的。

其实他的意思是要说，

我们是来救火的，不是来放火的。

照他的教育训练看来，用暴力的革命总不免是“放火”，更不免要容纳无数“趁火打劫”的人。所以他只能期待“少数里的少数，优秀里的优秀”起来担负改良政治的责任，而不能提倡那放火式的大革命。

然而民国十五六年之间，放火式的革命到底来了，并且风靡了全国。在那个革命大潮流里，改良主义者的丁在君当然成了罪人了。在那个时代，在君曾对我说：“许子将说曹孟德可以做‘治世之能臣，乱世之奸雄’；我们这班人恐怕只可以做‘治世之能臣，乱世之饭桶’罢！”

这句自嘲的话，也正是在君自赞的话。他毕竟自信是“治世之能臣”。他不是革命的材料，但他所办的事，无一事不能办的顶好。他办一个地质研究班，就可以造出许多奠定地质学的台柱子；他办一个地质调查所，就能在极困难的环境之下造成一个全世界知名的科学研究中心；他做了不到一年的上海总办，就能建立起一个大上海市的政治、财政、公共卫生的现代式基础；他做了一年半的中央研究院的总干事，就把这个全国最大的科学研究机关重新建立在一个合理而持久的基础之上。他这二十多年的建设成绩是不愧负他的科学训练的。

在君的为人是最可敬爱、最可亲爱的。他的奇怪的眼光，他的虬起的德国威廉皇帝式的胡子，都使小孩子和女人见了害怕。他对不喜欢的人，总得斜着头，从眼镜的上边看他，眼睛露出白珠多，黑珠少，怪可嫌的！我曾对他说：“从前史书上说阮籍能作青白眼，我向来不懂得；自从认得了你，我才明白了‘白眼对人’是怎样一回事！”他听了大笑。其实同他熟了，我们都只觉得他是一个最和蔼慈祥的人。他自己没有儿女，所以他最喜欢小孩子，最爱同小孩子玩，有时候他伏在地上作马给他们骑。他对朋友最热心，待朋友如同自己的弟兄儿女一样。他认得我不久之后，有一次他看见我喝醉了酒，他十分不放心，不但劝我戒酒，还从《尝试集》里挑了我的几句戒酒诗，请梁任公先生写在扇子上送给我。（可惜这把扇子丢了！）十多年前，我病了两年，他说我的家庭生活太不舒适，硬逼我们搬家；他自己替我们看定了一所房子，我的夫人嫌每月八十元的房租太贵，那时我不在北京，在君和房主说妥，每月向我的夫人收七十元，他自己代我垫付十元！这样热心爱管闲事的朋友是世间很少见的。他不但这样待我，他待老辈朋友，如梁任公先生，如葛利普先生，都是这样亲切的爱护，把他们当作他最心爱的小孩子看待！

他对于青年学生，也是这样的热心：有过必规劝，有成绩则赞不绝口。民国十八年，我回到北平，第一天在一个宴会上遇见在君，他第一句话就说："你来，你来，我给你介绍赵亚曾！这是我们地质学古生物学新出的一个天才，今年得地质奖学金的！"他那时脸上的高兴快乐是使我很感动的。后来赵亚曾先生在云南被土匪打死了，在君哭了许多次，到处为他出力征募抚恤金。他自己担任亚曾的儿子的教育责任，暑假带他同去歇夏，自己督责他补功课；他南迁后，把他也带到南京转学，使他可以时常督教他。

在君是个科学家，但他很有文学天才；他写古文白话文都是很好的。他写的英文可算是中国人之中的一把高手，比许多学英国文学的人高明的多多。他也爱读英法文学书；凡是罗素、威尔士、J. M. Keynes的新著作，他都全购读。他早年喜欢写中国律诗，近年听了我的劝告，他不作律诗了，有时还作绝句小诗，也都清丽可喜。朱经农先生的纪念文里有在君得病前一日的《衡山纪游诗》四首，其中至少有两首是很好的。他去年在莫干山做了一首骂竹子的五言诗，被林语堂先生登在《宇宙风》上，是大家知道的。民国二十年，他在秦王岛避暑，有一天去游北戴河，作了两首怀我的诗，其中一首云：

峰头各采山花戴，海上同看明月生。
此乐如今七寒暑，问君何日践新盟。

后来我去秦王岛住了十天，临别时在君用元微之送白乐天的诗韵作了两首诗送我：

留君至再君休怪，十日留连别更难。
从此听涛深夜坐，海天漠漠不成欢！

逢君每觉青来眼，顾我而今白到须。
此别原知旬日事，小儿女态未能无。

这三首诗都可以表现他待朋友的情谊之厚。今年他死后，我重翻我的旧日记，重读这几首诗，真有不堪回忆之感，我也用元微之的原韵，写了这两首诗纪念他：

明知一死了百愿，无奈余哀欲绝难！
高谈看月听涛坐，从此终生无此欢！

爱憎能作青白眼，妩媚不嫌虬怒须。
捧出心肝待朋友，如此风流一代无。

这样一个朋友，这样一个人，是不会死的。他的工作，他的影响，他的流风遗韵，是永永留在许多后死的朋友的心里的。

廿五，二，九夜

傅斯年[①]

傅孟真先生的思想[②]

今天这个日子，实在不容易说话。昨天我花了一个晚上把孟真遗集的铅样本从头翻了一遍，所以格外体会到陈院长刚才所讲的话。的确，我们失掉了这样一个人，是很不容易得到一种补偿的。孟真同我是几十年的朋友，想不到在这个时候我会参加这样的一个纪念会。在今天的纪念刊上曾印出我的一篇短文，是写孟真遗著的序。这虽然是一篇短文，写来却很用心。其中曾说：孟真是人间一个最难得最稀有的天才。他的记忆力最强，同时理解力和判断力也最强。他能够做最细密的绣花针工夫，他又有最大胆的大刀阔斧本领。他是最能做学问的人，同时又是最能办事又最有组织才干的天生领袖人物。他集中人世许多难得的才性于一身。有人说他的感情很浓烈，但认识他较久的人就知道孟真并不是脾气暴躁的人，而是感情最热，往往带有爆炸性，同时又是最温柔最富于理智的人。像这样的人，不但在一个国家内不容易多得，就是在世界上也不容易发现有很多的。

刚才陈院长曾说到孟真在台湾这几年的贡献。我个人感觉到他无论在什么地方，总是一个力量。在学校里做学生，在新潮社办《新潮杂志》，以及后来在外国留学，都是那些团体中的一股力量。他从欧洲回国以后，在朱先生领导的中山大学文学院，后来又在中央研究院历史语言研究所二十多年，也是那些团体中的一个力量。在重庆、南京、台湾等处，又是一个力量。他这样的人，无论在什么地方都能发挥其领袖的才干。他有学问，有办事能力，有人格，有思想，有胆量；敢说话，敢说老实话，

① 傅斯年：字孟真，历史学家、学术领导人。曾任北京大学代理校长，台湾大学校长。

② 此文原为 1952 年 12 月 20 日在傅斯年逝世两周年纪念会上的讲演。

这许多才性使他到处成为有力量的人。我总感觉，能够继续他的路子做学问的人，在朋友当中也有；能够继续他某一方面工作的人，在朋友中也有；但是像他这样一个到处成为道义力量的人还没有。所以他的去世，是我们国家的最大的损失。在他过世二周年的时候使我感到最伤痛的，也是这一点；这是没有法子弥补的。

今天我很简单的说一说孟真的思想。刚才主席说我在他过世的时候写过纪念的文章；其实我没有写。朱先生讲的，大概是指当时在台大校刊所发表的我致在台北的一位朋友的信而言；在这封信中，我曾说起孟真的去世是我们国家的大损失。为什么二年来没有写文章纪念他呢？实在是因为我与孟真的感情太深，拿起笔来就有无限的伤感，所以纪念的文章总是写不出来。昨天我看他的遗著，找出其中几点，是可以为敬爱孟真的朋友们谈一谈的。

孟真活了五十五岁，他早年的情形我不很知道。我们可以把他从做学生时代到死，分为四个部分来说。第一部分是他青年做学生时代的思想；第二部分是他壮年个人做学术时代的思想；第三部分是他壮年时期在历史语言研究所时代的思想；第四部分是他晚年的思想，也是国家最危急最动荡的时候的思想。

■ 1946 年 9 月，胡适与傅斯年（左一）、胡祖望在北平

第一，先说他做学生时代的思想。他的第一篇文章就是我给他校阅的，在《新青年杂志》上刊出来。那时候，他就是最能了解当时新思潮新文化运动的人。我在若干年后才知道他在很早的时候就是胡适之的“保驾人”，在不知不觉中已经替我作了保护的工作。诸位看过顾颉刚先生的《古史辩》第一集，上边一个七万字的长序吗？里边曾说到我当时在北大教哲学史的情形。那时北大中国哲学系的学生都感觉一个新的留学生叫做胡适之的居然大胆的想绞断中国的哲学史；因为原来讲哲学史的先生们，讲了两年才讲到商朝，而胡适之一来就把商朝以前的割断，从西周晚年东周说起。这一班学生们都说这是思想造反；这样的人怎么配来讲授呢！那时候，孟真在学校中已经是一个力量。那些学生们就请他去听听我的课，看看是不是应该赶走。他听了几天以后，就告诉同学们说：“这个人书虽然读得不多，但他走的这一条路是对的。你们不能闹。”我这个二十几岁的留学生，在北京大学教书，面对着一般思想成熟的学生，没有引起风波；过了十几年以后才晓得是孟真暗地里做了我的保护人。

那时候他很注意北大一般教授提倡的新思想，他知道这个运动要成为一个很大的力量，就与他的一班同学朋友办了一个《新潮杂志》。他在《新潮杂志》上发表的文章，现在都已收集在《遗著》第一册里边。从那些文章中可以看出他那个时代的思想，是赞成文学改革，白话运动的，是赞成新思想的。我可以引一段他的文字来代表他早年的思想。这篇文章叫做《白话文学与心理的改革》。他认为文学改革应该引起一个思想的改革运动。任何文章都可以用白话来写；几百年来曾有人用白话写过最好的小说、诗、词、曲等。但最重要的是白话文学运动应该是一个新思想运动；如果这个运动中没有新思想，那么这个运动是站不住的。所以他说，“用手段高强的文学，包括着‘人的’思想，促动大家对于人生的自觉心，是我们的使命。”又说，“未来的真正中华民国，还须借着文学革命的力量造成。”这是很大胆的说法。他的结论：“是真正的中华民国必须建设在新思想的上面，而新思想必须放在新文学的里面。”他年青的时候这样主张，到了晚年还是这样主张。他所说的“真正的中华民国必须用文学革命的力量造成”。这个理想，到现在还没有能够完全实现。这一点是我们后死的朋友应该接受而努力的，同时又是后死的朋友们应该常常想念到的。他的早年思想是前进的。他在文学改革新思想运动上是一个领导者，在二十几岁的时候就能指导出一条正确的大路。

第二，他留学国外时期的思想。他初回国时，即任中山大学文学院长，兼授文史功课。在这个时期，以及后来在中央研究院历史语言研究所工作的时候，常将留学时所想过的许多有关古史或古代中国文学史的问题加以探讨。他不赞成用哲学史的名字来讲中国思想，而主张用中国思想史的名字。他的壮年几本最伟大的，继往开来的学术论著，都是在留学时期中就已想到的，他以最强的记忆，能够综合起来，在旧的材料中，用新的思想，新的方法，再配上新的材料，找出新的重要的问题。这个时期我们可以说孟真在中国学术史上占了一个最高的地位。这就是他三十一岁至四十五岁这一时期。

我可以举出这个时期中他的几篇文章作说明。（一）《中国古代文学史讲义》：这是一部了不得的著作。我们知道，凡是一个大的思想家，往往撒出许多种子；有些种子掉在石头上被人踏碎了，有些种子撒在肥沃的泥土上，有了生命，就发生了力量。昨天晚上，我看他的书，想到恐怕有许多朋友都还不能十分了解他的重要性。一九二六年我到巴黎；他那时在柏林，知道我来到法国，特地从柏林赶来与我同住了许多天。我们白天同在法国国家图书馆读书，晚上在中国馆子吃饭，饭后常常谈到晚上一二点钟，充分互相讨论。那个时候他就已经撒下了许多种子。他说：中国一切文学都是从民间来的，同时每一种文学都经过一种生、老、病、死的状态。从民间起来的时候是“生”，然后像人的一生一样，由壮年而老年而死亡。这个观念，影响我个人很大。说到这个观念，我们常常想起孟真贡献最大的就是他的思想。中国文学无论是小说、词、曲、诗，都是来自民间，慢慢的才跑到上层，影响到士大夫阶级。但到了士大夫手上以后，就慢慢的老了、死了。这个观念，曾经在他的《中国古代文学史》中撒下许多有价值的种子。我相信这些种子将来还可以继续在中国文学史方面发生影响。（二）《史学方法导论》：在现在看起来还是有许多有价值的种子在这个导论里边。（三）《性命古训辩证》：这是他唯一的一部写成书的著作，其中方法是值得我们继续的。（四）《古代中国与民族》：这是他没有完成的一部大书，有的时候也想定名为“民族与古代中国”。这是说明古代民族的来源的。可惜这部伟大的著作没有完成。但他曾经发表了几篇论文：如“姜原”，提供了许多有助于研究的材料；另一篇为《周东封与殷遗民》，说明从周室东征到山西北部，征服了整个东部的情形。这一篇文章我公开承认影响我最大，最能够表现他的思想。再有一篇是《夷夏东西说》，出版在蔡先生六十周年纪念特刊上；搜集的材料丰富，将东西夷夏加以区分；很少人有这样锐利的眼光。

现在回过头来谈谈他《周东封与殷遗民》这篇文章。我在《中国哲学史》内提到古代服三年之丧这个问题，感觉到很困难。孔子的弟子宰我曾说一年就够了，但孔子却说“夫三年之丧，天下之通丧也”。过了一百年以后，当滕文公继承他父亲为滕侯时，孟子居然说动了滕文公，说丧礼应服三年。但当时滕国的士大夫都不赞成；他们都反对“三年”。他们说，“吾宗国鲁先君莫之行，吾先君亦莫之行也。”这两句话与孔子的话是冲突的。孔子说三年之丧为天下之通丧，而滕国的大夫又说鲁国未曾行过，我滕国也没有行过。究竟是孔子说假呢？还是滕国大夫错了呢？孟真在这一篇文章中说，“孔子之天下，大约即是齐鲁宋卫，不能甚大，可以‘登大山而小天下’为证。”当时周统治中国，老百姓多为殷之遗民；上层阶级均用周礼，一般老百姓则仍用殷礼。故孔子曾说，“丘也，殷人也。”殷朝虽然已经灭亡，但其后七百年间，上边统治阶级与下边人民的习俗不同。绝对多数的老百姓是殷遣民，而三年之丧是殷民的制度；孔子自称殷人，所以孔子以三年之丧为天下通丧是不错的。而滕国大夫所讲“鲁先君莫之行，吾先君亦莫之行”，也没有错；因为滕是文王的子孙，鲁是周公的子孙，都是殷的统治民族，所以与老百姓不同。能够把这个观念来解释《论语》先进篇第一章的，二千多年来，孟真还是第一个人。这章的原文是：

子曰，“先进于礼乐，野人也；后进于礼乐，君子也。如用之，则吾从先进。”

孟真以为“野人即是农夫，非如后人用之以对‘斯文’而言；君子指卿大夫阶级，即统治阶级。先进后进，自是先到后到之义。礼乐是泛指文化，不专就玉帛钟鼓而言”。名词既定，试翻译做现在的话如下：

那些先到了开化的程度的，是乡下人；那些后到了开化程度的，是“上等人”。如问我何所取，则我是站在先开化的乡下人一边的。

先开化的乡下人自然是殷遗民，后开化的上等人自然是周的宗姓婚姻了。现在有许多人提倡读经：我以为对这几句话解释得通才配读经；如果解释不通，不配读经！

孟真有绝顶天才，他替我解决了中国哲学史上不能解决的问题。我接受了他的观念，写了一篇五万字的文章，叫做《说儒》，从这个观念来讲古代思想，根本推翻了我过去对于中国古代思想史的见解。所以今天在各位老朋友面前，格外表示我对他无限的哀思。

第三，是要说第三时期也是他壮年的时期，他以伟大的力量将古代民族，古代历史问题和古代史料，作了一个继往开来的事业。但刚才所说的是他个人学术研究的部分，现在要说的这一部分则为他在历史语言研究所的工作。他是能够实行从前英国大哲学家培根所讲的“集团研究”的。一个人研究学问究竟精力有限；大规模的分工合作，团体研究是比较容易有成就的。培根三百年前的理想，到了一百多年前才由世界上一般先进国家慢慢地做到。孟真回国的时候，正是我国团体研究机关刚开始的时候。我们可以说，孟真在中央研究院的工作，是中国做团体研究最成功的；用不着我来详细介绍。他在民国十七年时替历史语言研究所定出三个目标：（一）凡能直接研究材料，便进步；凡间接的研究前人所研究或前人所创造的系统，而不能丰富细密参照所包含的事实，便退步。（二）凡能扩张研究的材料，便进步；不能的，便退步。这就是他所说的“上穷碧落下黄泉，动手动脚找东西！”（三）凡能扩充他作研究时应用的工具的，便进步；不能的，便退步。他以这三个目标与同人互相勉励；后来二十年的成绩可以证明他领导的能力。因为他有眼光，有方法，有领导能力，所以才有这样的表现。

第四，是他中年至晚年的思想，他早年思想，是站在文学思想革命的前哨，是一个领导者，是一个力量。以后到晚年，他仍是继续他早年在新潮时代的那种地位。这一时期他的重要的思想，我可以提出三点：

（一）他是“反共抗俄”的“大领袖”。在思想上，无论在重庆、南京、台湾，他都是“反共抗俄”的大力量。他有一篇文章《自由与平等》，指出了苏联既没有自由，也没有平等；如果说苏俄有经济的平等，是完全错误的。这是很重要的一篇文章。第二篇文章《苏联究竟是一个什么国家？》，第三篇文章《我们为什么要反共？》，第四篇是《共产党的吸引力》。这四篇文章，是他在一九四九年至一九五〇年他临死前写的文章。他在这些文章中表现了“反共抗俄”的思想。譬如在《苏联究竟是一个什么国家？》这一篇中他说：“苏联乃是一个集人类文明中罪恶之大成的国家。”在《我们为什么要反共？》一篇中说：“斯大林真正集大成，集中古的近代的一切坏东西的大成。”在这一篇文中还提出三个目标，这在我个人是完全同意的。第一是：“我们为中国的文明传统，为世界的文明传统，不能不向苏共中共拼命反抗。”第二是：“我们为保持人类自尊性，不能不向苏共中共拼命反抗。”第三是：“我们为人在世界上活着有意思一个道理，不能不向苏共中共拼命反抗。”而这些思想，在孟真早年的时候就已经具有了。

（二）他讲教育的文章。他对教育方面，曾写了几十万字。他做台大校长的时候，就说过：“一个理想的大学，应该办平淡无奇的教育。”他有两句话：第一句是“自己健康起来”。就是生活改善，加强功课，同时给以正当的娱乐。第二句是“品性教育”。就是人品、人格的教育，也就是“对人对物能立其诚”，就是“不扯谎”。这也是他从青年至晚年根本的认识。

（三）他晚年的思想，值得大家注意。我们也可以说，他从新潮时代以来三十多年中，只有一句话，就是希望国家近代化。反过来说，就是反中世纪主义；不要以中古时代的思想拿来误国误民，阻碍国家的前途。他说：民族的自信心是必须树立的；但是，与其自信过去，何如自信将来，而一步一步的作我们建国的努力。这就是说，与其寄托自信心于新石器时代，或者“北京人”时代，何如寄自信心于今后的一百年，把一个老大病国变成一个近代化的国家。土耳其的凯末尔是个好例。凯末尔为什么把许多回教国家的国粹毁掉不爱惜它呢？正因为这些国粹是土耳其走向近代化的障碍。我们的国粹运动，如果无节制的发挥起来，只是妨碍我们国家民族的近代化，其流弊是无穷的。所以孟真在独立评论中曾有过几篇文章反对读经与中医。他说：建设近代国家，无取乎中世纪主义。

我觉得我们要纪念孟真，很值得把他的文章重新注解、重新考虑。这是我今天匆忙中经过稍许整理而提出的报告，来纪念这个没有法子弥补的好朋友。

《傅孟真先生遗著》序①

傅孟真先生的《遗著》共分三编。上编是他做学生时代的文字，其中绝大部分是他在《新潮》杂志上发表的文字：其中最后一部分是他在欧洲留学时期写给顾颉刚先生讨论古史的通信。中编是他的学术论著，共分七组：从甲到戊，是他在中山大学、北京大学的讲义残稿；己组是他的专著《性命古训辩证》；庚组是他的学术论文集。下编是他最后十几年（1932—1950）发表的时事评论。

孟真曾说：

> 每一书保存的原料越多越好，修理的越整齐越糟。（中编丁，页 40）

这一部遗集的编辑，特别注重原料的保存，从他做学生时期的文字，到他在台湾大学校长任内讨论教育问题的文字，凡此时能搜集到的，都保存在这里。这里最缺乏的是孟真一生同亲属朋友往来的通信。这一部

① 原载 1952 年 12 月 20 日《“国立”台湾大学校刊》第 194 期。

《遗著》，加上将来必须搜集保存的通信，——他给亲属朋友的，亲属朋友给他的，——就是这个天才最高、最可敬爱的人的全部传记材料了。

孟真是人间一个最稀有的天才。他的记忆力最强，理解力也最强。他能做最细密的绣花针工夫，他又有最大胆的大刀阔斧本领。他是最能做学问的学人，同时他又是最能办事、最有组织才干的天生领袖人物。他的情感是最有热力，往往带有爆炸性的；同时他又是最温柔、最富于理智、最有条理的一个可爱可亲的人。这都是人世最难得合并在一个人身上的才性，而我们的孟真确能一身兼有这些最难兼有的品性与才能。

孟真离开我们已两年了，但我们在这部《遗集》里还可以深深的感觉到他的才气纵横，感觉到他的心思细密；感觉到他骂人的火气，也感觉到他爱朋友、了解朋友、鼓励朋友的真挚亲切。民国十五年，孟真同我在巴黎相聚了几天，有一天，他大骂丁在君，他说："我若见了丁文江，一定要杀他！"后来我在北京介绍他认识在君，我笑着对他说："这就是你当年要杀的丁文江！"不久他们成了互相爱敬的好朋友。我现在重读孟真的《我所认识的丁文江先生》同《丁文江一个人物的几片光彩》，我回想到那年在君在长沙病危，孟真从北平赶去看护他的情状。我想念这两位最可爱、最有光彩的亡友，真忍不住热泪落在这纸上了。

孟真这部《遗集》里，最有永久价值的学术论著是在中编的庚组。

■ 1946 年胡适（中）回国（左一傅斯年）

这二十多篇里，有许多继往开来的大文章。孟真在《历史语言研究所工作之旨趣》（中编庚，页169—182）里，给他一生精力专注的研究机构定下了三条宗旨：

> （1）凡能直接研究材料，便进步。凡间接的研究前人所研究或前人所创造的系统，而不能丰富细密的参照所包含的事实，便退步。
>
> （2）凡一种学问能扩张他研究的材料，便进步。不能的，便退步。
>
> （3）凡一种学问能扩充他作研究时应用的工具的，便进步。不能的，便退步。

但他在《史学方法导论》（中编丁，页1—53）里，曾指出：

> 直接材料每每残缺，每每偏于小事。〔若〕不靠较为普遍，略具系统的间接材料先作说明，何从了解这一件直接材料？（页5）
>
> 若是我们不先对于间接材料有一番细工夫，这些直接材料之意义和位置，是不知道的。不知道，则无从使用。（页5）
>
> 我们要能得到前人所得不到的史料，然后可以超越前人。我们要能使用新得材料于遗传材料之上，然后可以超越同见这材料的同时人。（页6）

孟真的庚组里许多大文章都是真能做到他自己标举出来的理想境界的。试看他的《新获卜辞写本后记跋》（中编庚，页192—235），他看了董彦堂先生新得的两块卜辞，两片一共只有五个字，他就能推想到两个古史大问题——楚之先世，殷周之关系——都可以从这两片五个残字上得到重要的证实。这种大文章，真是“能使用新的材料于遗传材料之上”；真是能“先对于间接材料有一番细工夫”，然后能确切了解新得的直接材料的“意义和位置”。所以我们承认这一类的文字是继往开来的大文章。

我们重读孟真这些最有光彩的学术论著，更不能不为国家、为学术，怀念痛惜这一位能继往开来的伟大学人！

胡适　1952年12月10日晨四时

赵元任[①]

我的朋友赵元任先生去年在北京时，我们曾讨论到国音留声机片，赵先生说出对于制片的许多意见：第一，重在课本，课本选材不当，往往流于干燥无味，敷衍了事。第二，发音的人若不明白语音和音乐的原理，往往有读音错误和语气不自然的毛病。那时有一班热心国语教学的人便劝他自己编一部较完善的课本，自己发音。他很赞成这个意思，后来有了经济上的援助，这事居然实现了。现在赵先生发音的机片已做成了，他编的课本已印成了，我忍不住要说几句介绍的话。

我敢说：如果我们要用留声机片来教学国音，全中国没有一个人比赵元任先生更配做这件事的了。他有几种特别天才：第一，他是天生的一个方言学者。他除了英、法、德三国语言之外，还懂得许多中国方言。他学方言的天才确是可惊异的。前年他回到中国，跟着罗素先生旅行，他在路上就学会了几种方言。他不但能说许多方言，并且能在短时期之中辨别出各种方言的特别之点。例如一天他和我谈起北京话里“我们”和“咱们”有区别，不可乱用；〔看本书第九课（43.4）注〕我拿《红楼梦》的前八十回来细细检查，果然都有分别。我又问他中国方言中有几种是有这个区别的，他随口便举出了常州，无锡，福州，厦门等处的方言为例。这种天才真是很可妒羡的。第二，他又是一个天生的音乐家。他在音乐上的创作，曾得美国音乐大家的赞赏。他的创作的能力，我们不配谈；我们只知道他有两只特别精细的音乐耳朵，能够辨别那极微细的，普通人多不注意的种种发音上的区别；他又有一副最会模仿的发声机官，能够模仿那极困难的，普通人多学不会的种种声音。第三，他又是一个科学的言语学者。单靠天生的才能，是不够用的，至多不过学

---

① 收入赵元任著《国语留声片课本》，1922年商务印书馆出版。题目为编者所加，原题为《赵元任〈国语留声片〉序》。

一个绝顶聪明的“口技家”罢了。但是赵先生依着他的天才的引诱，用他的余力去研究发音学的学理；他在这里面的成就也是很高深的。所以无论怎样杂乱没有条理的对象，到了他的手里，都成了有系统的分类，都成了有线索的变迁。

赵先生有了这几种特别长处，所以最适宜于做《国音留声机片》的编著者和发音人。他这部课本就可以证明我们对他的期望是不虚的。他自己用两句格言包括他这部书的用处：“目见不如耳闻，耳闻不如口读。”这两句话说尽我们平常用的种种模糊影响的，非科学的国音教学法。我们的大病在于偏重目见，偏重纸上的字形。例如“他借去了三本书，至今还（ㄏㄞ）不曾还（ㄏㄨㄢ）我”，上“还”字与下“还”字在纸上是一样的，在《国音字典》上也是一样的，但是耳朵里听起来，嘴上说起来，可是两样的了。又如本书里第十课（45）“他做了（ㄌ丨ㄠ）了（ㄌㄜ）去了（ㄌㄚ）!”的三个“了”字，有三种不同的发音，也不是眼睛里看得出来的（《国音字典》上也只有一个“ㄌ一ㄠ”音）。又如第六课（35）（ㄇ）“供给（ㄐ丨）给（ㄍㄟ）他”的两个“给”字读法不同。赵先生在这种地方辨别的最精细；这副机片的发音与编课本都出于赵先生一个人，故我们可以说他是能把眼，耳，嘴三项都打成一片的了。

胡适（左二）、江冬秀（右一）夫妇与赵元任（左一）、杨步伟（右二）等合影

赵先生的最大贡献是在论声调的第七八两课。这两课虽很简单，却包含着许多重要的学理。第一，他的分别五声的方法，用音乐来说明“阴阳赏去入”的腔调，又发明一个“赏半”的变声。第二，他对于“赏”声的研究最有价值。他整理出两条通则来：（1）赏声下连阴阳去入声或轻音字，就成“赏半”；（2）赏声下连赏声，第一赏声变阳声。故赏声在句子的里面，几乎不存在了。第三，他又指出凡五声的字，在不应该重读的地位，一概读为“轻音”。故“张家外头屋里藏过贼的”的“家，头，里，过，的”五字竟无“声”可说，只是一种轻音。——以上三条都是很重要的，因为这三条都可以教大家了解“声”究竟是什么东西；又可以教我们知道“声”不是呆板的，是活用的；不是可以用机械的点声符号来死记的，是要随着语言的自然变动的。现在争执“点声”的重要的人，不可不细细研究这两课。

此外，本书还有许多同样重要的贡献。如第五六两课校正各处方音里最容易混乱国音的地方，也是极难得的教材。他举出的音，如“ㄈ”与“ㄏㄨ”，“ㄨ”与“ㄏㄨ”，“ㄌ”与“ㄋ”，“ㄒㄧ”与“ㄧ”与“ㄩ”与“ㄒㄩ”，“ㄐㄧ”与“ㄗㄧ”，“ㄑㄧ”与“ㄘㄧ”，“ㄒㄧ”与“ㄙㄧ”，“ㄓ”与“ㄗ”，“ㄔ”与“ㄘ”，“ㄕ”与“ㄙ”，“ㄣ”与“ㄥ”，“ㄥ”与“ㄨㄥ”……都是最容易混乱的音。这种材料最不容易搜的完备；这两课内中也许有不完备的地方（如里面用“安徽”二字，区域未免太广），但大致上是极有用，极可佩服的。我们看了这两课，便可以知道赵先生学方言的天才；又可以承认这样的材料，除了赵先生，是没有旁人能做的。

赵先生在他的许多特长之外，又是一个滑稽的人，生平最喜欢诙谐的风味，最不爱拉长了面孔整天说规矩话。我们读了他译的《阿丽思梦游奇境记》，都不能不佩服他的诙谐天才。他编这部书，也忍不住时时插入一点滑稽的材料。本来教发音是最枯燥无趣的事，有了赵先生的诙谐材料，读的人可以减轻多少枯窘的闷境。例如他在第一课里，“ㄩ”字读“迂夫子的迂”，“ㄜ”字读“阿弥陀佛的阿”；第七课（37）举的例里“荤油炒面吃”，“偷尝两块肉”；这都是他的滑稽生性的表现，别有一种风味，可以打破教科书的传统的沉闷！至于第十二课的两篇故事，完全是笑话，更是那“忍俊不禁”的赵元任出现了。有时他竟要请我们猜谜了〔第七课（37.2）注〕！我虽然猜不出他的谜儿，但他这点玩世的放肆，我们都该宽恕他的。

最后，我要加一条小注。第十五课里，赵先生选我的《鸽子》诗，他替我把末句“鲜明无比”改成“鲜明照地”。他的理由，我是承认的；但“照地”两字终不大妥当。去年冬间赵先生从美国寄信来，要我克期回答：恰巧我那时在百忙中，一时想不出满意的改法，他给我的限期早过去了，我只好随他改了。今年想想，这四字似乎可改作“十分鲜丽”，不知赵先生赞成吗？

十一，六，三十　北京

施植之[①]

一九二七年我在华盛顿第一次劝施植之先生写自传。那时他快满五十岁了，他对我说，写自传还太早。以后二十多年之中，我曾屡次向他作同样的劝告。到了晚年，他居然与傅安明先生合作，写出他的《自定年谱》作自传的纲领。又口述他的早年生活经验，由安明记录下来。安明整理出来的记录，从施先生的儿童时期起，到一九一四年他第一次出任驻英国全权公使时为止，——就是这一本很有趣味而可惜不完全的自传。

为什么没有全部完成呢？安明说："施先生开始口述的时候，精力已渐衰了。到一九五四年秋天他大病之后，他的记忆力更衰退了，他的脑力已抓不住较大的题目了。所以这部自述的记录只到一九一四年为止，没有法子完成了。"

但是这本小册子还是很可宝贵的。因为这是我们这一位很可爱敬的朋友最后留下来的一点点自述资料。如果没有安明的合作，连这一点点记录都不可得了。

植之先生活了八十岁，安明的记录只到他三十七岁为止。这本记录可以分为两大段落：前一段是他在国内国外受教育的时期，后一段是他从美国回来之后在国内服务的时期（1902—1914）。

植之先生叙述在上海圣约翰书院的经验，就是很有趣味的教育史料。"信教学生免费，非教徒缴纳学费，最初每年八元，后增至十元，至余离校之时增为十二元。校方除供给食宿而外，每年另给小帽一顶，鞋子两双，青布长衫二件，棉袄一件。放学时并给铜钱百文为车费，书籍及医药费用亦由学校供给。"这种追记，和"卜舫济先生留长辫，衣华服，

---

① 收入《施植之先生早年回忆录》，1958 年台北施肇基遗族印本。题目为编者所加，原题为《〈施植之先生早年回忆录〉序》。

矩步规行”一类的记载，都是史料。

植之先生十六岁时（1893）就跟随出使“美日秘国”钦差大臣杨儒到华盛顿做翻译学生。他在美国留学九年（1893—1902）。他追记这九年的生活，比较最详细。其中最有历史趣味的是他叙述杨儒时代的驻美使馆的内部情形。这种记载，现在已很难得了。

在这九年之中，他曾被驻俄的杨儒钦差邀去俄京圣彼得堡帮了一年（1899）的忙。并且曾随杨儒到海牙出席“弭兵会议”。可惜他没有把这一年的观察和经验讲给安明记录下来。前几天夏晋麟先生邀我午餐，我说起我正在看安明记录的施植之先生的早年自传，夏先生的第一句话就问：“有没有他在圣彼得堡和海牙的记录？”我说：“可惜没有。”夏先生和在座的几位朋友都很感觉失望。

植之先生一九〇二年在康乃尔大学得文学硕士学位之后，他就回国了。那时他二十五岁。此后他的生活共有三个时代：从一九〇二到一九一四年，这十二三年他在国内服务。从一九一四到一九三七年，这二十多年他在国外担负外交的重要任务。一九三七年以后是他退休的时期，虽然他还替国家做了不少的事。

我们现在所有的记录，除了他的教育历程之外，只有他在国内服务的十二三年的追忆。这十三年的记录里，最精采的只有三大段：第一段是他在武昌张之洞幕府里的经验。第二段是他做京汉铁道总办时期的改革。第三段是他在哈尔滨做滨江关道的二十六个月的改革。

在这三大段里，植之先生特别叙述一位毕光祖先生的为人，特别记载这位毕先生给了他很多的指导和帮助。植之先生说：

> 南皮……文案中有毕光祖先生，字枕梅，嘉定人……与余交好。余每作说贴、皆托为修辞。毕先生改正之后，往往为余详加解说。尝谓余曰：“文章贵在理路清楚，不必作四六骈体。但求辞简意明，古人所谓辞达而已矣。”

他又说：

> 毕先生劝余处事要脚踏实地，其公牍圆到，其为人赤诚，其见

解高超，皆为余生平所服膺。余以一出洋学生，对国内情形隔膜，而能服官州县（滨江关道系地方官），数年得无陨越者，多有赖于毕先生匡助之力也。

这部自述里，屡次这样热诚的称许毕先生的助力。

植之先生在滨江关道任凡二十六个月，他的成绩是当时中外人士都很称赞的。他自己也说：

英国驻哈尔滨领事SIY尝告同僚云：此间交涉事项宜多迁就施道台，使其久于其任，施道台若离任，其规模办法必皆随之俱去。因其方法甚新，同时中国官吏不能行其法也。

我在许多年之后，也曾听美国朋友顾临先生（Roger S. Greene）说，当时他也在哈尔滨，亲自看见施先生的政治作风，他很佩服。顾临先生说："那个时候（1908—1910）离日俄战争才不过几年，中国官吏能在北满洲建树起一点好成绩，为中国争回不少的权利，是不容易的事，是值得留下一点永久的记录的。"我也曾把顾临先生的话转告植之先生，作为我劝他写自传的一个理由。

现在，他的哈尔滨时期的回忆录有了安明的笔记，我们只看见植之先生处处归功于那位毕光祖先生。他说：

余在（滨江关道）任二十六个月。……经办事务烦而且重，前任后任无一终局者。余以出洋学生久任此职得无陨越者，得力于毕先生者甚大。就任之始，毕先生告余曰：道署之人，不必多换，"就生不如就熟"。只要长官不贪，下属焉敢舞弊？……余到任后，未换旧人，而前弊俱去。盖因余本人于薪俸公费之外，不纳分文额外收入。此亦得力于毕先生"脚踏实地"之教也。

他记载张勋的兵士正法一案，又说：

此案乃毕先生所经办。其人思虑周详，文笔圆到。余任内重要公文皆出其手。时人多称道之，每谓余以出洋学生而公事熟悉如此，诚属难能可贵。实皆毕先生之功也。

我们读施先生称述毕先生“匡助之力”的几段文字，我们都觉得这位“为人赤诚而见解高超”的文案先生确是很可以佩服的，——但我们同时也不能不感觉这几段文字都可以表现出植之先生自己的伟大风度，他能认识这位毕先生，他肯虚心请他修改文字，肯虚心听他详加解说，肯虚心请他去帮他自己办公事，肯全权信任他至十多年之久，使他能够充分发展他的才能来做他最得力的助手：这都是植之先生一生最可爱的美德。我们看他四五十年之后还念念不忘的说：“我当年的一点点成绩实皆毕先生之功”，“实多有赖于毕先生匡助之力”。这样的终身不忘人之功，这样的终身把自己的成功归美于匡助他的朋友，——这种风度是足以使人死心塌地的帮他的忙了。

胡适　一九五八，十，二十二夜，在将离开纽约的前七日

许怡荪①

我的朋友许怡荪死了！他死的时候是中华民国八年三月二十二夜七点半钟。死的前十几天，他看见报纸上说我几个朋友因为新旧思潮的事被政府驱逐出北京大学。他不知那是谣言，一日里写了两封快信给我，劝我们“切不必因此灰心，也不必因此愤慨”（三月五日信）。他又说“无论如何，总望不必愤慨，仍以冷静的态度处之……所谓经一回的失败，长一回的见识”（三月五日第二信）。这就是怡荪最末一次的信。到了三月十七日，他就有病。起初他自己还说是感冒，竟不曾请医生诊看；直到二十一夜，他觉得病不轻，方才用电话告知几个同乡。明天他们来时，怡荪的呼吸已短促，不很能说话。河海工程学校的人把他送到日本医院，医院中人说这是流行的时症转成肺炎；他的脉息都没有了，医生不肯收留。抬回之后，校长许肇南先生请有名的中医来，也是这样说，不肯开方。许先生再三求他，他才开了四味药，药还没煎好，怡荪的气已绝了！

怡荪是一个最忠厚，最诚恳的好人，不幸死的这样早！……这样可惨！我同怡荪做了十几年的朋友，很知道他的为人，很知道他一生学问思想的变迁进步。我觉得他的一生，处处都可以使人恭敬，都可以给我们做一个模范，因此我把他给朋友的许多书信作材料，写成这篇传。

怡荪名棣常，从前号绍南，后来才改做怡荪。他是安徽绩溪十五都磡头的人。先进绩溪仁里的思诚学堂，毕业之后，和他的同学程干丰、胡祖烈、程敷模、程干诚等人同来上海求学。他那几位同学都进了吴淞复旦公学，只有怡荪愿进中国公学。那时我住在校外，他便和我同居。后来中国公学解散，同学组织中国新公学，怡荪也在内，和我同住《竞

---

① 原载1919年8月15日《新中国》第1卷第4号。题目为编者所加，原题为《许怡荪传》。

业旬报》馆。后来怡荪转入复旦公学，不久他的父亲死了（庚戌），他是长子，担负很重，不能不往来照应家事店事，所以他决计暂时不进学校，改作自修工夫，可以自由来往。决计之后，他搬出复旦，到上海和我同住。庚戌五月，怡荪回浙江孝丰，——他家有店在孝丰，——我也去北京应赔款留学官费的考试。我们两人从此一别，七个足年不曾相见。我到美国以后，怡荪和我的朋友郑仲诚同到西湖住白云庵，关门读国学旧书，带着自修一点英文（庚戌十一月十七日信）。明年辛亥，我们的朋友程干丰（乐亭）病死。怡荪和他最好，心里异常悲痛，来信有“日来居则如有所失，出则不知所之，念之心辄凄然而泪下，盖六载恩情，其反动力自应如是”（辛亥四月十一日信）。那年五月怡荪考进浙江法官养成所，他的意思是想“稍攻国法私法及国际法，期于内政外交可以洞晓；且将来无论如何立身，皆须稍明法理，故不得不求之耳”（辛亥五月二十一日信）。但是那学堂办得很不满他的意，所以辛亥革命之后，他就不进去了。他来信说：“读律之举，去岁曾实行之，今年又复舍去，盖因校中组织未善，徒袭取东夷皮相；……人品甚杂，蘧篨戚施之态，心素恶之，故甚不能侧身其间以重违吾之本心也。”（民国元年十月三十日信）

那一年怡荪仍旧在西湖读书。民国二年他决意到日本留学，四月到东京进明治大学的法科，五月来信说：“……君既去国，乐亭复云亡。此时孤旅之迹，若迷若惘，蓬转东西，而终无所栖泊。本拟屏迹幽遐，稍事根底学问，然非性之所近……恐于将来为己为人，一无所可。……去岁以来，思之重思之，意拟负笈东瀛，一习拯物之学。然因经济困难，尚未自决。嗣得足下第二手书，慰勉有加，欲使膏肓沉没，复起为人，吾何幸而得此于足下！……遂于阴历正月间驰赴苕上，料理一切，期于必行。”（二年五月十七日信）他到日本后不久，第二次革命起事，汇款不通，他决计回国，临走时他写长函寄我，中有一段，我最佩服。他说：“自古泯棼之会，沧海横流，定危扶倾，宜有所托。寄斯任者，必在修学立志之士，今既气运已成，乱象日著，虽有贤者不能为力。于此之时，若举国之士尽入漩涡，随波出没，则不但国亡无日，亦且万劫不复矣。在昔东汉之末，黄巾盗起，中原鼎沸，诸葛武侯高卧隆中，心不为动。岂有鞠躬尽瘁死而后已之人而能忘情国家者乎？诚以乱兹方寸，于事无益耳。丁此乱离，敢唯足下致意焉。”

这封信寄后，因道路不平静，他竟不能回国。那时东京有一班人发起一个孔教分会，怡荪也在内。他是一个热心救国的人，那时眼见国中大乱，心里总想寻一个根本救国方法；他认定孔教可以救国，又误认那班孔教会的人都是爱国的志士，故加入他们的团体。他那时对于那班反对孔教会的人，很不满意，来信有“无奈东京留学界中，大半趋奉异说，习气已深，难与适道”的话（同上）。这时代的怡荪完全是一个主张复古的人。他来信有论孔教会议决“群经并重”一段，说“以余之意，须侧重三礼。盖吾国三代之时，以礼治国，故经国之要尽在三礼。近日东西各国每以法律完备自多，岂知吾国数千年前已有威仪三百，礼仪三千，以礼治国，精审完美，必不让于今日所谓法治国也。且一般人多主张以孔子为宗教家。既认为宗教，则于方式亦不可不讲。冠婚丧祭等事，宜复于古，方为有当耳”（同上）。我回信对于这主张，很不赞成。明年（民国三年）怡荪写了一封楷书六千字的长信同我辩论，到了这时候，怡荪已经看破孔教会一班人的卑劣手段，故来信有云：“近日之孔教会不脱政党窠臼，所谓提倡道德挽回人心之事，殆未梦见也。此殊非初心所料及！……尊崇孔子而有今日之孔教会，其犹孔子所谓死不若速朽之为愈也！”（三年四月一日信）怡荪本来已经搬进孔教会事务所里，替他们筹成立会和办“大成节”的庆祝会的事，很热心的。后来因为看出那班“孔教徒”的真相，所以不久就搬出来，住辰实馆（二年十一月三日信）。但是他这时候仍旧深信真孔教可以救国，不过他的孔教观念已经不是陈焕章一流人的孔教观念了。他那封六千字的长信里，说他提倡孔教有三条旨趣：“（一）洗发孔子之真精神，为革新之学说，以正人心；（二）保存东亚固有之社会制度，必须昌明孔孟学说，以为保障；（三）吾国古代学说如老、荀、管、墨，不出孔子范围，皆可并行不背；颂言孔教，正犹振衣者之必提其领耳。”（三年四月十日信）

这时候怡荪所说“孔子之真精神”即是公羊家所说的“微言大义”。所以他那信里说：“至于近世，人心陷溺已至于极，泯棼之祸，未知所屆。及今而倡孔教以正人心，使此后若有窃国者兴，亦知所戒，则犹可以免于大乱也。”后来袁世凯用了种种卑污手段，想做皇帝。东京的孔教会和筹安会私造了许多假图章，捏名发电“劝进”。怡荪的希望从此一齐打破。所以后来来信说：“时局至此，欲涕无从。大力之人，负之狂走，其于正义民意，不稍顾恤，所谓‘道德’者，已被轻薄无余矣！”（四年十二月二十七日信）

又第二条所说“东亚固有之社会制度”，他的意思是专指家族制度。原信说：“挽近世衰道微，泰西个人功利等学说盛行，外力膨胀，如水行地中，若不亟思保界，则东亚社会制度中坚之家族制，必为所冲决。此中关系甚巨，国性灭失，终必有受其敝者。此知微之士所不得不颂言孔教，夫岂得已哉？”（三年四月十日信）怡荪这种观念，后来也渐渐改变。最后的两年，他已从家族制移到“人生自己”（七年十月二十三日寄高一涵信）。他后来不但不满意于旧式的家族制，并且对于社会政治的组织也多不满意。去年来信竟说“所谓社会制度，所谓政治组织，无一不为人类罪恶之源泉，而又无法跳出圈子，所以每一静念，神智常为惘惘也”（七年九月八日信）。复古的怡荪，此时已变成了社会革新家的怡荪。

至于第三条所说“老、荀、管、墨不出孔子范围”的话，我当时极力同他辩论，后来他稍稍研究诸子学，主张也渐渐改变。我在美国的时候，要用俞樾的《读公孙龙子》，遂写信请怡荪替我寻一部《俞楼杂纂》，他因为买不到单行本子，所以到上野图书馆去替我抄了一部《读公孙龙子》。我那时正在研究诸子学，作为博士论文。怡荪屡次来信劝勉我；有一次信上说，“世言东西文明之糅合，将生第三种新文明。足下此举将为之导线，不特增重祖国，将使世界发现光明”（五年三月十三日信）。这种地方不但可以见得怡荪鼓舞朋友的热心，并且可以见得他对于儒家与非儒家学说的态度变迁了。

以上述怡荪对于孔教的态度。那封六千字的信上半论孔教问题，下半论政治问题。怡荪的政治思想前后共经过几种根本的变迁。那封信里所说可以代表他的基本观念是“政治中心”的观念。他说：“以余观于吾国近数十年来之政局，政治之重点，亦常有所寄。盖自湘乡柄政以后，移于合肥。合肥将死……疏荐项城以代。项城起而承合肥之成局，故势力根深蒂固，不崇朝而心腹布天下，历世而愈大。……辛亥之际，失其重点，故常震撼不宁，其在民质未良之国，政治中心宜常寄于一部分之人，否则驯至于乱。……再以今日时势推之，其继项城而起者，其必为段氏祺瑞乎？”（三年四月十日信）这时代的怡荪所主张的是一种变相的“独头政治”。他说“一国改进之事，不宜以顿，尤须自上发之”。（同上）他那时推测中国的将来，不出三条路子：“若天能挺生俊杰，如华盛顿其人者，使之能制一国之重，与以悠久岁月，别开一生面：此策之最上者也。其次若有人焉，就已成之时局而善扶掖之，取日本同一之步趋（适按：此指政党政治）。……至若今日之上下相激，终至以武力解决……此则天下最不幸之事也。”（同上）

怡荪一生真能诚心爱国，处处把“救国”作前提，故凡他认为可以救国的方法，都是好的。如袁政府当时的恶辣政策，怡荪也不根本否认。他说：“吾人之于政府，固常望其发奋有为，自脱于险，苟有利于吾国吾民者，犯众难以为之，可也；能如诸葛武侯、克林威尔之公忱自矢，其心迹终可大白于天下，而吾人亦将讴歌之不暇，岂忍议其后乎？若计不出此，徒揽天下之威福以为一姓之尊荣，是则非吾人之所敢知矣。”（三年五月十八日信中载，录他寄胡绍庭的信）可见怡荪当时不满意于袁政府，不过是为他的目的不在救国而在谋一姓的尊荣。至于严厉的政策和手段，他并不根本反对。他说：“总之，政治之事无绝对至善之标准，惟视其时之如何耳。”（三年五月十八日信）

过了一年多，帝制正式实行，云南、贵州的革命接着起来，民国五年帝制取消，不久袁世凯也死了。那时怡荪对于国事稍有乐观，来信说：“国事顷因陈（其美）毙于前，袁（世凯）殂于后，气运已转，国有生望。盖陈死则南方暴烈恶徒无所依附，而孙中山之名誉可复。袁灭则官僚政治可期廓清。”（五年六月三十日信）那时怡荪前两年所推算的段祺瑞果然成了“政治的中心”。怡荪来信说：“闻段之为人，悃愊无华，而节操不苟，雅有古大臣之风。倘国人悔祸，能始终信赖其为人，则戡乱有期，澄清可望。”（同上）可见那时怡荪还是主张他的“政治中心”论。

怡荪在明治大学于民国五年夏间毕业。七月中他和高一涵君同行回国。那时段内阁已成立，阁员中很有几个南方的名士。表面上很有希望，骨子里还是党争很激烈，暗潮很利害。怡荪回国住了一年，他的政治乐观很受了一番打击，于是他的政治思想遂从第一时代的“政治中心”论变为第二时代的“领袖人才”论。他说：“国事未得大定，无知小人尚未厌乱，而有心君子真能爱国者，甚鲜其人。如今日现状虽有良法美制，有用无体，何以自行？欲图根本救济，莫如结合国中优秀分子，树为政治社会之中坚。如人正气日旺，然后可保生命。”因此他希望他的朋友“搜集同志，组一学会，专于社会方面树立基础，或建言论，或办学校，务为国家树人之计”（六年一月二十四日寄一涵君信）。他又说：“今日第一大患在于人才太少。然人才本随时而生，惜无领袖人物能组织团体，锻炼濯磨，俾其如量发挥；徒令情势涣散，虽有贤能亦不能转移风气。志行薄弱者，又常为风气所转移。……是知吾国所最缺乏者，尚非一般人才，而在领袖人才也审矣。”（六年旧七月十日信）当第三次革命成功时，我在美洲寄信给怡荪说，“这一次国民、进步两党的稳健派互相携手，故能成倒袁的大功。以大势看来，新政府里面大概是进步党的人居多数。我很盼望国民党不要上台，专力组织一个开明强健的在野党，做政府的监督，使今日的‘稳健’不致流为明日的腐败。”我这种推测完全错了。倒袁以后，国民党在内阁里竟居大多数，进步党的重要人物都不曾上台。后来党见越闹越激烈，闹得后来督军团干预政治，国会解散，黎元洪退职。张勋复辟的戏唱完之后，段祺瑞又上台。这一次民党势力完全失败。怡荪回想我前一年的话，很希望民党能组织一个有力的在野党，监督政府（六年八月九日又九月二十日与高一涵信）。那时怡荪的政治思想已有了根本改变，从前的“政治中心”论，已渐渐取消，故主张有一种监督政府的在野党“抵衡其间，以期同入正轨”（六年九月二十日与一涵信）。

但是那时因为国会的问题，南北更决裂，时局更不可收拾。怡荪所抱的两种希望，——领袖人才和强硬的在野党，——都不能实现。民国六年秋天他屡次写信给朋友，说天下的事“当于大处着眼，小处下手”（六年旧七月十日信，又九月二十日与一涵信，又九月二十三日与我信）。那时安徽的政治，腐败不堪，后来又有什么“公益维持会”出现，专做把持选举的事。我们一班朋友不愿意让他们过太容易的日子，总想至少有一种反对的表示，所以劝怡荪出来竞争本县的省议会的选举。怡荪起初不肯，到了七年五月，方才勉强答应了。他答应的信上说，“民国二年选举的时候，足下寄手书，谓‘中国之事，患在一般好人不肯做事’云云，其言颇痛。与其畏难退缩，徒于事后叹息痛恨，何如此时勿计利害，出来奋斗，反觉得为吾良心所安也。”（七年五月二十日信）这一次的选举竞争，自然是公益维持会得胜，怡荪几乎弄到“拿办”的罪名，还有他两个同乡因为反对公益维持会的手段，被县知事详办在案。但是怡荪因此也添了许多阅历。他写信给我说：“年来大多数的人，无一人不吞声饮恨，只是有些要顾面子，有些没有胆子，只得低头忍耐，不敢闹翻，却总希望有人出来反对……由此看来，所谓社会制度，所谓政治组织，无一不为人类罪恶之源泉。”（七年九月八日信）他又说：“最近以来，头脑稍清晰的人，皆知政治本身已无解决方法，须求社会事业进步，政治亦自然可上轨道。”（同上）

这几句话可以代表怡荪的政治思想第三个时代。这时候，他完全承认政治的改良须从“社会事业”下手，和他五年前所说“一国改良之事，尤须自上发之”的主张，完全不相同了。他死之前一个月还有一封长信给我，同我论办杂志的事。他说：“办杂志本要觑定二三十年后的国民要有什么思想，于是以少数的议论，去转移那多数国民的思想。关系如何重要！虽是为二三十年后国民思想的前趋，须要放开眼界，偏重急进的一方面。……政治可以暂避不谈，对于社会各种问题，不可不提出讨论。”（八年二月二十三日信）这个时代的怡荪完全是一个社会革命家。可惜他的志愿丝毫未能实现，就短命死了！以上述怡荪政治思想的变迁。

怡荪于民国七年冬天，受我的朋友许肇南的聘，到南京河海工程学校教授国文。肇南在美国临归国的时候，问我知道国内有什么人才，我对他说：“有两个许少南。”一个就是肇南自己，一个就是怡荪（怡荪本名绍南）。后来两个许少南竟能在一块做事，果然很相投。我今年路过南京，同他谈了两天，心里很满意。谁知这一次的谈话竟成了我们最后的聚会呢？

怡荪是一个最富于血性的人。他待人的诚恳，存心的忠厚，做事的认真，朋友中真不容易寻出第二个。他同我做了十年的朋友，十年中他给我的信有十几万字，差不多个个都是楷书，从来不曾写一个潦草的字。他写给朋友的信，都是如此。只此一端已经不是现在的人所能做到。他处处用真诚待朋友，故他的朋友和他来往长久了，没有一个不受他的感化的。即如我自己也不知得了他多少益处。己酉、庚戌两年我在上海做了许多无意识的事，后来一次大醉，几乎死了。那时幸有怡荪极力劝我应留美考试，又帮我筹款做路费。我到美国之后，他给我的第一封信就说："足下此行，问学之外，必须祓除旧染，砥砺廉隅，致力省察之功，修养之用。必如是持之有素，庶将来涉世，不至为习俗所靡，允为名父之子。"（庚戌十一月十七日信）自此以后，九年之中，几乎没有一封信里没有规劝我、勉励我的话。我偶然说了一句可取的话，或做了一首可看的诗，他一定写信来称赞我，鼓励我。我这十年的日记札记，他都替我保存起来。我没有回国的时候，他晓得我预备博士论文，没有时间做文章，他就把我的《藏晖室札记》节抄一部，送给《新青年》发表。我回国以后看见他的小楷抄本，心里惭愧这种随手乱写的札记如何当得我的朋友费这许多精力来替我抄写。但他这种鼓励朋友的热心，实在能使人感激奋发。我回国以后，他时时有信给我，警告我"莫走错路"，"举措之宜，不可不慎"（六年旧七月初十日信），劝我"打定主意，认定路走，毋贪速效，勿急近功"（六年九月二十三日信）。爱谋生（Emerson）说得好："朋友的交情把他的目的物当作神圣看待。要使他的朋友和他自己都变成神圣。"怡荪待朋友，真能这样做，他现在虽死了，但他的精神，他的影响，永永留在他的许多朋友的人格里，思想里，精神里……将来间接又间接，传到无穷，怡荪是不会死的！

民国八年六月

高梦旦[①]

民国十年的春末夏初，高梦旦先生从上海到北京来看我。他说，他现在决定辞去商务印书馆编译所所长的事，他希望我肯去做他的继任者。他说："北京大学固然重要，我们总希望你不会看不起商务印书馆的事业。我们的意思确是十分诚恳的。"

那时我还不满三十岁，高先生已是五十多岁的人了。他的谈话很诚恳，我很受感动。我对他说："我决不会看不起商务印书馆的工作。一个支配几千万儿童的知识思想的机关，当然比北京大学重要多了。我所虑的只是怕我自己干不了这件事。"当时我答应他夏天到上海商务印书馆去住一两个月，看看里面的工作，并且看看我自己配不配接受高先生的付托。

那年暑假期中，我在上海住了四十五天，天天到商务印书馆编译所去，高先生每天都把编译所各部分的工作指示给我看，把所中的同事介绍和我谈话。每天他家中送饭来，我若没有外面的约会，总是和他同吃午饭。

我知道都和馆中的老辈张菊生先生、鲍咸昌先生、李拔可先生，对我的意思都很诚恳。但是我研究的结果，我始终承认我的性情和训练都不配做这件事。我很诚恳的辞谢了高先生。他问我意中有谁可任这事。我推荐王云五先生，并且介绍他和馆中各位老辈相见。他们会见了两次之后，我就回北京去了。

我走后，高先生就请王云五先生每天到编译所去，把所中的工作指示给他看，和他从前指示给我看一样。一个月之后，高先生就辞去了编译所所长，请王先生继他的任，他自己退居出版部部长，尽心尽力地襄助王先生做改革的事业。

民国十九年，王云五先生做了商务印书馆的总理。民国二十一年一

① 原载 1937 年 1 月 1 日《东方杂志》第 34 卷第 1 号。题目为编者所加，原题为《高梦旦先生小传》。

月，商务印书馆的闸北各厂都被日本军队烧毁了。兵祸稍定，王先生决心要做恢复的工作。高先生和张菊生先生本来都已退休了，当那危急的时期，他们每天都到馆中来襄助王先生办事。两年之中，王先生苦心硬干，就做到了恢复商务印书馆的奇迹。

我特别记载这个故事，因为我觉得这是一件美谈。王云五先生是我的教师，又是我的朋友，我推荐他自代，这并不足奇怪。最难能的是高梦旦先生和馆中几位老辈，他们看中了一个少年书生，就要把他们毕生经营的事业付托给他。后来又听信这个少年人几句话，就把这件重要的事业付托给了一个他们平素不相识的人。这是老成人为一件大事业求付托的人的苦心，是大政治家谋国的风度。这是值得大书深刻，留给世人思念的。

高梦旦先生，福建长乐县人，原名凤谦，晚年只用他的表字“梦旦”为名。“梦旦”是在梦梦长夜里想望晨光的到来，最足以表现他一生追求光明的理想。他早年自号“崇有”，取晋人裴頠《崇有论》之旨，也最可以表现他一生崇尚实事痛恨清谈的精神。

因为他期望光明，所以他最能欣赏也最能了解这个新鲜的世界。因

■ 从左至右：高梦旦、郑振铎、胡适、曹诚英（1924 年摄于杭州）

为他崇尚实事，所以他不梦想那光明可以立刻来临，他知道进步是一点一滴的积聚成的，光明是一线一线的慢慢来的。最要紧的条件只是人人尽他的一点一滴的责任，贡献他一分一秒的光明。高梦旦先生晚年发表了几件改革的建议，标题引一个朋友的一句话："都是小问题，并且不难办到。"这句引语最能写出他的志趣。他一生做的事，三十年编纂小学教科书，三十年提倡他的十三个月的历法，三十年提倡简笔字，提倡电报的改革，提倡度量衡的改革，都是他认为不难做到的小问题。他的赏识我，也是因为我一生只提出两个小问题，锲而不舍的做去，不敢好高骛远，不敢轻谈根本改革，够得上做他的一个小同志。

高先生的做人，最慈祥，最热心，他那古板的外貌里藏着一颗最仁爱暖热的心。在他的大家庭里，他的儿子、女儿都说"吾父不仅是一个好父亲，实兼一个友谊至笃的朋友。"他的侄儿、侄女们都说："十一叔是圣人。"这个圣人不是圣庙里陪吃冷猪肉的圣人，是一个处处能体谅人，能了解人，能帮助人，能热烈的爱人的、新时代的圣人。他爱朋友，爱社会，爱国家，爱世界。他爱真理，崇拜自由，信仰科学。因为他信仰科学，所以他痛恨玄谈，痛恨迷信，痛恨中医。因为他爱国家社会，所以他爱护人才真如同性命一样。他爱敬张菊生先生，就如同爱敬他的两个哥哥一样。他爱惜我们一班年轻的朋友，就如同他爱护他自己的儿女一样。

他的最可爱之处，是因为他最能忘了自己。他没有利心，没有名心，没有胜心。人都说他冲澹，其实他是浓挚热烈。在他那浓挚热烈的心里，他期望一切有力量而肯努力的人都能成功胜利，别人的成功胜利都使他欢喜安慰，如同他自己的成功胜利一样。因为浓挚热烈，所以冲澹的好像没有自己了。

高先生生于一八七〇年一月二十八日，死于一九三六年七月二十三日，葬在上海虹桥公墓。葬后第四个月，他的朋友胡适在太平洋船上写这篇小传。

一九三六年十一月二十六日

熊秉三[1]

民国十年十月九日，我的日记里有这两段：

今日为旧历重九，早九时，与文伯，擘黄，叔永，莎菲同坐汽车往西山八大处，上秘魔崖一游，在西山旅馆吃午饭后，同到香山园。今天是香山慈幼院周年纪念大会，故往参观。……熊秉三先生夫妇强邀我演说，我也觉得这事业办的很好，故说了几句赞美的话。大意说，熊先生办慈幼院的目的在于使许多贫家儿童养成利用文明和帮助造文明的能力，故院中有工厂，有议会，有法庭，有自治制度。这是很可效法的运动。今天我们在这里得一个最深刻的感想：从前帝王住的园子，现在变成我们贫民子女居住上学游戏的地方了。这最可代表这种运动的精神。

我们游玩了一些地方。到昭庙时，始知这个破败的庙在几个月之中变成一个很好的女红十字会新会所了。此种成绩确可惊异。静宜园中已无荒废之旧址！此不可不归功于熊秉三诸君。

这是我在二十六年前记的感想。那时候，我时常去游香山，看见熊先生在很短期间里把一座毁坏荒凉的大废园修理成一个可容成千儿童的学校和一个很可游观的公园，所以我在日记里有这样惊叹的语句：“静宜园中已无荒废之旧址！”

次年（民国十一年）四月二日有这几段日记：

知行昨日病了，我与经农同到香山。天小雨，不能游山。熊秉三先生邀我们住在双清别墅。

① 原载 1948 年 1 月 7 日上海《大公报》。题目为编者所加，原题为《追念熊秉三先生》。

这一天没有游山，略看慈幼院的男校，这校比去年十月间又进步了。新设的陶工场现正在试验期中，居然能做白瓷器，虽不能纯白，已很白了。试验下去，当更有进步。

熊先生爱谈话，有许多故事可记的。我劝他作年谱或自传，他也赞成。他说对于光绪末年到民国初年的政治内幕知道最多最详。——我曾劝梁任公、蔡孑民、范静生三先生写自传，不知他们真肯做吗。

秉三先生死在民国二十六年的年底，还不满六十八岁，据毛夫人说，他似乎没有留下年谱或自传，这是很可惋惜的。他的诗集里有一首“淑雅夫人五十初度赋赠”五言长诗，凡一千三百字，是一首自叙的诗。旧诗体是不适于记叙事实的，故我至今还盼望将来在他遗稿文件（现存叶葵初先生处）里也许可以发现他的年谱残稿。

我记得有一次我住在香山，晚上听他讲故事，我们故意问他自己的事迹，他也很乐意的回答我们。可惜这一夜的记录，我没有寻出来。据我的回忆，那天晚上熊先生曾说，他一生有个奇怪嗜好，就是爱建造房子。俗话说：“官不修衙，僧不修庙。”他一生最恨这句话。他所到的地方，湘西、东三省、热河、北京，处处有他修造的道路或兴办的公共建筑物。他自己说，建造东西好像是他的天性，所以他从不感觉他一生所办的事业是费力的事。他爱建设，肯负责任去干，所以好像从从容容的把事情办成功了。

我回想那晚上的谈论，我颇疑心这是熊先生自谦的看法。他实在是个有办事才干的人，同时又真爱国，真爱人，所以他自己真觉得替国家做事，替多数人做事，都好像是自己天性里流露出来一样，不觉得费力了。

民国十一年旧历中秋节，熊先生聚集了慈幼院的男女儿童，在广场上吃水果糕饼，很热闹的一同赏月庆祝。他老人家很高兴，做了一首诗，最末两句是：儿辈须知群最乐，人间无此大家庭。这是他爱人爱群的哲学，他痛恨战争，他努力做救济事业，都可以说是从这里出发的。在他的诗里，他往往诅咒战争：

……

十九年战争，乌合若鸟兽。朝客夕为囚，昨仇今复友。名与实相离，言与行相谬。饿莩群在野，肥马乃在厩。丁巳至丙寅（民六至十五），乱极谬复谬。……

因为痛恨战祸，所以他曾叹赞阎锡山将军在山西保境安民的功绩：

征车朝发绕汾河，十四年来水不波。遥忆当年钱武肃，弭兵终是爱民多。

他有“题卓君庸自青榭集”诗，其开端几行是：

结庐香山深，原拟避世乱。反以世乱故，良心不忍见。欲民出水火，奔走弗辞倦。托钵贵族门，乞醯邻人闬。春秋多佳景，于我如冰炭。……老弱转沟壑，壮者四方散，村落尽荒圮，儿女鬻值贱。余心戚戚然，不量力所担。……

可怜这样一个爱人爱国，痛恨战争的哲人，在他的生命最后一年里，还得用他生平最大的努力，组织战地救护队，伤兵医院，难民收容所。他从炮火底下救出了二十多万人来。他的精力衰竭了，他的心受伤了，在上海、南京相继沦陷后他就死了。

卅六，十二，廿八

曾孟朴[①]

我在上海做学生的时代，正是东亚病夫的《孽海花》在《小说林》上陆续刊登的时候，我的哥哥绍之曾对我说这位作者就是曾孟朴先生。

隔了近二十年，我才有认识曾先生的机会，我那时在上海住家，曾先生正在发愿努力翻译法国文学大家嚣俄的戏剧全集。我们见面的次数很少，但他的谦逊虚心，他的奖掖的热心，他的勤奋工作都使我永永不能忘记。

我在民国六年七年之间，曾在《新青年》上和钱玄同先生通讯讨论中国新旧的小说，在那些讨论里我们当然提到《孽海花》，但我曾很老实的批评《孽海花》的短处。十年后我见着曾孟朴先生，他从不曾向我辩护此书，也不曾因此减少他待我的好意。

他对我的好意，和他对于我的文学革命主张的热烈的同情，都曾使我十分感动，他给我的信里曾有这样的话："您本是……国故田园里培养成熟的强苗，在根本上，环境上，看透了文学有改革的必要，独能不顾一切，在遗传的重重罗网里杀出一条血路来，终究得到了多数的同情，引起了青年的狂热。我不佩服你别的，我只佩服你当初这种勇决的精神，比着托尔斯泰弃爵放农身殉主义的精神，有何多让！"这样热烈的同情，从一位自称"时代消磨了色彩的老文人"坦白的表述出来，如何能不使我又感动又感谢呢！

我们知道他这样的热情一部分是因为他要鼓励一个年轻的后辈，大部分是因为他自己也曾发过"文学狂"，也曾发下宏愿要把外国文学的重要作品翻译成中国文，也曾有过"扩大我们文学的旧领域"的雄心。正因为他自己是一个梦想改革中国文学的老文人，所以他对于我们一班

---

① 原载1935年10月1日《宇宙风》第2期《纪念曾孟朴先生特刊》。题目为编者所加，原题为《追忆曾孟朴先生》。

少年人都抱着热烈的同情，存着绝大的期望。

我最感谢的一件事是我们的短短交谊居然引起了他写给我的那封六千字的自叙传的长信（《胡适文存》三集，页一一二五一一一三八）。在那信里，他叙述他自己从光绪乙未（1895）开始学法文，到戊戌（1898）认识了陈季同将军，方才知道西洋文学的源流派别和重要作家的杰作。后来他开办了小说林和宏文馆书店，——我那时候每次走过棋盘街，总感觉这个书店的双名有点奇怪，——他告诉我们，他的原意是要“先就小说上做成个有系统的译述，逐渐推广范围，所以店名定了两个”。他又告诉我们，他曾劝林琴南先生用白话翻译外国的“重要名作”，但林先生听不懂他的劝告，他说：“我在畏庐先生（林纾）身上不能满足我的希望后，从此便不愿和人再谈文学了。”他对于我们的文学革命论十分同情，正是因为我们的主张是比较能够“满足他的希望”的。

但是他的冷眼观察使他对于那个开创时期的新文学“总觉得不十分满足”，他说：“我们在这新辟的文艺之园里巡游了一周，敢说一句话：精致的作品是发现了，只缺少了伟大。”这真是他的老眼无花，一针见血！他指出中国新文艺所以缺乏伟大，不外两个原因：一是懒惰，一是欲速。因为懒惰，所以多数少年作家只肯做那些“用力少而成功易”的小品文和短篇小说。因为欲速，所以他们“一开手便轻蔑了翻译，全力提倡创作”。他很严厉的对我们说：“现在要完成新文学的事业，非力防这两样毛病不可，欲除这两样毛病，非注重翻译不可。”他自己创办真美善书店，用意只是要替中国新文艺补偏救弊，要替它医病，要我们少年人看看他老人家的榜样，不可轻蔑翻译事业，应该努力“把世界已造成的作品，做培养我们创造的源泉”。

我们今日追悼这一位中国新文坛的老先觉，不要忘了他留给我们的遗训！

一九三五，九，十一夜半，在上海新亚饭店

曾慕韩[1]

今天是曾慕韩先生的七十生日纪念，我很怀念这一位终身爱国，终身为国家民族努力的学人。

慕韩是一位最可爱的朋友。在三十年前，我对他的议论曾表示一点点怀疑：我嫌他过于颂扬中国传统文化了，可能替反动思想助威。我对他说：凡是极端国家主义的运动，总都含有守旧的成分，总不免在消极方面排斥外来的文化，在积极方面拥护或辩护传统的文化。所以我总觉得，凡提倡狭义的国家主义或狭义的民族主义的朋友们，都得特别小心的戒律自己，偶一不小心，就会给顽固分子加添武器了。

当时我曾托朋友转告慕韩一句笑话：不要让人们笑我们是“黑头老年”。

慕韩对我的劝告，好像并不生气。后来《醒狮》上常有签名“黑头”的文字，听说是他写的。以后几十年里，他对我一直保持很好的交情。

我追记这个故事，纪念这一位有风趣的老朋友。

一九六一年九月南港

① 原载1961年9月16日台北《民主潮》第11卷第18期。题目为编者所加，原题为《怀念曾慕韩先生》。

胡明复[1]

宣统二年（1910）七月，我到北京考留美官费。那一天，有人来说，发榜了。我坐了人力车去看榜，到史家胡同时，天已黑了。我拿了车上的灯，从榜尾倒看上去（因为我自信我考的很不好），看完了一张榜，没有我的名字，我很失望。看过头上，才知道那一张是“备取”的榜。我再拿灯照读那“正取”的榜，仍是倒读上去，看到我的名字了！仔细一看，却是“胡达”，不是“胡适”。我再看上去，相隔很近，便是我的姓名了。我抽了一口气，放下灯，仍坐原车回去了，心里却想着，“那个胡达不知是谁，几乎害我空高兴一场！”

那个胡达便是胡明复。后来我和他和宪生都到康南耳大学，中国同学见了我们的姓名，总以为胡达、胡适是兄弟，却不知道宪生和他是堂兄弟，我和他却全无亲属的关系。

那年我们同时放洋的共有七十一人，此外还有胡敦复先生，唐孟伦先生，严约冲先生。船上十多天，大家都熟了。但在那时已可看出许多人的性情嗜好。我是一个爱玩的人，也吸纸烟，也爱喝柠檬水，也爱学打“五百”及“高，低，杰克”等等纸牌。在吸烟室里，我认得了宪生，常同他打“Shuffle Board”；我又常同严约冲、张彭春、王鸿卓打纸牌。明复从不同我们玩。他和赵元任、周仁总是同胡敦复在一块谈天；我们偶然听见他们谈话，知道他们谈的是算学问题，我们或是听不懂，或是感觉没有趣味，只好走开，心里都恭敬这一小群的学者。

到了绮色佳（Ithaca）之后，明复与元任所学相同，最亲热；我

---

① 题目为编者所加，原题为《追想胡明复》。

在农科，同他们见面时很少。到了一九一二年以后，我改入文科，方才和明复、元任同在克雷登（Prof. J. E. Creighton）先生的哲学班上。我们三个人同坐一排，从此我们便很相熟了。明复与元任的成绩相差最近，竞争最烈。他们每学期的总平均总都在九十分以上；大概总是元任多着一分或半分，有一年他们相差只有几厘。他们在康南耳四年，每年的总成绩都是全校最高的。一九一三年，我们三人同时被举为 Phi Beta Kappa 会员；因为我们同在克雷登先生班上，又同在一排，故同班的人都很欣羡；其实我的成绩远不如他们两位。一九一四年，他们二人又同时被举为 Sigma Xi 会员，这是理科的名誉学会，得之很难；他们两人同时已得 Phi Beta Kappa 的“会钥”，又得 Sigma Xi 的“会钥”，更是全校稀有的荣誉（敦复先生也是 Phi Beta Kappa 的会员）。

明复是科学社的发起人，这是大家知道的。这件事的记载，我在我的《藏晖室札记》里居然留得一点材料，现在摘记在此，也许可供将来科学社修史的人的参考。

科学社发起的人是赵元任、胡达（明复）、周仁、秉志、过探先、杨铨、任鸿隽、金邦正、章元善。他们有一天（1914）聚在世界会（Cosmopolitan Club）的一个房间里，——似是过探先所住，——商量要办一个月报，名为《科学》。后来他们公推明复与杨铨、任鸿隽等起草，拟定“科学社”的招股章程。最初的章程是杨铨手写付印的，其全文如下：——

科学社招股章程

（1）定名　本社定名科学社。（Science Society）

（2）宗旨　本社发起《科学》（Science）月刊，以提倡科学，鼓吹实业，审定名词，传播知识，为宗旨。

（3）资本　本社暂时以美金四百元为资本。

（4）股份　本社发行股份票四十份，每份美金十元。其二十份由发起人担任，余二十份发售。

（5）交股法　购一股者，限三期交清，以一月为一期：第一期五元，第二期三元，第三期二元。购二股者，限五期交清：第一期六元，第二三期各四元，第四五期各三元。每股东以三股为限，购三股者其二股依上述二股例交付，余一股照单购法办理。凡股东入股，转股，均须先经本社认可。

（6）权利　股东有享受赢余及选举、被选举权。

（7）总事务所　本社总事务所暂设美国以萨克（Ithaca）城。

（8）期限　营业期限无定。

（9）通信处　美国过探先（住址从略）。

当时的目的只想办一个《科学》月刊，资本只要美金四百元。后来才放手做去，变成今日的科学社，《科学》月刊的发行只成为社中的一件附属事业了。

当时大家决定，先须收齐三个月的稿子，然后敢送出付印。明复在编辑上的功劳最大；他不但自己撰译了不少稿子，还担任整理别人的稿件，统一行款，改换标点，故他最辛苦。他在社中后来的贡献与劳绩，是许多朋友都知道的，不用我说了。

明复学的是数学物理，但他颇注意于他所专习的科学以外的事情。我住在世界会，常见明复到会里来看杂志；别的科学学生很少来的。

有一件事可以作证。民国元年（1912）十一月里，明复和我发起一个政治研究会。那时在革命之后，大家都注意政治问题，故有这个会的组织。第一次组织会在我的房间里开会，会员共十人，议决：

（1）每两星期开会一次。

（2）每会讨论一个问题，由会员二人轮次预备论文宣读。论文完后，由会员讨论。

（3）每会由会员一人轮当主席。

（4）会期在星期六下午二时。

第一次讨论会的论题为“美国议会”，由过探先与我担任。第二次论题为“租税制度”，由胡明复与尤怀皋担任。我的日记有这一条：

十二月念一日，中国学生政治研究会第二次会，论“租税”。胡明复、尤怀皋二君任讲演，甚有兴味。二君所预备演稿俱极精详，费时当不少，其热心可佩也。

明复与元任后来都到哈佛去了。那时杏佛（杨铨）编辑《科学》，常向他们催稿子。民国五年（1916）六月间，杏佛作了一首白话打油诗寄给明复：——

寄胡明复

自从老胡去，这城天气凉。
新屋有风阁，清福过帝王。
境闲心不闲，手忙脚更忙。
为我告“夫子”①，《科学》要文章。

元任见此诗，也和了一首：——

寄杨杏佛

自从老胡来，此地暖如汤。
《科学》稿已去，“夫子”不敢当。
才完就要做，忙似阎罗王②。
幸有“辟克匿”③，那时波士顿肯白里奇的社友还可大大的乐一场！

这也可以表示当时的朋友之乐，与科学社编辑部工作的状况。

民国三年（1914），明复得盲肠炎，幸早去割了，才得无事。民国五年（1916），元任也得盲肠炎，也得割治。那时我在纽约，作了一首打油诗寄给元任，并寄给明复看：——

① 元任有“Prof.”的绰号。
② 元任自注：“Work like h—”。
③ Picnic.

闻道先生病了，叫我吓了一跳。
“阿彭底赛梯斯！”[①]这事有点不妙！
依我仔细看来，这病该怪胡达。
你和他两口儿，可算得亲热杀。
同学同住同事，今又同到哈袜[②]。
同时“西葛玛鳃”，同时“斐贝卡拔”。[③]
前年胡达破肚，今年“先生”[④]该割。
莫怪胡适无礼，嘴里夹七带八。
要“先生”[⑤]开口笑，病中快活快活。
更望病早早好，阿弥陀佛菩萨！

那时候我正开始作白话诗，常同一班朋友讨论文学的问题。明复有一天忽然寄了两首打油诗来，不但是白话的，竟是土白的。第一首是：

纽约城里，
有个胡适，
白话连篇，
成啥样式！

第二首是一首“宝塔诗”：——

痴！
适之！
勿读书，
香烟一支！
单做白话诗！
说时快，做时迟，
一做就是三小时！

---

① Appendicitis 盲肠炎。
② Harvard（哈佛）。
③ Sigma Xi，Phi Beta Kappa.
④ ⑤ 元任的绰号“Prof.”。

我也答他一首“宝塔诗”：——

咦！
希奇！
胡格哩，
嫑我做诗！
这话不须提。
我做诗快得希，
从来不用三小时。
提起笔何用费心思，
笔尖儿嗤嗤嗤嗤地飞，
也不管宝塔诗有几层儿！

这种朋友游戏的乐处，可怜如今都成了永不回来的陈迹了！

去年五月底，我从外国回来，住在沧州旅馆。有一天，吴稚晖先生在我房里大谈。门外有客来了，我开门看时，原来是明复同周子竞（仁）两位。我告诉他们，里面是稚晖先生。他们怕打断吴先生的谈话，不肯进来，说“过几天再来谈”，都走了。我以为，大家同在上海，相见很容易的。谁知不多时明复遂死了，那一回竟是我同他的永诀了。他永永不再来谈了！

一九二八，三，十七

林　森[1]

本年的四中全会选举林森先生连任国民政府主席，全国舆论对这件事似乎很一致的表示满意。在这个只有攻击而很少赞扬的民族里，这样一致的赞同岂不是很可惊异的事吗？

我们考察各方舆论对林主席的赞许，总不外“恬退”两个字。“恬退”的褒语只可以表示国人看惯了争权攘利的风气，所以惊叹一个最高官吏的澹泊谦退，认为“模范”的行为。但这种估量，我们认为不够，——不够表示林森先生在中国现代政治制度史上的重大贡献。

林森先生的绝大功劳在于把“国府主席”的地位实行做到一个“虚位”，而让行政院院长的地位抬高到实际行政首领的地位。今日的国府主席，最像法国的大总统；今日的行政院院长，颇像法国的国务总理与英国的首相。两年多以来的政治制度的大变迁，就是从两年前的主席制变成两年来的行政院长制。其重要性颇等于从一种总统制改成内阁制。改制的根据固然由于民国廿一年十二月三中全会之改制案，然而使这个新制度成为可能的事实，这不能不归功于林森先生之善于做主席。

三中全会改定政府组织，把行政院抬高，作为行政最高机关。这确是政治制度上的一大进步。但如果国府主席是一个不明大体而个性特别坚强的人，如果他不甘心做一个仅仅画诺的主席，那么，十几年前北京唱过的“府院之争”一幕戏还是不容易避免的。

林森主席是一个知大体的人，他明白廿一年底改制的意义是要一个法国总统式的国府主席，所以他从不肯和行政院长争政权。旧制下国民

---

① 原载1934年3月11日《独立评论》第91号。题目为编者所加，原题为《国府主席林森先生》。

政府的文官处，主计处，参军处，都至今依然存在；但两年来的行政大权都移归行政院了。

去年我过南京时，一位部长告诉我一个很有趣味的故事。在新组织法之下，第一个政府是孙科的政府，不久就倒了。第二个政府，汪精卫的政府，成立之时正当淞沪南京都最受日本压迫时期。汪政府成立了一个多月，忽然有一天，一位部长说："我们就职了一个多月，还没有去正式参谒林主席哩！"这一句话提醒了全体"阁员"，于是汪院长派人去通知林主席，说明天上午汪院长要率领全体阁员去参见主席。到了第二天，全体阁员到了林主席的公馆，到处寻不见林主席。主席不知往那儿去了！他们都感觉诧异，只好留下名片，惘然而返。到了下午，林主席去回拜，他们才知道林主席因为"不敢当参谒的大礼"，出门回避了！

这个故事至今在南京传为美谈。我们关心政治制度的人，也都曾认得这个故事是一桩有意义的美谈。我们试回想那两年前党政军合为一体的国府主席的地位，就可以明白林主席的谦退无为是有重大的历史意义的了。

两年前的国民政府组织法是最不合理的。那时一个部长的地位是很低的，各部之上有行政院，行政院是与其他四院平等的，五院的正副院长加上其他国府委员组成国民政府。二十一年底的改制，改行政院各部为政府，而国府主席成为虚君制，于是三级政府合为一级，而其他四院与行政院分开对立，为行政部之外监督协助行政的机关。这个改革与孙中山先生的五权宪法的原意似乎接近多了。而其中用无为的精神，在不知不觉之中使这个内阁制成为事实，使这个虚君主席制成为典型，乃是林森先生两年来的最大成绩。

我今年再到南京，又听见人说林主席的一件故事。两年前，他被选为国府主席之后，他自己去请他的同乡魏怀先生担任文官长的职务。林主席对他说："我只要你做到两个条件：第一，你不要荐人。第二，你最好是不见客。"这个故事也应该成为南京政治的美谈。这是有意的无为。若没有这种有意的无为，单有一个恬退的主席，也难保他的属吏不兴风作浪揽权干政，造成一个府院斗争的局面。

有个朋友从庐山回来，说起牯岭的路上有林主席捐造的石磴子，每条石磴上刻着“有姨太太的不许坐”八个字。这个故事颇使许多人感觉好笑。有人说：“我若有姨太太，偏要坐坐看，有谁能站在旁边禁止我坐？”其实这也是林森先生的聪明过人处。你有姨太太，你尽管去坐，决没有警察干涉你。不过你坐下去了，心里总有点不舒服。林先生刻石的意思，也不过要你感觉到这一点不舒服罢了。他若大吹大擂的发起一个“不纳妾”的新生活运动，那就够不上做一个无为主义的政治家了。

二十三，三，三夜

田中玉[1]

今天在《大公报》上看见"前山东督军兼省长田上将军韫山"的讣告，使我想起我和他的一段因缘，——一段很值得记载的因缘，所以我写这篇短文，供史家的参考。

廿四，十，十二夜

民国十三年的夏天，丁在君夫妇在北戴河租了一所房子歇夏，他们邀我去住，我很高兴的去住了一个月。在君和我都不会游水，我们每天在海边浮水，带着救生圈子洗海水浴，看着别人游泳；从海水里出来，躺在沙地上歇息，歇了一会赤脚走回去洗淡水澡。

有一天，我们正在海水里洗澡，忽然傍边一个大胡子扶住一个大救生圈，站在水里和我招呼。我仔细一认，原来那个满腮大胡子的胖子就是从前做过山东督军兼省长的田中玉将军，我到山东三次，两次在他做督军的时期，想不到这回在海水里相逢！

我们站在水里谈了几句话，我介绍他和在君相见。他问了我们住的地方，他说："好极了！尊寓就在我家的背后，今天下午我就过来拜访你们两位，我还有点事要请教。"

那天下午，他真来了，带了两副他自己写的对联来送给我们。那时候的武人都爱写大字送人，偏偏我和在君都是最不会写字的"文人"，所以我们都忍不住暗笑。可是，他一开口深谈，我和在君都不能不感觉他的诚恳，我们都很静肃的听他谈下去。他说：

我是这儿临榆县（山海关）的人。这几年来我自己在本地办了一个学堂，昨天学堂开学，我回去行开学礼。我对学生演讲，越讲

① 原载1935年10月20日《独立评论》第173号。题目为编者所加，原题为《海滨半日谈——纪念田中玉将军》。

越感慨起来了，我就对他们谈起我幼年到壮年的历史。我看那班学生未必懂得我说的话，未必能明白我的生平。我一肚子要说的话，说了又怕没人懂，心里好难过。隔了一天了，心里还和昨天一样，很想寻个懂得的人，对他说说我这肚子里憋着的一番话。今天在海边碰着两位先生，我心里快活极了，因为你们两位都是大学者，见多识广，必定能够懂我的话。要是两位先生不讨厌，我想请两位先生听听我这段历史。

恰巧我和在君都是最喜欢看传记文学的；我们看田中玉先生那副神气，知道他真是有一肚子的话要说，并且知道他要说的话是真话，不会是编造出来的假话。我们都对他说我们极愿意听，请他讲下去。田中玉先生说：

我是中国第一个军官学堂毕业出来的。我为什么去学陆军呢？我不能学现在许多陆军老朋友开口就说“本人自束发受书以来，即慕拿破仑、华盛顿之为人”。不瞒两位先生说，我当时去学陆军，也不是为救国，也不是因为要做一个大英雄，我为的是贪图讲武堂每人每月有三两四钱银子的膏火。我的父亲刚死了，我是长子，上有祖母和母亲，下有弟妹。我要养家，要那每月三两四钱银子来养活我一家，所以我考进了那个军官学堂。

进了学堂之后，我很用功，每回考的都好。学堂的规矩，考在前三名的有奖赏，第一名奖的最多；连着三次考第一的，还有特别加奖。我因为贪得奖金去养家，所以比别人格外用功。八次大考，我考了七次第一。我得的奖金最多，所以一家人很得我的帮忙，学堂里的老师也都夸我的功课好。

毕业时，我的成绩全学堂第一。老师都说：“田中玉，你的功课太好了，我们总得给你找顶好的差使。”可是顶好的差使总不见来，眼看见考在我下首的同学一个个都派了事出去了。只有我没有门路，还在那儿候差使。

学堂里有一位德国老师，名叫萨尔，他最看重我，又知道我是穷人，要等着钱养活一家子，如今毕了业，没得奖金可拿了，他就叫我帮他改算学卷子，每月给我几十吊钱捎回去养家。

不多时，萨尔被袁世凯调到小站去做教练官了，他才把我荐去。我到了小站，自己禀明，不愿做营长，情愿先做队长，因为我要从底下做起，可以多懂得兵卒的情形。后来我慢慢的升上去，很得着上司的信任，袁世凯派我专管军械的事务。

这时候，我的恩师萨尔已不在袁世凯手下了。有三家德国军械公司连合起来，聘萨尔做代表，专做中国新军的军火买卖。

有一天，萨尔老师代表军械公司来看我，说："好极了，田中玉，你办军火，我卖军火，我们可以给你最便宜的价钱。"

我对我的恩师说："老师要做我这边的买卖，要依我一件事。我是直隶省临榆县人。国家练新军，直隶省负担最重，钱粮票上每一两银子附加到一块钱。我现在有机会给国家采办军火，我总想替国家省钱；替国家省一个钱，就是替我们直隶老百姓省一个钱。现在难得老师来做军火买卖，我盼望老师相信我这点意思。向来承办军火的官员都有经手钱，数目很不小。我要老师依我一件事：不但价钱要比谁家都便宜，还要请老师把我名下的经手费全都扣去。我不要一文钱的中饱，这笔经手费也得从价钱里再减去。老师要能依我的话，我一定专和老师代理的公司做买卖。"

萨尔答应回去商量。过了几天，他又来了，他说："田中玉，我商量过了。我们决定给你最低的价钱，比无论谁家都便宜。但是你的经手费不能扣，因为你田中玉能够做多少年的军械总办？万一你走了，别人接下去，他要经手费，我们当然得给他。给了他，那笔钱出在那儿呢？要加在价钱里，价钱就比我们给你的价钱贵了，他就干不下去了。要是不打在价钱里，我们就得贴钱了。所以这个例是开不得的。况且你是没有钱的人，这笔经手费是人人都照例拿的，你拿了不算是昧良心。"

我对我的老师说："不行。老师不依我，我只好向别家商人办军火去。"萨尔说，等他回去再商量看。

> 过了一天他又来了。他竖起大拇指，对我说："田中玉，我得着你这个学生，总算不枉了我在中国教了多少年书。我佩服你的爱国心，我回去商量过了：现在我们不但尊重你的意思，把你的经手钱扣去，我自己的经手费也不要了，也从价钱里扣去。所以我们现在给你的价钱是最低的价钱，再减去你我两个人的经手费。我要你的国家加倍得着你的爱国心的功效！"
>
> 我感激我的恩师极了，差不多掉下眼泪来。从此我们两个人做了多年的军火买卖。因为我买的军械的确最便宜，最省钱，所以我在北洋办军械最长久。我管军械采办的事，前后近□年，至少替国家省去一千万元的经费。

这是田中玉将军在北戴河的西山对我们说的故事。我和丁在君静听他叙述，心里都很感动。我们相信他说的是一段真实的故事。这是他生平最得意的一段历史，他晚年回想起来，觉得这是值得向一班少年人叙说的，值得少年人记念效法的。所以他前一天在他自己出钱办的田氏中学里，忍不住把这个故事说给那班青年学生听。他隔了一天，还不曾脱离那个追忆的心境，还觉得不曾说的痛快，还想寻一个两个有同情心的朋友再诉说一遍。他在那海上白浪里忽然瞧见了我，他虽然未必知道我的历史癖，更未必知道我的传记癖，他只觉得我是一个有同情心的人，至少能够了解他这段历史的意义。所以他抓住了我们不肯放，要我们做他的听众，听他眉飞色舞的演说他这一段最光荣的历史。

我们当时都说这个故事应该记下来。可惜我们后来都不曾记载。今年我的学生马逢瑞先生要到田氏中学去代课，我还请他留意，若有机会时，可以请田先生自己写一篇自传。我的口信不知道寄到了没有，他的自传也不知道写了没有。如今田先生已作了古人，我想起了那个海边半日的谈话，不愿意埋没了这一个很美的故事，也不愿意辜负了他那天把这个故事付托给我的一点微意，所以从记忆里写出这篇短文来。

王小航[1]

去年九月，我来到北平，借住在大羊宜宾胡同任叔永家中。十月八日，有一位白头老人来访，我不在寓，他留下了一大包文字，并写了一张短条子留给我。我看了他的字条才知道他是三十多年前的革新志士，官话字母的创始人，王小航（照）先生。我久想见见这位老先生，想不到他先来看我了。第二天，我把他留下的文稿都读完了，才又知道这位七十二岁的老新党，在思想上，还是我的一个新同志。他在杂志上见着梁漱溟先生和我辩论的文字，他对我表示同情，所以特地来看我。我得着他的赞许，真是受宠若惊的了。

第三天，我到水东草堂去看王先生，畅谈了一次。我记得他很沉痛的说："中国之大，竟寻不出几个明白的人，可叹可叹！"我回来想想，下面没有普及教育，上面没有高等教育，明白的人难道能从半空里掉下来？然而平心说来，国中明白的人也并非完全没有。只因为他们都太聪明了，都把利害看的太明白了，所以他们都不肯出头来做傻子，说老实话。这个国家吃亏就在缺少一些敢说老实话的大傻子。

王小航先生就是一个肯说老实话的傻子。他在《贤者之责》一篇的末段有这八个字：

> 朋友朋友，说真的吧！

我去年十月读了这八个字，精神上受着很大的感动。这八个字可以代表王先生四十年来的精神，也可以代表王先生这四卷文存的精神。读

---

① 收入王照著《水东集初编·小航文存》，此书为刻印本，1930年仲夏开雕。题目为编者所加，原题为《〈王小航先生文存〉序》。

这四卷文字的人尽可以不赞成王先生的思想，但总应该对他这点敢说真话的精神表示深重的敬礼。

“说真的吧”，这四个字看来很平常，其实最不容易，必须有古人说的“贫贱不能移，富贵不能淫，威武不能屈”的精神，方才敢说真话。在今日的社会，这三个条件之外，必须还要加上一个更重要的条件，就是要“时髦不能动”。多少聪明人，不辞贫贱，不慕富贵，不怕威权，只不能打破这一个关头，只怕人笑他们“落伍”！只此不甘落伍的一个念头，就可以叫他们努力学时髦而不肯说真话。王先生说的最好：

> 时髦但图耸听，鼓怒浪于平流。自信日深，认假语为真理。

其初不过是想博得台下几声拍掌，但久而久之，自己麻醉了自己，也就会认时髦为真理了。

王先生在戊戌六月，——在拳匪之祸爆发之前两年，——即已提倡“国人知能远逊彼族，议论浮伪万难图存”的反省议论。庚子乱后，他还是奉旨严拿的钦犯，他躲在天津，创作官话字母，想替中国造出一种普及教育的利器。他冒生命的危险，到处宣传他的拼音新字，后来他被捕入狱两月余，释放后仍继续宣传新字。到了民国元年，他在上海发表“救亡以教育为主脑论”，主张教育之要旨在于使人人有生活上必须之知识；主张教育是政治的主脑，而一切财政、外交、边防等等都只是所以维持国家而使这教育主义可以实现的工具。到了民国十九年，他作《实心救国不暇张大其词》一文，仍只是主张根本之计在于普及教育。这都像是老生常谈，都是时髦人不屑谈的话。但王先生问我们：

> 天下事那有捷径？

我们试听他老人家讲一段故事：

> 戊戌年，余与老康（有为）讲论，即言“……我看止有尽力多

> 立学堂，渐渐扩充，风气一天一天的改变，再行一切新政。”老康说：“列强瓜分就在眼前，你这条道如何来的及？”迄今三十二年矣。来得及，来不及，是不贴题的话。

我盼望全国的爱国君子想想这几句很平凡的真话，想想这位“三十余年拙论不离普及教育一语”的老新党，再问问我们的政府诸公：究竟我们还得等候几十年才可有普及教育？

民国二十年五月三十一夜胡适敬序

沈宗瀚[1]

沈宗瀚先生的《克难苦学记》，是近二十年来出版的许多自传之中最有趣味，最能说老实话，最可以鼓励青年人立志向上的一本自传。我在海外收到他寄赠的一册，当日下午我一口气读完了，就写信去恭贺他这本自传的成功。果然这书的第一版很快的卖完了，现在就要修改再版，沈先生要我写一篇短序，我当然不敢推辞。

这本自传的最大长处是肯说老实话。说老实话是不容易的事；叙述自己的家庭、父母、兄弟、亲戚，说老实话是更不容易的事。

一千八百多年前，大思想家王充（他是汉朝会稽郡上虞县人，是沈先生的同乡）在他的《自纪篇》里，曾这样的叙述他的祖父与父亲两代：

> 祖父汎，举家担载，就安会稽，留钱唐县，以贾贩为业。生子二人，长曰蒙，少曰诵，诵即充父。祖世任气，至蒙、诵滋甚。故蒙、诵在钱唐，勇势凌人，末复与豪家丁伯等结怨，举家徙处上虞。

这是说老实话。当时人已嘲笑他“宗祖无淑懿之基……无所禀阶，终不为高”。六百年后，刘知几在《史通》的《序传》篇里，更责怪他不应该“述其父祖不肖，为州闾所鄙”，“盛矜于己，而厚辱其先”。一千六百年后，惠栋、钱大昕、王鸣盛诸公也都为了这一段话大责备王充。王充说的话，在现在看来，并没有“厚辱其先”，不过老老实实的说他的祖父、伯父、父亲都有点豪侠的气性，所以结怨于钱唐的“豪家”。然而这几句老实话就使王充挨了一千八百年的骂！

---

① 原载1955年1月台北《自由中国》第12卷1期。题目为编者所加，原题为《介绍一本最值得读的自传——〈克难苦学记〉序》。

沈先生写他的家庭是一个农村绅士的大家庭。他的村子是一个聚族而居的沈湾村，全村二百户，七百人，都是沈族。村人贫富颇平均，最富的人家也不过有田二百多亩，最贫的也有七八亩。农家每日三餐饭，全村没有乞丐，百年来没有人打官司。这是一个典型的江南农村社会。沈先生自己的家庭就是这个农村社会里一个中上人家。他的祖父水香先生，伯父少香先生，父亲涤初先生都是读书人，都是秀才，又都能替人家排难解纷，所以他家是一个乡村绅士人家。

沈先生的祖父生有四男四女，他的伯父有五男二女，他的父亲有六个儿子。沈先生刚两岁（1896）时，这个大家庭已有二十多口人了，于是有第一次的"分家"。分家之后，"祖田除抵偿公家债款之外，尚留田十三亩，立为祖父祭产"。涤初先生自己出门到人家去教书，每年束修只有制钱四十千文。家中有租田十二亩，雇一个长工及牧童耕种，每隔一年可以收祖宗祭田约二十亩的租钱。每年的收入共计不过一百五十银元。不久，这个小家庭已有四个男孩子了。长工是要吃饭的。这就是七口之家了。沈先生的母亲一个人要料理家务，要应付七口的饭食，要管办父子五人的衣服鞋袜。所以他家每日三餐之中要搭一餐泡饭，晚上点菜油灯，只用一根灯芯，并用打火石取火。

这是这个家庭的经济状态。

沈先生十五岁时(1908),他考进余姚县泗门镇私立诚意高等小学堂，因为家贫，取得"寒额"的待遇，可免学宿膳费。他在这学堂住了四年，民国元年（1912）冬季毕业。这四年之中，他父亲供给了他七十二元的学校费用(包括书籍杂费)。他说，"此为吾父给余一生之全部学费也"。

他十八岁才毕业高等小学。那时候，他家中的经济状况更困难了，他父亲不但无力供给他升学，并且还逼迫他毕业后就去做小学教员，要他分担养家的责任。这个"继续求学"与"就业养家"的冲突问题，是沈先生青年时代的最大困难，也是他的《克难苦学记》的中心问题。他父亲说的最明白：

> 如吾有田，可卖田为汝升学，如吾未负债足以自给，吾亦可借

> 债送汝升学。乃今债务未了，利息加重，必须每年付清利息。如无汝之收入，吾明年利息亦不能支给。奈何！（24页）

但他老人家究竟是爱儿子的明白人，他后来想明白了，不但不反对儿子借钱升学，还买了一只黄皮箱送给他！于是，他筹借了四十多块银元，到杭州笕桥甲种农业学校去开始他的农学教育了。

沈先生在这自传里写他父亲涤初先生屡次反对他升学，屡次逼他分担家用，屡次很严厉的责怪他，到头来还是很仁慈的谅解他、宽恕他。最尖锐的一次冲突，是民国三年他老人家坚决的不许他儿子抛弃笕桥甲种农校而北去进北京农业专门学校。老人家掉下眼泪来，对儿子说：

> ……我将为经济逼死。你即能毕业北京农业学校，你心安乎？

这一次他老人家很生气，逼着儿子写悔过书给笕桥陈校长，逼着他回笕桥去。儿子没法子，只能用骗计离开父亲，先去寻着他那在余姚钱庄做事的二哥，求他借四十银元做北行的旅费，又向他转借得一件皮袍，就跟他的同学偷跑到上海，搭轮船北去了。

他进了北京农业专门学校做预科旁听生。过了半个月，父亲回信来了，虽然说母亲痛哭吃不下饭，但最后还答应将来“成全”儿子求学的志愿。又过了一个月，父亲听说借皮袍的人要讨还皮袍了，他老人家赶紧汇了四十银元来，叫儿子另买皮袍过冬。

经济很困难的四整年，作者在北京农业专门学校毕业了。那是民国七年六月，他二十四岁，已结婚三年了。他不能不寻个职业好分担那个大家庭的经济负担了。经过了几个月的奔走，他得了一个家庭教师的工作，每月可得四十银元，由学生家供给膳宿。

父亲要他每月自用十元，寄三十元供给家用并五弟的学费。他在北京做家庭教师的两年，是他一生最痛苦的时期(民国七年秋天到九年春)。他那时已受洗礼，成为一个很虔诚的基督徒了。但他有时候也忍不住要在日记里诉说他的痛苦。自传里（65页）有这一段最老实也最感动人的记载：

父常来谕责难。民八阴历年关，父病，指责更严厉，余极痛苦。（九年）一月二十日记云："夜间写父禀，多自哀哀彼之语。书至十一点钟，苦恼甚，跪祷良久，续禀。……我节衣缩食，辛苦万状，他还说我欠节省。我不请客，不借钱，朋友都说我吝啬，他还说我应酬太多。我月薪四十元，东借西挪，以偿宿债，以助五弟，他还要我事养每月三十元。唉，我的父亲是最爱我的，遇了债主的催逼，就要骂我，就要生病。他今年已六十四岁，从十六岁管家，负债到如今。自朝至暮，勤勤恳恳的教书，节衣缩食，事事俭省，没有一次专为自己买肉吃。我母买肉给他吃，他还要骂她不省钱。我去年暑假回去，他偏自己上城买鱼肉给我吃。这鱼这肉实在比鱼翅、燕窝好吃万万倍！他骂我欠节省，我有时不服，但看他自己含辛茹苦，勤奋教书的光景，我就佩服到万分。他爱我，我有时忘了。如今想起来，他到贫病交迫的光景，我为何不救！我囊中只剩几十个铜子，一二个月内须还的债几至百元，五弟又要我速寄十元，我此时尚想不着可借的人。……我实在有负我可爱的父，但我实在无法。求上帝赐福给我的父，祝我谋事快成功，我定要偿清我父的债。"

我相信，在中国的古今传记文学里，从没有这样老实、亲切、感动人的文字。也从没有人肯这样、敢这样老实的叙述父子的关系，家庭的关系。

这样一个家庭，多年积下来的债务要青年儿孙担负，老年的父母要青年儿子"事养"，儿子没有寻着职业就得定婚、结婚、生儿女了，更小的弟妹也还需要刚寻到职业的儿子担负教育费。——这样的一个家庭是真可以"逼死英雄汉"的！试读沈先生（55 页）民国七年十一月一日的日记：

父谕，命余月寄三十元。惟迄今二月之薪金已告罄。奈何！……苟无基督信仰，余将为钱逼死矣。

沈宗瀚先生的自传的最大贡献就是他肯用最老实的文字描写一个可以"逼死英雄汉"、可以磨折青年人志气的家庭制度。这里的罪过是一个不自觉的制度的罪过，不是人的罪过。沈先生的父母都是好人，都是最爱儿子的父母。不过他们继承了几千年传下来的集体经济的家庭制度，他们毫不觉得这个制度是可以逼死他们最心爱的青年儿子的，他们只觉得儿子长大了应该早早结婚生儿女，应该早早挣钱养家，应该担负上代人积下来的债务，应该从每月薪水四十元之中寄三十元回家：他们只觉得这都是应该的，都是当然的。描写一个最爱儿子的好父亲，在不知不觉之中，几乎造成了叫一个好儿子“为钱逼死”的大悲剧。这是这本自传在社会史料同社会学史料上的大贡献，也就是这本自传在传记文学上的大成功。

沈先生所谓“克难苦学”，他所谓“难”，不仅是借钱求学的困难，最大的困难，在于他敢于暂时抛弃那人人认为当然的挣钱养家的儿子天职。他在十七岁时（辛亥，1911），已受了梁任公的《新民丛报》的影响，激动了“做新民，爱国家”的志向；又受了曾文正、王阳明的影响，他立志要做一个有用的好人。他说（23 页）：

> 余生长农村，自幼帮助家中农事，牧牛、车水、除草、施粪、收获、晒谷、养蚕、养鸡等，颇为熟练，且深悉农民疾苦，遂毅然立志为最大多数辛劬之农民服务。

这样他决定了他终身求学的大方针：学习农业科学，为中国农民服务。

在他决定的这个求学方向上，那个农村社会同耕读家庭的生活经验就都成了他很重要也很有帮助的背景了。我们知道他父亲有租田十二亩。后来父亲历年培种兰花，母亲历年养蚕与孵小鸡，节省下的余钱又添置了租田三十二亩。父亲出门教书了，儿子们还没有长大，家中雇一个长工耕种，又雇牧童帮忙。他家兄弟六人，大哥终身教书，二哥在本县钱庄做事，三哥自幼在家耕种。自传（29 页）说：

> 三哥自幼由吾父之命，曾在村中最优秀之二农家工作五年，尽得其经验。父常称彼辈为师傅，三哥为徒弟。五年后，三哥归家种田，对于栽培经验胜于常人。

又说：

> 余肄业农校，每于暑假回乡时，将一学期所得农业学理与吾父母大哥三哥等讨论，有时叔父、从兄等亦来加入。余常与三哥下田工作，兴趣甚浓。余教三哥蔬菜施肥方法，试以讲义上所述方法在茄地上施肥，先将茄株周围挖小沟一圈，施入人粪尿，然后以土覆粪，谓可以防止氮气之蒸散。三哥深以为然。
>
> 一日，族兄仁源来问防止蔬菜叶虫方法，余告以施用石油乳剂。然彼施后，因浓度过高，致菜焦枯。
>
> 又一日，叔父咸良来问水稻白穗原因。余则在田中拔白穗之茎，剥茎，出茎内螟虫示之。彼大惊服，遂以稻瘟神作祟之说为迷信。
>
> 综计余所告各种方法，实施后有效者果有之，无效者亦不少。且对许多问题尚不能解答。余对彼辈栽培水稻豆麦等经验甚为佩服。

这种活的经验，在沈先生的农学教育上有无比的价值。因为他有了这种活的农场经验，他才可以评判当时农学校的教材与方法的适用或不适用，才可以估量每个教员的行不行。他说：

> 斯时（杭州笕桥）农校教师，除陈师宗一外，多译述日文笔记充教材，不切合实际情况。昆虫学常以日本《千虫图解》充当标本，从未领导学生至野外采集。余偶采虫问之，彼即以之与《千虫图解》对照，加以臆测，亦从未教余等饲虫研究。园艺教员授蔬菜，则亦多迻译日文讲义数册，而未尝实地认识蔬菜，亦不调查栽培留种等方法。作物教员因在日本学畜牧，乃译述《牧草》讲义，而于笕桥最著名之药用作物，从未提及。教室与环境完全隔绝。田间实习仅种萝卜白菜，或作整地、除草、施肥等工作。（余）常觉实习教员之经验远不及三哥也。
>
> 故自第二年级起，余对农校功课渐感不满，深恐将来只能纸上空谈，不切实际，于国何用？（29—30页）

不但中等学校不能满足这个来自田间的好学生的期望，当时的北京农业专门学校也逃不了他的冷眼批评。他说（38页）：

> 北农预科之英文、理化、博物等课，较笕农为深，唯博物一科仍用书本及日本标本为教材，不免失望。

又说（41页）：

> 国立北京农业专门学校本科一年级……功课为无机化学、植物、地质、土壤、作物、昆虫、农场实习、英文、数学等。除英文、数学外，概用中文讲义。教员多以讲义及日本标本敷衍了事，殊感失望。

这个有农田经验的好学生到了农业本科三年级，才有力量从消极的失望作积极的改革活动，才提议改换三四个不良的教员，如英文、园艺、农场实习等课的教授。那时候，金仲藩（邦正）来做校长，添聘了邹树文、王德章等来教授农学；设朝会，金校长亲自主持，训勉为人道德；校长与诸师同来饭厅，与学生同桌共餐，“全校精神为之一振”。

但这个开始改良的农专，不久就起了风潮，金校长辞职，他请来的一班好教员也都走了。“半月之后，校长虽然回来收拾风潮，但那些教员从此辞职不复返矣”。（46—48页）

沈先生在国内学农科，到北农本科毕业为止，前后不过五年多（民国二年一月到七年六月）。他的记载，因为都是老实话，很可以作教育史料。他的评判并不偏向留美学农的教员，也并不限于消极的批评。例如他说（46页）：

> 余在北农所得教益最多者，为许师叔玑（留日）之农政学、农业经济、畜产及肥料；吴师季卿（留日）之无机、有机及分析化学；章师子山（留美）之植物病理学；汪师德章（留美）之遗传学及金校长仲藩之朝会训话。……
>
> 汪师教遗传学极为清晰，余对曼德尔遗传定律自此明了。……

这也是教育史料。

沈先生学农有大成就，他的最大本钱并不是他东借西挪的学费，乃是他幼年在农田里动手动脚下田施粪的活经验与好习惯。所以，他在笕桥农校的第一年，

> 二月间即实习制造堆肥，先集牛粪与稻草，层叠堆上，然后用水及粪尿润湿之，以脚践踏，人以为苦，余独轻易完工。师生颇惊奇之。（28 页）

所以他后来在常德种棉场服务，他就

> 决定日间与农友下田同工，并调查农事，一以监工，一以学习农民植棉方法，知其优劣。早晚读棉业及其他农学书籍，期以学理与实用贯通，手脑并用。故早饭后即赤脚戴笠荷锄与农夫同去工作。（69 页）

所以他后来在南京第一农校教昆虫学，

> 遂一方先自采集附近昆虫，参照日本《千虫图解》以定其科属……一方解剖主要昆虫，以认识其口器头胸腹诸部，然后随教随以实物相示……（73 页）

所以，民国十四年他在康奈尔大学跟着几位名教授研究遗传育种的时期，他自己记载：

> 余在田间工作，除论文材料外，随助教做小麦、蔬菜、牧草等实地育种工作，并随教授旅行实地检查改良品种之纯杂，由此得尽窥遗传育种与推广之底蕴。
>
> ……盖教室与实验室所得均为遗传原理，非经此实习，不知田间技术之诀窍，则回国后做实地育种工作必感困难。康大教授与助教常谓余曰："汝能实地苦干，诚与众不同也。"（83 页）

这种"手脑并用"的实地苦干，是沈先生做学问有大成就的秘诀，是他在金陵大学任教时能造就许多优良的农业人才的秘诀，是他后来担任农

业实验所所长时能为国家奠定农业科学化及农业推广制度的秘诀。而这个成功秘诀的来源就在他“生长农村，自幼帮助家中农事，牧牛、车水、除草、施粪、收获、晒谷、养蚕、养鸡”的活经验与好习惯。

总而言之，这本自传的最大贡献在于肯说老实话。平平实实的老实话，写一个人，写一个农村家庭，写一个农村社会，写几个学堂，就都成了社会史料、社会学史料、经济史料、教育史料。

沈先生写他自己的宗教经验，也是很老实的记录，所以很能感动人。他描写一位徐宝谦先生，使我很感觉这个人可敬可爱。这本书里叙述的沈先生自己信仰基督教的经过，因为也都是一个老实人的老实话，所以也有宗教史料的价值。

我很郑重的介绍这本自传给全国的青年朋友。

胡适　一九五四年十二月十三日夜

罗尔纲[1]

我的朋友罗尔纲先生曾在我家里住过几年，帮助我做了许多事，其中最繁重的一件工作是抄写整理我父亲铁花先生的遗著。他绝对不肯收受报酬，每年还从他家中寄钱来供他零用。他是我的助手，又是孩子们的家庭教师，但他总觉得他是在我家做“徒弟”，除吃饭住房之外，不应该再受报酬了。

这是他的狷介。狷介就是在行为上不苟且，就是古人说的“非其义也，非其道也，一介不以与人，一介不以取诸人。”（古人说“一介”的介是“芥”字借用，我猜想“一介”也许是指古代曾作货币用的贝壳？）我很早就看重尔纲这种狷介的品行。我深信凡在行为上能够“一介不苟取，一介不苟与”的人在学问上也必定可以养成一丝一毫不草率不苟且的工作习惯。所以我很早就对他说，他那种一点一画不肯苟且放过的习惯就是他最大的工作资本。这不是别人可以给他的，这是他自己带来的本钱。我在民国二十年秋天答他留别的信，曾说：

> 你这种“谨慎勤敏”的行为，就是我所谓“不苟且”。古人所谓“执事敬”，就是这个意思。你有美德，将来一定有成就。

第二年他在贵县中学教国文，寄了两条笔记给我看，——一条考定李清照《金石录后序》的“王播”是“王涯”之误；一条考定袁枚《祭妹文》的“诺已”二字出于《公羊传》，应当连读，——我回他的信，也说：

> 你的两段笔记都很好。读书作文如此矜慎，最可有进步。你

① 收入罗尔纲著《师门五年记·胡适琐记》，北京三联书店1995年版。题目为编者所加，原题为《〈师门五年记〉序》。

能继续这种精神，——不苟且的精神，无论在什么地方，都可有大进步。古人所谓“于归而求之，有余师”，真可以转赠给你。

我引这两封信，要说明尔纲做学问的成绩是由于他早年养成的不苟且的美德。如果我有什么帮助他的地方，我不过随时唤醒他特别注意：这种不苟且的习惯是需要自觉的监督的。偶然一点不留意，偶然松懈一点，就会出漏洞，就会闹笑话。我要他知道，所谓科学方法，不过是不苟且的工作习惯，加上自觉的批评与督责。良师益友的用处也不过是随时指点出这种松懈的地方，帮助我们做点批评督责的工作。

尔纲对于我批评他的话，不但不怪我，还特别感谢我。我的批评，无论是口头，是书面，尔纲都记录下来。有些话是颇严厉的，他也很虚心的接受。有他那样一点一画不敢苟且的精神，加上虚心，加上他那无比的勤劳，无论在什么地方，他都会有良好的学术成绩。

他现在写了这本自传，专记载他跟我做“徒弟”的几年的生活。我一口气读完了这本小书，很使我怀念那几年的朋友乐趣。我是提倡传记文学的，常常劝朋友写自传。尔纲这本自传，据我所知，好像是自传里没有见过的创体。从来没有人这样坦白详细的描写他做学问的经验，从来也没有人留下这样亲切的一幅师友切磋乐趣的图画。

胡适　三十七年八月三日在北平

张季直[1]

传记是中国文学里最不发达的一门。这大概有三种原因。第一是没有崇拜伟大人物的风气，第二是多忌讳，第三是文字的障碍。

传记起于纪念伟大的英雄豪杰。故柏拉图与谢诺芳念念不忘他们那位身殉真理的先师，乃有梭格拉底的传记和对话集。故布鲁塔奇追念古昔的大英雄，乃有他的《英雄传》。在中国文学史上所有的几篇稍稍可读的传记都含有崇拜英雄的意义：如司马迁的《项羽本纪》，便是一例。唐朝的和尚崇拜那十七年求经的玄奘，故《慈恩法师传》为中古最详细的传记。南宋的理学家崇拜那死在党禁之中的道学领袖朱熹，故朱子的《年谱》成为最早的详细年谱。

但崇拜英雄的风气在中国实在最不发达。我们对于死去的伟大人物，当他刚死的时候，也许送一副挽联，也许诌一篇祭文。不久便都忘了！另有新贵人应该逢迎，另有新上司应该巴结，何必去替陈死人算烂账呢？所以无论多么伟大的人物，死后要求一篇传记碑志，只好出重价向那些专做谀墓文章的书生去购买！传记的文章不出于爱敬崇拜，而出于金钱的买卖，如何会有真切感人的作品呢？

传记的最重要条件是纪实传真，而我们中国的文人却最缺乏说老实话的习惯。对于政治有忌讳，对于时人有忌讳，对于死者本人也有忌讳。圣人作史，尚且有什么为尊者讳，为亲者讳，为贤者讳的谬例，何况后代的谀墓小儒呢！故《檀弓》记孔氏出妻，记孔子不知父墓，《论语》记孔子欲赴佛肸之召，这都还有直书事实的意味，而后人一定要想出话来替孔子洗刷。后来的碑传文章，忌讳更多，阿谀更甚，只有歌颂之辞，从无失德可记。偶有毁谤，又多出于仇敌之口，如宋儒诋诬王安石，甚

① 原载 1930 年 1 月《吴淞月刊》第 4 期。题目为编者所加，原题为《〈南通张季直先生传记〉序》。

至于伪作《辩奸论》，这种小人的行为，其弊等于隐恶而扬善。故几千年的传记文章，不失于谀颂，便失于诋诬，同为忌讳，同是不能纪实传信。

传记写所传的人最要能写出他的实在身分，实在神情，实在口吻，要使读者如见其人，要使读者感觉真可以尚友其人。但中国的死文字却不能担负这种传神写生的工作。我近年研究佛教史料，读了六朝唐人的无数和尚碑传，其中百分之九十八九都是满纸骈俪对偶，读了不知道说的是什么东西。直到李华、独孤及以下，始稍稍有可读的碑传。但后来的“古文”家又中了“义法”之说的遗毒，讲求字句之古，而不注重事实之真，往往宁可牺牲事实以求某句某字之似韩似欧！硬把活跳的人装进死板板的古文义法的烂套里去，于是只有烂古文，而决没有活传记了。

因为这几种原因，二千年来，几乎没有一篇可读的传记。因为没有一篇真能写生传神的传记，所以二千年中竟没有一个可以叫人爱敬崇拜感发兴起的大人物！并不是真没有可歌可泣的事业，只都被那些谀墓的死古文骈文埋没了。并不是真没有可以叫人爱敬崇拜感慨奋发的伟大人物，只都被那些烂调的文人生生地杀死了。

近代中国历史上有几个重要人物，很可以做新体传记的资料。远一点的如洪秀全，胡林翼，曾国藩，郭嵩焘，李鸿章，俞樾；近一点的如孙文，袁世凯，严复，张之洞，张謇，盛宣怀，康有为，梁启超，——这些人关系一国的生命，都应该有写生传神的大手笔来记载他们的生平，用绣花针的细密工夫来搜求考证他们的事实，用大刀阔斧的远大识见来评判他们在历史上的地位。许多大学的史学教授和学生为什么不来这里得点实地训练，做点实际的史学工夫呢？是畏难吗？是缺乏崇拜大人物的心理吗？还是缺乏史才呢？

张季直先生在近代中国史上是一个很伟大的失败的英雄，这是谁都不能否认的。他独力开辟了无数新路，做了三十年的开路先锋，养活了几百万人，造福于一方，而影响及于全国。终于因为他开辟的路子太多，担负的事业过于伟大，他不能不抱着许多未完的志愿而死。这样的一个人是值得一部以至于许多部详细传记的。

他的儿子孝若先生近年发誓用全副精力做季直先生的传记。他已费了几年工夫编辑季直先生的全部著作，自己亲手整理点读。这部全集便是绝大的史料。还有季直的朋友的书信，保存在南通的，也有近万封之多，这也是重要史料。季直先生自己又编有年谱，到七十岁为止，此外还有日记，这都是绝可宝贵的材料。有了这些材料做底子，孝若做先传的工作便有了稳固的基础和坚实的间架了。

孝若做先传还有几桩很重要的资格。第一，他一生最爱敬崇拜他的先人，所以他的工作便成了爱的工作，便成了宗教的工作。第二，他生在这个新史学萌芽的时代，受了近代学者的影响，知道爱真理，知道做家传便是供国史的材料，知道爱先人莫过于说真话，而为先人忌讳便是玷辱先人，所以他曾对我说，他做先传要努力做到纪实传真的境界。第三，他这回决定用白话做先传，决定打破一切古文家的碑传义法，决定采用王懋竑《朱子年谱》和我的《章实斋年谱》的方法，充分引用季直先生的著作文牍来做传记的材料，总期于充分表现出他的伟大的父亲的人格和志愿。

有了这几种资格，我们可以相信孝若这篇先传一定可以开儿子做家传的新纪元，可以使我们爱敬季直先生的人添不少的了解和崇敬。

十八，十二，十四夜

莎　菲[1]

莎菲的小说集快出版了，她写信来说，她很希望我也写几句话作一篇小序。我很高兴写这篇小序，因为这几篇小说差不多都和我有点关系，并且都是很愉快的关系。十篇之中，大部分都是最先在我编辑的杂志上发表的，如《一日》等篇见于《留美学生季报》，《小雨点》见于《新青年》，《孟哥哥》等篇见于《努力周报》。《洛绮思》一篇的初稿，我和叔永最先读过，叔永表示很满意，我表示不很满意，我们曾有很长的讨论，后来莎菲因此添了一章，删改了几部分。《一支扣针》，我似乎不曾得读原稿；但我认得这故事的主人，去年我在美洲还去拜望她，在她家里谈了半天。

我和莎菲、叔永，人家都知道是《尝试集》里所谓“我们三个朋友”。我们的认识完全起于文字的因缘。叔永在他的序里已提及当时的一件最有趣的故事了。（但叔永说，“我不晓得适之当时是否已经晓得莎菲此作，而故意做一种迷离惝恍的说话”。这句话是冤枉的。因为当时我确不曾有先读此诗的好福气，但因为叔永寄来要我猜是不是他做的，引起了我的疑心，故一猜便猜中了。）

我在美国的最后一年，和莎菲通了四五十次信，却没有见过她，直到临走之前，我同叔永到藩萨大学去看她，才见了一面。但我们当初几个朋友通信的乐趣真是无穷。我记得每天早上六点钟左右，我房门上的铃响一下，门下小缝里“哧”、“哧”地一封一封的信丢进来，我就跳起来，检起地下的信，仍回到床上躺着看信。这里面总有一信或一片是叔永的，或是莎菲的。

当时我是《留美学生季报》的编辑，曾有信去请莎菲作文，她回信说：

---

① 收入陈衡哲著《小雨点》，1928 年 4 月上海新月书店初版。题目为编者所加，原题为《〈小雨点〉序》。莎菲：原名陈衡哲，我国新文化运动最早的女学者，也是我国第一位女教授。

“我诗君文两无敌”（此句是我送叔永的诗），岂可舍无敌者而他求乎？

我答她的信上有一句话说：

细读来书，颇有酸味。

她回信说：

请先生此后勿再“细读来书”，否则发明品将日新月盛也，一笑。

我答她一首打油诗道：

不细读来书，怕失书中味。
若细读来书，怕故入人罪。
得罪寄信人，真不得开交。
还请寄信人，下次寄信时，声明读几遭。

我记此一事，略表示当日几个朋友之间的乐事。

当时我们虽然不免偶然说点天真烂缦的玩笑，但我们最关心的还是一个重要问题的讨论。那时候，叔永、梅觐庄、朱经农都和我辩论文学革命的问题；觐庄是根本反对我的，叔永与经农也都不赞成我的主张。我在美国的时候，在这个问题上差不多处于孤立的地位。故我在民国五年八月四日有答叔永书云：

我此时练习白话韵文，颇似新辟一文学殖民地。可惜须单身匹马而往，不能多得同志结伴同行。然吾志已决。公等假我数年之期……倘幸而有成，则辟除荆棘之后……当开放门户，迎公等同来莅止耳！……

又八月二十三日，我作《蝴蝶》诗云：

两个黄蝴蝶，双双飞上天。
　不知为什么，一个忽飞还。
剩下那一个，孤单怪可怜。
　也无心上天，天上太孤单。

■ 任鸿隽（叔永）、陈衡哲订婚日与胡适的合影（1920年8月22日于东南大学）

这首诗在《尝试集》初版里题作“朋友”，写的是我当时自己感觉的寂寞。诗中并不指谁，也不是表示我对于朋友的失望，只表示我在孤寂之中盼望得一个半个同行的伴侣。

民国五年七八月间，我同梅、任诸君讨论文学问题最多，又最激烈。莎菲那时在绮色佳过夏，故知道我们的辩论文字。她虽然没有加入讨论，她的同情却在我的主张的一方面。不久，我为了一件公事就同她通第一次的信；以后我们便常常通信了。她不曾积极地加入这个笔战；但她对于我的主张的同情，给了我不少的安慰与鼓舞。她是我的一个最早的同志。

当我们还在讨论新文学问题的时候，莎菲却已开始用白话做文学了。《一日》便是文学革命讨论初期中的最早的作品。《小雨点》也是《新青年》时期最早的创作的一篇。民国六年以后，莎菲也做了不少的白话诗。我们试回想那时期新文学运动的状况，试想鲁迅先生的第一篇创作——《狂人日记》——是何时发表的，试想当日有意作白话文学的人怎样稀少，便可以了解莎菲的这几篇小说在新文学运动史上的地位了。

所以我很高兴地写这篇小序，给读者知道这几篇小说是作者这十二年中援助新文学运动的一部分努力。

十七，三，二一

杨斯盛[1]

兄弟现在又要说一位大豪杰了。这一位豪杰，空了双手，辛辛苦苦做了几十年，积了几十万家私，到了老来，一一的把家私散了大半。来得艰难，去得慷慨，这种人，兄弟要是不来表扬表扬，兄弟这支笔可不是不值钱了么！

这人姓杨，名斯盛，字锦春，是江苏川沙厅人氏。从小父母双亡，无力读书。不但无力读书，差不多连饭都没得吃了。后来只好做一个泥水匠，赚两文钱度度日。看官，我中国的人，有一种怪习气，越是做下等劳动的人，越流落得快。因为生来不大吃得苦，稍吃些苦，便腰驼背胀的了。只好吃两分鸦片烟，喝两口酒，或是买点好小菜，一天辛苦钱，还不够一餐吃喝，那里还会成家立业呢？看官要晓得，这“穷苦”二字，真是一块试金石，随你什么人，须要经过这个关头，才有后来的指望。唉！这些脓包男子那里经得这块试金石的磨擦。只有我如今所说的“杨斯盛”先生，不震不惊，从容不迫的跳过了这个关头，睁开了眼睛料事，立定了脚跟吃苦，驼起了肩头做工，如此者十几年，才有了立脚之地。回想起初到上海的时候，年纪才得十三岁，那一种孤苦伶仃的景况，真个如同梦境了。

杨斯盛先生有几种本事：第一样天资极高。他原是没有读过书的，后来不但能读中国书，并且能说英国话了。第二样见识甚好，办事极有决断。有了这二种本事，办事自然容易。再加以一种坚忍的气概，独立的精神，自然天下无难事了。于是乎不上三十年中，杨斯盛已成了大富翁了。

列位！你不看见中国的富翁么？一生奸刁诈伪的赚了个把家私，便

---

① 原载1908年8月27日《竞业旬报》第25期。题目为编者所加，原题为《中国第一伟人杨斯盛传》。

说道：老夫的家私是血汗心力去换来的，如今是要省吃省用的用去，才可留下来传给子孙。所以，这种人心目中只认得黄的金子，白的银子，那里敢轻用一钱。哈哈！只好留给他子孙把去孝敬那烟馆老板堂子乌龟罢！但是我所说的这位杨先生，却不是这种人，他要是这种人时，他那家私可不知要积到多少万了。他一生一世，遇了什么天灾人事，务必捐出巨款，赈济受害的人，遇了什么公益事业，务必出钱捐助。他生平捐钱造的马路也不知多少条，救活了的人也不知多少人了。他所做的事业，最为人所崇拜的就是那“破家兴学”一事。

杨先生因为自己少时没有读过多少书，所以他狠想造就一班少年人才出来，所以他便捐了十万金开一所广明小学，并附设一个师范传习所。后来渐渐扩充，便改为浦东中学，附设两等小学，筑校舍于上海对面之浦东。那学堂中如今已有了二三百人，其中规模之宏大，办法之整严，就是上海开办了多少年的学校，也还不及。不料那学校开办不上二年，我们这位可敬、可爱、可师、可法的杨斯盛先生，竟尔死了。可怜他死的时候，还说“那学校用的黑板要改良”，这句话还没说完便死了。唉！可怜啊！

他未死之前，便把家产分为数份。把所有家产的三分之二捐入那学校；以外的家产，捐助南市医院，改筑桥梁，捐助旁的学堂，还有许多事业，兄弟说也说不完了。余下给子孙仅十分之一耳。看官，这种人是一种什么人？兄弟说的“豪杰”二字，能够包括得完全么？

我们中国古时，有个人叫做疏广，他说：“子孙若贤，多了钱，便不用功上进了，便灰了他的志向了。子孙若不贤，多了钱，便是助他作恶作歹了。”所以他有狠多的黄金，都拿去办了酒食，日日请客，大吃大用，却不传给子孙。中国的人，几千年来，都称赞他的好处。看官，他所说的话可是不错，但是他行的事却大错了，他不拿钱去做些济人利物的事，却拿去大吃大喝。一来呢，独乐一身，无益于天下生民。二来呢，饮食醉饱，给子孙做一个败家的榜样，他那里比得上我们这位可敬、可爱、可法、可师的杨先生呵！唉！兄弟这个话，如何可拿去责备几千年前的古人，他那里懂得，只好把来希望列位看官罢。

顾咸卿[1]

顾咸卿是上海一个极无名极贫穷的人，在上海也不知多少年了，谁也不晓得“顾咸卿”三个字。看官要晓得，顾咸卿虽是无名，虽是贫穷，但是照兄弟看来，顾咸卿的行为，顾咸卿的人格，真正可以做得我中国四万万人的模范，真正可以受得我们中国人钦敬的。所以我兄弟要替他表彰一番，这也是我们做报人的责任了。

看官是晓得的，我们中国人有几条大毛病。第一条就是贪生怕死；第二条是没有爱人心，没有恻隐心（恻隐是慈悲的意思）；第三条是见义不为。看官，兄弟现在所说这位顾咸卿，却是不怕死的好汉，又是慈悲的仁人君子，又是见义勇为的英雄。看官请听兄弟讲来，便知在下不是过誉的了。

有一天，上海英界偷鸡桥，有妇人俞周氏正在走路的时候，忽然路旁跳出一流氓，赶上去把俞周氏头戴的金挖耳抢去。可怜中国的妇人，脚又小，力又弱，那里敢叫一声。那流氓又素来晓得中国的人，是最为站在河对岸看火烧的，所以竟敢白昼抢物，不畏行人。不料这来来往往的行人里面，恼了一位好汉，叫做章太福，赶上来拦阻。那流氓看见，连忙拔出刀来，戳了章太福几处，章太福左肩受伤不来追赶。看官，那时候，一个雄赳赳的流氓，拿着明晃晃的钢刀，胆子又大，竟当真戳伤了人，那时市上来往的老爷们，少爷们，老板们，学生们，还有那些多多少少的同胞们，那一个敢上前来到老虎头捋虎须，都成了缩头袖手的乌龟了。那时候，却恼了一位大仁人大义士，就是兄弟今天所要说的顾咸卿。那时这顾义士正在那里拿着东西在街上走来走去的兜卖，口中叫着“要么！要么！”忽地看见这件事情，气死了，把东西一抛，放开脚

① 原载 1908 年 8 月 17 日《竞业旬报》第 24 期。

步，飞跑上去，看看赶上那流氓了。只见那流氓回转身来，恶狠狠的用刀向顾义士戳来，那一刀不歪不斜，正戳在致命之处，顾义士大叫一声，也顾不得自己的性命了，还是恶狠狠的忍痛赶上，他口中却不叫痛，也不叫一声哎哟，口中叫的是："巡捕呵！快来捉抢东西的贼呵！快来捉白日杀人的贼呵！"赶了一阵，巡捕也来了，流氓也捉住了，但是我们这位有胆有识大慈大悲见义勇为的顾义士也倒在地下死了！

后来那流氓审过了，正了法，上海县知县李紫璈，很敬重顾义士的行为，说："古人说杀身成仁，顾义士便是这种人了。"后来访知顾义士家道很贫，上有老母，下有少妇，一家数口全靠顾义士卖东西度日，如今义士一死，倚靠何人？所以李大令，便邀了一班绅商，大家捐些钱，送给顾家度日。唉！可惨极了！

现住上海的人，晓得顾义士的事迹的也很少，亏得一家丹桂戏园，把这事编得一出新戏演唱了几次。听说这戏编得很好，有些人看了竟哭起来了。总而言之，顾咸卿这人的人格，是很高尚的，是很可敬的。列位听了在下的话，看了丹桂的戏，大约晓得兄弟从前所说的话，不是过誉的了。唉！可敬极了。

注意：这本白话报本来说白话的，所以兄弟便学那说平话的样子，立这一门。譬如列位看官茶前酒后，拉两位说书先生说两只故事两只笑话听听罢了。哈哈！

其人虽已没！
千载有余情。（陶渊明）

姚烈士[1]

一、绪论

在下现在想做一位烈士的传记，先要问列位一句话，列位可晓得人生世间最要紧的是什么？我想列位一定回答我道："生命"……"生命最要紧"……。这话倒也不错，一个人活在世间，方能做许多事业，要是没了生命，那还干得什么呢？所以生命是很要紧的。但是列位可晓得世界上还有一种东西比生命还贵重几千百倍么？……

这一种东西，并不是生命财产，也不是子孙儿女，但是无论什么人，要是缺了这一种东西，便不能算得一个人，必要是能保守这一种东西，方才是人，这便是做英雄豪杰的起点。列位要想做个真正的人，不可不晓得这一种东西；列位要看我这篇《烈士传》，更不可不晓得这一种东西；这一种东西就叫做责任。这责任二字的解说，便是人人本分以内所应该做的事情。人家有恩于我，我要报答他，人家给了我工钱，我便要忠心做他的事，这都叫做本分，这便叫做责任。列位要晓得，我们生在世界中，吃的、喝的、穿的、住的，那一样不靠大家的力量。你替我做这样，他替我做那样，所以我们呱呱坠地的时候，便已有了无数人给我预备了许多东西，供给我们的吃喝、穿着。这许多人，对于我们，有莫大恩典，我们应该如何报答他，我们应该立志做一个什么样的好人，造如何大的幸福给我同胞。列位，这便是我们的责任，这便是我们的本分。要是我们不能尽我们的责任，不能做以上所说的事，我们不但不能算得人，只可算得替世界上多了一个吃饭睡觉的废物。那么……我们倒不如死了，到替世界上省了许多东西，许多废物。列位想一想看，这可不是

① 原载1908年5月30日至9月6日《竞业旬报》第16至18、20、23、26期。题目为编者所加，原题为《姚烈士传》。

责任比生命重么！

要是我们既然晓得什么叫做责任了，那就应该认真尽我们的责任，努力做去，无论什么艰难困苦，都不可退缩，务必拼命去做；或是遇了万不得已的困难，我们的目的万万不能达了，那时只好把我们的生命殉了我们的责任。因为：一则，生命本来是比责任轻的；二则，也须使世界上人晓得我们不是放弃责任的人，也不是把生命看得比责任重的人；三则，也可以鼓励世界上人，大家努力尽他的责任，替世界上做了一个极好榜样。唉！可怜在下现在要告诉列位的这位姚烈士，就是为了这责任二字，便把他的极高尚、极可宝贵的生命，生生送在黄浦江中了。唉！可敬呀！

世界上有一种人，他一生一世不晓得什么叫做责任，他一生一世所做的事不是为名，就是为利，甚至于他的生命，都送在“名利”二字之中。列位要晓得，这一种利己的小人，社会的蟊贼，真是死不足惜的。在下现在所说的这位烈士，可不是这种人。这位烈士，所做的事业，都是为了我们中国全国的同胞做的，他因为把救我们中国同胞这一件事，看做他自己的责任，所以他才拼命去做。不料他所做事业，又遇了许多危险，所以他不得已才把他的生命来殉他的责任，所以他这一死，是为了他的责任而死的，就是为了我们全国同胞而死的，所以我们全国同胞万万不可不晓得他的为人和他的事迹，而且万万不可不纪念这一个伟人。列位，这便是在下做这篇传的大意了。

二、姚烈士之事迹

姚烈士讳洪业，号剑生，湖南益阳人。为人专讲实行，不务空言，早年眼见我们中国的时局坏到这么地步，他便有了“以天下为己任”的志向。后来看见国势是险极了，然而那些官吏哪！国民哪！依旧是欢天喜地，醉生梦死，全不把国家兴亡放在心上。列位，你要晓得，这种情形，就是给那些稍有人心的人看了，都要破口唾骂，何况是我们这一位极爱国、极保种、极有血性的姚烈士呢！那时姚烈士真是气得了不得，他晓得现在的政府是全靠不住的了，要救我们自己的神州祖国，一定要靠我们国民自己的力量，所以他那“以天下为己任”的志向，便更深了一层。孟子说得好：“先知觉后知，先觉觉后觉。”姚烈士这样人，见了我国民这么样子，难道还不以“先知先觉”的责任自负么？这便是姚烈士一生志愿的第一时代。

那年湖南巡抚赵尔巽选派学生至日本留学，姚烈士便也在派遣之中。不料那时正是日俄战事初开的时候，那日俄战事的原因，列位稍知时事的人断没有不知道的，在下也不用再述了。只是我们中国，居这两敌国之间，那一种危险的景况，也遂差不多到了极顶了。那时我国许多志士便开了拒俄会，组织了一个拒俄义勇队，一来想抵拒俄兵南下，二来还想乘机做些救国保种的事业。那时姚烈士晓得这个事情，正遂了他爱国的心愿，便急急的从日本回来，想在长江一带联络许多豪杰志士，以图大举。不料这拒俄的事情，后来竟破坏了，一点事体都没有成就。姚烈士经了这一番事情，知道现在的人心竟大大靠不住，社会上的情形竟是不堪闻问，知办事断非从根柢上入手不可，于是姚烈士便又回至日本，留学工业。

列位要晓得，大凡做了人，务必要靠国家保护，才能自立于世界，才能扬眉吐气，不受人欺侮。列位不看见那些英国、法国的人，在街上行走，有那个敢去碰他一碰么？他们都有“国家”二字大书特书于脑盖上，所以才摆得出这样大架子。像我们这些无国之民，那里敢则一声呢？别说不敢得罪人家，即使人家得罪了我，羞辱了我，我又怎样奈何他呢？唉！这无国之苦，真可怜呀！列位要晓得，这便是日本所以敢发布《取缔规则》［的］一大原因，这便是姚烈士所以蹈江的原因了。

本来，无国之民已是人家瞧不起的了，不幸中更有一种无耻败类，不顾名誉，不顾祖国之名誉，胡作胡为，做出许多不规则的事，给人家拿作话柄，你想这种人还算得个人么？这也是日本［发布］《取缔规则》的一种大原因了。

有了上面所说的两种原因，就叫日本人发布了一种《取缔规则》。这“取缔”二字，就是约束的意思。这《规则》的内容，在下也记不大清楚了，总而言之，是瞧不起中国人罢了！你想，在日本的中国学生，差不多有八九千人，内中虽有些顽皮麻木、不知痛痒的，但是那一种少年志士，如何受得起这种大辱，如何肯叫我们神州祖国受这种大辱。所以便有许多人，商量罢课归国，他们行他们的《规则》，我们大家回来了，难道那《规则》也会行到我们自己国内么？这“归国”一说，便一呼百应起来了，便有许多决议归国了。不料其中却有那些麻木不仁的，舍不得什么卒业文凭，往返旅费。还有那些过于老成持重的，却出来反对，不肯回国。这抵制的事，看看又有点不像样子了。

那时却气坏了一位烈士，就是陈君天华。他本来是一位极有热血的人，见了这种辱国的事情，如何不气呢？他看了这种情形，便跳到海中死了。死后有人找到他的遗书，说现在的国民社会，极其放纵卑劣，就是人家不来亡我，中国也算自己先亡了。他这一篇慷慨淋漓的遗书，好不容易才把留学生归国的心鼓舞起来，八千人中，便有一大半决意回国的了。列位要晓得这位陈烈士，便是姚烈士的同乡，又是他的好友，他这么一死，便是姚烈士将来蹈江的影子了。

那时留学生既然决意回国的了，但是回国以后，还是各人回到各省去依旧去充村学究去呢？还是另想办法呢？于是便有许多有见识的志士，大家商议这个问题。后来决议回到上海，先办个招待所，再办个大学堂，以便回国的人不致有无处求学的苦趣。决议之后，便举人回来办理。那时姚烈士便也在许多志士之中，这个时候，便去他成仁的时候不远了。

三、姚烈士之办学

列位要晓得，这回国办学一件事情，虽是由这几条《取缔规则》而起，但是《取缔规则》，不过是一个近因，此外还有许多缘由，待在下一一道来。第一，人人都晓得出洋游学，是狠紧要的了，但是本国若没有完备的学堂，出洋的人，什么都不懂得。譬如没有学个普通学问的人，也要出洋；够不上人家高等小学的人，也要出洋。一来呢，丢脸（上海人叫做坍台）；二来在外国费用大，连小学堂的学生，都要在外国［接受］教育，你想这还了得么。第二，要是派了一般什么不懂的学生出洋，这些人，眼光到有豆样大，肚子里茅塞极了，一到外国，瞧见了那些奇技美术高等学问，你想他那一种佩服倾倒的情形，那还说得出描得出么？这种人即使他们学成之后，还不是一班奴隶根性的人么？于我们祖国前途，何尝有分毫利益呢？

因这两种原因，所以这回国办学的事，便分外重要的了。因为必先在本国设立些完全的学堂，造就出一班出洋的资格，使学生人人都晓得他们对于祖国之关系，又要使他们知道我们中国——我们的祖国，在历史上是极有名誉的。如此这般的养成了一般高尚的人格，然后出洋一个，日后便得一个的用处。这便是回国办学的目的所在。唉！这便是我姚烈士和那一班回国志士的宗旨了。

姚烈士和那一班志士回国的宗旨既是如此，所以他们一到上海，先办了一个留日学生总会，一面便极力经营办一个大大的学堂，就于乙巳年十二月开第一次各省代表全体会，选举职员。那时姚烈士便被选为书记员，大家商议办学的办法，这便是兴学的基础。

列位要晓得，这一次所办的学堂，是含有几种特别性质的。（一）这一次是因为日本《取缔规则》而起，有一种对外的思想，国家的观念。（二）这一次是各省公共决议的，无所谓省界，故有一种公共的性质，因此便定了学堂的名字叫做“中国公学”。名字既定，便举出人来拟好了中国公学的章程。

名字也有了，章程也好了，于是又开大会，选举专办中国公学的职员。那时姚烈士又被举为庶务员。

列位要晓得，姚烈士们所办的事，原是极合正道的，但是那时普通的一般议论，赞成的人却是很少。有的人说，这是革命党计谋。有的人说，这是少年浮躁之徒的意气用事。这样一说，不打紧，把那些上海的大人先生，有名的人物，吓得一些都不敢过问了。列位要晓得，上海的人，虽有这么多，但都是蠢得狠的，都是把耳朵来当眼睛的，看见这些大人先生都是这样，那里还有人敢出来帮助帮助呢！所以那时这一班志士便处于极孤立的地位，无论什么事都不顺手；而姚烈士所任的庶务，尤其难办。列位，这便是姚烈士献身中国公学的时期到了。

四、姚烈士之死

那一班志士所处的地位是很困难的了。然而我们这位姚烈士，他却处之泰然，一切办器具、聘教员等事，给姚烈士去办，没有一事办不到，也没有一事办不好的。唉！这真是祖国的人才，救时的人物。可惜呀！

在下不是说过的么，“天下有一种东西比人的生命财产还要要紧千百倍，这种东西便是责任”。现在我们这位姚烈士他把这“救国”二字看做他自己的责任，他又把“中国公学”四个字看做可以救国的方法与手段，所以他又把这“中国公学”四个字，也看做自己的责任。常言道得好：“食人之禄，忠人之事。”又道：“吃人酒肉，与人消灾。”这都是为这“责任”二字所束缚，不能不如此，何况我们这位极可爱、极可敬、极有血性、极有责任心的姚烈士呢！

姚烈士的才干，固是极好的了，但是古语道得好：“楚霸王虽有拔山之力，也要两只膀子才举得千斤鼎。”你想姚烈士一个人，怎样支持得住这么一个中国公学呢？要是那时办事的人，大家齐心协力，以爱国救国做了公共的目的，顺理成章的做去，同事的一德一心，同国的万方响应，这也差可以鼓励起办事人的兴致来。唉！那时的情形，要是如此，我们的姚烈士就可以不死了。唉！我不说了罢！

那时中国公学已开了学了，学生是来了，但是我们这位可爱、可敬、极有血性、极有爱国心的姚烈士，已是形容枯槁，得了重病了。看官要晓得，姚烈士得病的原因：第一是太劳苦了，伤了神；第二是被一班污贱卑鄙、顽钝无耻、麻木不仁的气坏了，伤了心。唉！天呵！这又是谁害得我们姚烈士到这步地位呢？

姚烈士的病重了，有的人便劝他到医院中去调养调养。姚烈士答道：“阁下看我是什么人呵！我活着一日便尽一日的责任，我岂是那种放弃责任的人么？”终不肯休息。

中国公学开办了一个多月，非但捐助的人狠少狠少，经费竭绌，自不必说了；不料自己的学生，又起了一次大风潮，有许多人退了学。这个消息传开去，捐钱的人，越发少了。此外，还有许多原因，兄弟也不忍说了，这许多的原因，便把我们的姚烈士生生地逼到死路上去了。

看官要晓得，姚烈士是一个最肯尽他责任的人，是一个极有血性的人，那时候的情形，别说是姚烈士，就是兄弟听见人家说说，也就气得狠了，我想姚烈士的心里，一定想起这一种卑污放纵、可忧可恨的情形，受是受不下去了，忍是不能再忍的了。要是一再办下去，非但不讨好，一定要贻误大局，给人家说现在的新学家办事原来如此的，那就［使］将来的人连什么事都不敢办了。我要想劝导劝导他们，人又这么多，我又从哪里劝起呢？我现在是病了，我何不死了，拿这一死来感动人。古语道得好，“未有至诚而不动者”。现在我性命都不要了，我的心还不算诚么？我这一死，一来呢，劝劝同事的人，大家担点责任罢！二来呢，劝劝四万万同胞，大家可怜我为国而死，爱爱国罢！三来呢，劝劝同胞，可怜我为中国公学而死，捐助捐助中国公学罢！四来呢，留一个好榜样给全国的同胞，使他们晓得，做国民的便应如此，办事的，更应如此。五来呢，使人家晓得责任比生命重。要能果然如此，我的一死，可不是值得了么？兄弟想：那时姚烈士想到这里，自然手舞足蹈的快活起来了。姚烈士主意打定了，便在三月十一日那晚，写了一封遗书。那遗书狠长，兄弟又记不清楚，我只记得几句：是我诚不忍坐待我中国公学破坏，致列强以中国人为绝无血性之国民，因而剖分我土地，澌灭我同胞，而亲见此惨状也，故蹈江以死。唉！列位，这话真伤心极了，伤心极了。

姚烈士把遗书写好，过了一天，便是三月十三日。这一日，便是姚烈士殉国投江的大纪念日了。这一日，有许多朋友邀烈士去耍龙华寺，你想姚烈士如何肯去。那日正是清明佳节，一路上哭子哭夫，挂纸扫墓，那一种凄凉的状况，好像是那天故意先替我们哭姚烈士、吊姚烈士了。

那天晚上，姚烈士跑到一个好朋友那里去，和他谈论中国的事情，姚烈士只是叹气伤心，谈了一会，那朋友知他有病，便请他回去将养。姚烈士告辞出来，走到门口，复又退进来，再坐下说话。那朋友看他说话的时候，喉咙都咽住了，好像要哭又哭不出的样子。那朋友心中疑惑，又不好问得，只好劝他病体不宜太伤神，要送他回学堂，姚烈士不肯，只得罢了。从此以后，姚烈士的声音笑貌，便永永不能出现于世界上了。我们这位可敬可爱的烈士，便蹈黄浦江死了。

姚烈士自三月十三那晚出去之后，一连七日，没有一人晓得姚烈士到那里去了。到第七日，看见报上说水巡捕在江中捞着一尸，是一个[穿]西装的中国人。姚烈士的朋友见了，忙赶到工部医院。医院中的外国人拿出两个图章，上面刻的正是烈士的名字。那几位朋友忙看那尸身，只见那尸已膨胀模糊，不可辨认了。唉！可怜呵！这便是我们那可敬可爱、捐躯殉国、成仁就义的姚烈士的尸身呵！唉！可怜呵！

五、结论

列位看官呵！姚烈士死了，姚烈士的责任尽了，但是我们的责任呢？你们的责任呢？唉！大家请想想我们这位姚烈士罢！大家请学学我们这位姚烈士罢！

冬心

口号

人世苍茫甚，营营何所求？
可怜家国计，都是稻粱谋。
路易独夫帝，哥仑窃国侯。
浮名刍狗耳，五［吾］道自悠悠。

李　超[1]

李超的一生，没有什么轰轰烈烈的事迹。我参考他的行状和他的信稿，他的生平事实不过如此：

李超原名惟柏，又名惟璧，号璞真，是广西梧州金紫庄的人。他的父母都早死了，只有两个姊姊，长名惟钧，次名□□。他父亲有一个妾，名附姐。李超少时便跟着附姐长大。因为他父母无子，故承继了他胞叔桀廷的儿子，名惟琛，号极甫。

他家本是一个大家，家产也可以算得丰厚。他的胞叔在全州做官时，李超也跟着在衙门里，曾受一点国文的教育。后来他回家乡，又继续读了好几年的书，故他作文写信都还通顺清楚。

民国初年，他进梧州女子师范学校肄业，毕业时成绩很好。民国四年他和他的一班同志组织了一个女子国文专修馆。过了一年，他那班朋友纷纷散去了，他独自在家，觉得旧家庭的生活没有意味，故发愤要出门求学。他到广州，先进公立女子师范，后进结方学堂；又进教会开的圣神学堂，后又回到结方，最后进公益女子师范。他觉得广州的女学堂不能满意，故一心要想来北京进国立高等女子师范学校。民国七年七月，他好容易筹得旅费，起程来北京。九月进学校，初做旁听生，后改正科生。那年冬天，他便有病，他本来体质不强，又事事不能如他的心愿，故容易致病。今年春天，他的病更重，医生说是肺病，他才搬进首善医院调养。后来病更重，到八月十六日遂死在法国医院。死时，他大约有二十三四岁了（行状作"年仅二十"，是考据不精的错误）。

---

① 原载 1919 年 12 月 1 日至 3 日《晨报》。题目为编者所加，原题为《李超传》。

这一点无关紧要的事实，若依古文家的义法看来，实在不值得一篇传。就是给他一篇传，也不过说几句“生而颖悟，天性孝友，戚鄙称善，苦志求学，天不永其年，惜哉惜哉”一类的刻板文章，读了也不能使人相信。但是李超死后，他的朋友搜索他的遗稿，寻出许多往来的信札，又经他的同乡苏甲荣君把这些信稿分类编记一遍，使他一生所受的艰苦，所抱的志愿，都一一的表现分明。我得读这些信稿，觉得这一个无名的短命女子之一生事迹很有作详传的价值，不但他个人的志气可使人发生怜惜敬仰的心，并且他所遭遇的种种困难都可以引起全国有心人之注意讨论。所以我觉得替这一个女子做传比替什么督军做墓志铭重要得多咧。

李超决意要到广州求学时，曾从梧州寄信给他的继兄，信中说：

> 计妹自辍学以来，忽又半载。家居清闲，未尝不欲奋志自修。奈天性不敏，遇有义理稍深者，既不能自解，又无从质问。盖学无师承，终难求益也。同学等极赞广州公立女子第一师范，规则甚为完善，教授亦最良好，且年中又不收学费，如在校寄宿者，每月只缴膳费五元，校章限二年毕业。……广东为邻省，轮舟往还，一日可达。……每年所费不过百金。侬家年中入息虽不十分丰厚，然此区区之数，又何难筹？……谅吾兄必不以此为介意。……妹每自痛生不逢辰，幼遭悯凶，长复困厄……其所以偷生人间者，不过念既受父母所生，又何忍自相暴弃。但一息苟存，乌得不稍求学问？盖近来世变日亟，无论男女，皆以学识为重。妹虽愚陋，不能与人争胜，然亦欲趁此青年，力图进取。苟得稍明义理，无愧所生，于愿已足。其余一切富贵浮华，早已参透，非谓能超然置之，原亦知福薄之不如人也。……若蒙允诺……匪独妹一生感激，即我先人亦当含笑于九泉矣。战栗书此，乞早裁复。

这信里说的话，虽是一些“门面话”，但是已带着一点呜咽的哭声。再看他写给亲信朋友的话：

> 前上短章，谅承收览。奉商之事，不知得蒙允诺与否。妹此时寸心上下如坐针毡……在君等或视为缓事，而妹则一生苦乐端赖是也。盖频年来家多故。妹所处之境遇固不必问及。自壬子□兄续婚后，嫌隙愈多，积怨愈深。今虽同爨，而各怀意见。诟谇之声犹（尤）所时有。其所指摘，虽多与妹无涉，而冷言讥刺，亦所不免。欲冀日之清净，殊不可得。去年妹有书可读，犹可藉以强解。近来闲居，更无术排遣。……锢居梧中，良非本怀。……盖凡人生于宇宙间，既不希富贵，亦必求安乐。妹处境已困难，而家人意见又复如此。环顾亲旧无一我心腹，因此，厌居梧城已非一日。

这信里所说，旧家庭的黑暗，历历都可想见。但是我仔细看这封信，觉得他所说还不曾说到真正苦痛上去。当时李超已二十岁了，还不曾订婚，他的哥嫂都很不高兴，都很想把他早早打发出门去，他们就算完了一桩心事，就可以安享他的家产了。李超“环顾亲旧，无一心腹”，只有胞姊惟钧和姊夫欧寿松是很帮助他的。李超遗稿中有两封信是代他姊姊写给他姊夫的，说的是关于李超的婚事。一封信说：

> 先人不幸早逝，遗我手足三人。……独季妹生不逢辰，幼失怙恃，长遭困厄，今后年华益增，学问无成，后顾茫茫，不知何以结局。钧每念及此，寝食难安。且彼性情又与七弟相左。盖弟择人但论财产，而舍妹则重学行。用是各执意见，致起龃龉。妹虑家庭专制，恐不能遂其素愿，缘此常怀隐忧，故近来体魄较昔更弱。稍有感触，便觉头痛。……舍妹之事，总望为留心。苟使妹能终身付托得人，岂独钧为感激，即先人当含笑于九泉也。……

这信所说，乃是李超最难告人的苦痛。他所以要急急出门求学，大概是避去这种高压的婚姻。他的哥哥不愿意他远去，也只是怕他远走高飞做一只出笼的鸟，做一个终身不嫁的眼中钉。

李超初向他哥哥要求到广州去求学，——广州离梧州只有一天的轮船路程，算不得什么远行。——但是他哥哥执意不肯。请看他的回信：

九妹知悉：尔欲东下求学，我并无成见在胸，路程近远，用款多少，我亦不措意及之也。惟是侬等祖先为乡下人，侬等又系生长乡间，所有远近乡邻女子，并未曾有人开远游羊城（即广州）求学之先河。今尔若孑身先行，事属罕见创举。乡党之人少见多怪，必多指摘非议。然乡邻众口悠悠姑置勿论，而尔五叔为族中之最尊长者，二伯娘为族中妇人之最长者，今尔身为处子，因为从师求学，远游至千数百里外之羊城，若不禀报而行，恐于理不合。而且伊等异日风闻此事，则我之责任非轻矣。我为尔事处措无方。今尔以女子身为求学事远游异域，我实不敢在尊长前为尔启齿，不得已而请附姐（李超的庶母）为尔转请，而附姐诸人亦云不敢，而且附姐意思亦不欲尔远行也。总之，尔此行必要禀报族中尊长方可成行，否则我之责任綦重。……见字后，尔系一定东下，务必须由尔设法禀明族中尊长。

这封信处处用恫吓手段来压制他妹子，简直是高压的家族制度之一篇绝妙口供。

李超也不管他，决意要东下，后来他竟到了广州进了几处学堂。他哥哥气得利害，竟不肯和他通信。六年七月五日，他嫂嫂陈文鸿信上说：

……尔哥对九少言，“……余之所以不寄信不寄钱于彼者，以妹之不遵兄一句话也。且余意彼在东省未知确系读书，抑系在客栈住，以信瞒住家人。余断不为彼欺也。”言时声厉。……嫂思之，计无所出，妹不如暂且归梧，以息家人之怨。……何苦惹家人之怨？……

又阴历五月十七日函说：

……姑娘此次东下，不半年已历数校，以致家人咸怒。而今又欲再觅他校专读中文，嫂恐家人愈怒。……

即这几封信，已可看出李超一家对他的怨恨了。

李超出门后，即不愿回家，家人无可如何，只有断绝他的用费一条妙计。李超在广州二年，全靠他的嫂嫂陈文鸿，姊夫欧寿松，堂弟惟几，本家李典五，堂姊伯援，宛贞等人私下帮助他的经费。惟几信上（阴九月三十日）有“弟因寄银与吾姐一事，屡受亚哥痛责”的话。欧寿松甚至于向别人借钱来供给他的学费，那时李超的情形，也可想而知了。

李超在广州换了几处学堂，总觉得不满意。那时他的朋友梁惠珍在北京高等女子师范学校写了几次信去劝他来北京求学。李超那时好像屋里的一个蜜蜂，四面乱飞，只朝光明的方向走。他听说北京女高师怎样好，自然想北来求学，故把旧作的文稿寄给梁女士，请他转呈校长方还请求许他插班，后来又托同乡京官说情，方校长准他来校旁听。但是他到广州，家人还百计阻难，如何肯让他远走北京呢？

李超起初想瞒住家人，先筹得一笔款子，然后动身。故六年冬天李伯援函说：

> ……七嫂心爱妹，甫兄防之极严，限以年用百二(十)金为止……甫嫂灼急异常。甫嫂许妹之款，经予说尽善言，始获欣然。伊苟知妹欲行，则诚恐激变初心矣。……

后来北行的计划被家人知道了，故他嫂嫂六年十一月七日函说：

> 日前得三姑娘来信，知姑娘不肯回家，坚欲北行。闻讯之下，不胜烦闷。姑娘此行究有何主旨？嫂思此行是直不啻加嫂之罪，陷嫂于不义也。嫂自姑娘东行后，尔兄及尔叔婶时时以恶言相责，说是嫂主其事，近日复被尔兄殴打。且尔副姐（即附姐）亦被责。时时相争相打，都因此事。姑娘若果爱嫂，此行万难实行，恳祈思之，再思之。

那时他家人怕他远走，故极力想把他嫁了。那几个月之中，说婚的信很多，李超都不肯答应。他执意要北行，四面八方向朋友亲戚借款。他家虽有钱，但是因为他哥哥不肯负还债的责任，故人多不敢借钱给他。

七年五月二十二日，他姊姊惟钧写信给在广州的本家李典五说：

> ……闻九妹欲近日入京求学，本甚善事也。但以举廷五叔及甫弟等均以为女子读书稍明数字便得。今若只身入京，奔走万里，实必不能之事。即使其能借他人之款，以遂其志，而将来亦定不担偿还之职。……

这是最利害的对付方法。六月二十八日伯援函说：

> ……该款七嫂不肯付，伊云妹有去心，自后一钱不寄矣。在款项一节，予都可为妹筹到。惟七嫂云，如妹能去，即惟予与婉贞二人是问。……七嫂与甫为妹事又大斗气。渠云妹并未知渠之苦心，典五之款，渠亦不还，予对妹难，对渠等尤难也。

照这信看来，连他那贤明的嫂嫂也实行那断绝财源的计划了。

那时李超又急又气，已病了几个月。后来幸亏他的大姊丈欧寿松一力担任接济学费的事。欧君是一个极难得的好人，他的原信说：

> ……妹决意往京就学……兄亦赞成。每年所需八九十金，兄尽可担负。……惟吾妹既去，极甫谅亦不恝置也。……

李超得了李典五借款，又得了欧寿松担任学费，遂于七月动身到北京。他先在女高师旁听，后改正科生。那时他家中哥嫂不但不肯接济款项，还写信给他姊夫，不许他接济。欧君七年九月五日信说：

> ……七舅近来恐无银汇。昨接璇儿信，称不独七妗不满意，不肯汇银，且来信嘱兄不许接济。兄已回函劝导，谅不至如此无情。兄并声明，七舅如不寄银则是直欲我一人担任。我近年债务已达三千元左右，平远又是苦缺，每年所得，尚未足清还债累，安得如许钱常常接济？即勉强担任，于亲疏贫富之间，未免倒置。

看这信所说，李超的家产要算富家，何以他哥嫂竟不肯接济他的学费呢？原来他哥哥是承继的儿子，名分上他应得全份家财。不料这个倔强的妹子偏不肯早早出嫁，偏要用家中银钱读书求学。他们最怕的是李超终身读书不嫁，在家庭中做一个眼中钉。故欧寿松再三写信给李超劝他早早定婚，劝他早早表明宗旨，以安他哥嫂之心。欧君九月五日信说：

……兄昨信所以直言不讳劝妹早日定婚者，职此之故。妹婚一日未定，即七舅等一日不安。……妹婚未成，则不独妹无终局，家人不安，即愚夫妇亦终身受怨而莫由自解。……前年在粤时，兄屡问妹之主意，即是欲妹明白宣示究竟读书至何年为止，届时即断然适人，无论贤愚，绝无苛求之意，只安天命，不敢怨人，否则削发为尼，终身不字。如此决定，则七舅等易于处置，不至如今日之若涉大海，茫无津涯，教育之费，不知负担到何时乃为终了。

又九月七日信说：

……妹读书甚是好事，惟宗旨未明，年纪渐长，兄亦深以为忧。……极甫等深以为吾妹终身读书亦是无益。吾妹即不为极甫诸人计，亦当为兄受怨计，早日决定宗旨，明以告我。……

欧君的恩义，李超极知感激。这几封信又写得十分恳切，故李超答书也极恳切。答书说：

……吾兄自顾非宽，而于妹膏火之费屡荷惠助。此恩此德，不知所以报之，计惟有刻诸肺腑，没世不忘而已。……妹来时曾有信与家兄，言明妹此次北来，最迟不过二三年即归。婚事一节，由伊等提议，听妹处裁。至受聘迟早，妹不敢执拗，但必俟妹得一正式毕业，方可成礼。盖妹原知家人素疑妹持单独主义，故先剖明心迹，以释其疑，今反生意外之论，实非妹之所能料。若谓妹频年读书费用浩繁，将来伊于胡底，此则故设难词以制我耳。盖吾家虽不敢谓富裕，而每年所入亦足敷衍。妹年中所耗不过二三百金，何得谓为过分？况此乃先人遗产，兄弟辈既可随意支用，妹读书求学乃理正言顺之事，反谓多余，揆之情理，岂得谓平耶？静思其故，盖家兄为人惜财如璧，且又不喜女子读书，故生此闲论耳。……

李超说，“此乃先人遗产，兄弟辈既可随意支用，妹读书求学乃理正言顺之事，反谓多余，揆之情理，岂得谓平耶？”这几句话便是他杀身的祸根。谁叫他做一个女子！既做了女子，自然不配支用“先人遗产”来做“理正言顺之事！”

李超到京不够半年，家中吵闹得不成样子。伯援十一月六号来信说：

……七嫂于中秋前出来住数天，因病即返乡。渠因与甫兄口角成仇，赌气出来。渠数月来甚与甫兄反目，其原因一为亚凤（极甫之妾），一为吾妹。凤之不良，悉归咎于鸿嫂，而鸿嫂欲卖去之，甫兄又不许，近且宠之，以有孕故也。前月五叔病，钧姊宁省，欲为渠三人解释嫌恨，均未达目的，三宿即返。返时鸿嫂欣然送别，嘱钧姊勿念，渠自能自慰自解，不复愁闷。九姑娘（即李超）处，渠典当金器亦供渠卒业，请寄函渠，勿激气云云。是夕渠于夜静悬梁自缢，幸副姐闻吹气声，即起呼救，得免于危。……

甫兄对于妹此行，其恶益甚，声称一钱不寄，尽妹所为，不复追究。渠谓妹动以先人为念一言为题，即先人尚在，妹不告即远行，亦未必不责备也。钧姐嘱妹自后来信千万勿提先人以触渠怒云。

这一封信，前面说他嫂嫂为了他的事竟致上吊寻死，后面说他哥哥不但不寄一钱，甚至于不准他妹妹提起“先人”两个字。李超接着这封信，也不知气得什么似的。后来不久他就病倒了，竟至吐血。到了八年春天，病势更重，医生说是肺病，那时他的死症已成。到八月就死了。

李超病中，他姊夫屡次写信劝他排解心事，保重身体。有一次信中，他姊丈说了一句极伤心的趣话。他说：“吾妹今日境遇与兄略同。所不同者，兄要用而无钱，妹则有钱而不得用。”李超“有钱而不得用”，以至于受种种困苦艰难，以至于病，以至于死……这是难的罪过？……这是什么制度的罪过？

李超死后，一切身后的事都靠他的同乡区君谌，陈君瀛等料理。他家中哥嫂连信都不寄一封。后来还是他的好姊夫欧君替他还债。李超的棺材现在还停在北京一个破庙里，他家中也不来过问。现在他哥哥的信居然来了。信上说他妹子“至死不悔，死有余辜”！

以上是李超的传完了。我替这一个素不相识的可怜女子作传，竟做了六七千字，要算中国传记里一篇长传。我为什么要用这么多的工夫做他的传呢？因为他的一生遭遇可以用做无量数中国女子的写照，可以用做中国家庭制度的研究资料，可以用做研究中国女子问题的起点，可以算做中国女权史上的一个重要牺牲者。我们研究他的一生，至少可以引起这些问题：

（1）家长族长的专制　“尔五叔为族中之最尊长者，二伯娘为族中妇人之最长者。若不禀报而行，恐于理不合。”诸位读这几句话，发生什么感想？

（2）女子教育问题　“侬等祖先为乡下人，所有远近乡邻女子，并未曾有人开远游求学之先河。今尔若孑身先行，事属罕见创举。乡党之人必多指摘非议。”“举廷五叔及甫弟等均以为女子读书稍明数字便得。”诸位读这些话，又发生什么感想？

（3）女子承袭财产的权利　“此乃先人遗产，兄弟辈既可随意支用，妹读书求学乃理正言顺之事，反谓多余。揆之情理，岂得谓平耶？”诸位读这几句话，又发生什么感想？

（4）有女不为有后的问题　《李超传》的根本问题，就是女子不能算为后嗣的大问题。古人为大宗立后，乃是宗法社会的制度。后来不但大宗，凡是男子无子，无论有无女儿，都还要承继别人的儿子为后。即如李超的父母，有了李超这样的一个好女儿，依旧不能算是有后，必须承继一个“全无心肝”的侄儿为后。诸位读了这篇传，对于这种制度，该发生什么感想？

民国八年十二月

田孺人[1]

田孺人，名懿贤，河北乐亭县人，十六岁嫁同县杨焕亭先生。焕亭先生从小跟着他父亲在关外学习商业，结婚后数年之中，父母先后死去，家境很贫困，他在外经商屡次失败，家中仅有田二十亩，而子女渐多，全靠田孺人努力苦做，往往终夜织布以补农田收入的不足。当光绪晚年，焕亭先生六年不得归家，她独力支撑全家，每日仅能举火一次，晚饭都吃冷食，冬天土炕无火，儿女只能依傍母亲怀抱中取暖。到了日俄战争完结后，关外工商复业，焕亭先生的商业方才稍稍顺利，先在昌图开设日升栈，后来又在长春设日升栈。家境稍宽裕了，田孺人仍旧保持她向来勤俭的家风，每天仍旧只举火一次；稍有余裕，都用来资助贫乏的亲友。

田孺人自恨不曾有求学的机会，所以她渴望她的两个儿子能受高等教育。但终因家境的限制，她的小儿子永恒不能不半途改习商业。大儿子永兴继续求学，进直隶高等商业学校，转入水产专门学校，被选派到日本留学。官费每年只有银元一百余元，田孺人竭力张罗，使永兴能久留日本，遍到神户、大阪、广岛、京都、桦太、北海道各地实习罐头水产各种制造工业。后来永兴在昌黎创办新中罐头公司。为北方建设一种新的实业，即是田孺人的远见的成效。

田孺人自己最刻苦，而待人最慷慨仁慈。她一生饱尝贫困之苦，所以最能同情于别人的苦痛，最乐意帮助一切求助的人。她常说："我不愿叫人知道我家的穷，也不愿叫人知道我自己的苦。"她觉得自己刻苦，用余力来救济别人，是人生最快乐的事。所以她的儿子们也仰体她这种精神，在几十年中，竭力做救急赈灾的好事业。即如去年滦东乱时，乐

① 原稿收入《胡适遗稿及秘藏书信》第 5 册，黄山书社 1994 年版。题目为编者所加，原题为《田孺人传》。

亭、昌黎、抚宁三县人民破产亡家无衣无食者不可胜数，永兴与新中公司的同人努力救济妇孺，先后被救者近万人。永兴又因为田孺人最喜欢帮助青年人求学，所以他往往资助同乡学生出外求学，或往国外留学，有时自己财力不足，竟不惜借债来供给他们。他所资助的，有些人现在已成名了，然而他因此负债到两万元之多。田孺人生平最恨借债，但她看见永兴借债助人求学，不但不责备他，反常常称赞鼓励他。

因此，她的一家人都受朋友的敬爱。当民国十九年北方经济骤然大恐慌的时候，焕亭先生的关外商业大受损失，亏欠不下二十六万元，情势很危急。终因他家的朋友都佩服他们父母儿子的为人，所以在患难之中，都用全力来援助他家，甚至于有人典押自己的住宅来替他家担保的，债务问题才得和缓的解决。这可见社会也不是没有公道的。

田孺人生在清咸丰十年［1860］，十六岁结婚后，生了三个女儿，两个儿子；她死在民国廿三年七月二十日，享年七十五岁。她的一生行事，详见永兴做的哀启。永兴又托他的朋友查良钊请绩溪胡适作这篇传，并作赞曰：

六十年的奋斗艰辛，
磨炼出一个模范的人，
做一家的良妻贤母，
做一乡的慈悲女神。
子子孺孺，
念此遗芬！

胡思永[①]

这是我的侄儿思永的遗诗一册。思永是我的三哥振之（洪骍）的儿子，生于清光绪癸卯（1903）。三哥患肺痨已久，生了两个儿子都养不大，最后始生思永。生他的第二年（1904）三哥就同我出门到上海；我去求学，他去就医。他到上海刚六个星期，医治无效，就死了。那时思永刚满一岁。

思永禀受肺痨的遗传很深。做小孩时，他的手足骨节处常生结核，虽幸而不死，然而一只手拘挛不能伸直，手指也多拘挛的，一只脚微跛，竟成了残废的人。民国八年（1919）他到北京之后，身体颇渐渐健旺。八年秋间他考进南开中学；九年春初，他愿意仍回到我家里自修，我当时正主张自修胜于学校教育，故也赞成他回家自修。十一年一月他回绩溪去看他的母亲，春天由新安江出来，在杭州、上海之间玩了四五个月。北回后，再进南开中学，不久就病了。十二月中回北平，延至十二年四月十三日就死了。中医说他是虚痨已成，协和医院的医生说他是“阿迭生病”，是一种腺中结核，是不治之症。他死时只有二十一岁。

他的遗稿只有这一册遗诗，和无数信稿。他长于写信，写的信都很用气力。将来这些信稿收集之后，也许有付印的机会。

这些诗，依他自己的分配，分作三组。第一组——《闲望》——是八年到十年底的诗。原稿本不多，我又替他删去了几首，所以剩下的很少了。第二组——《南归》——是十一年一月到七月的诗。这一组里，删去的很少。第三组——《沙漠中的呼喊》——是十一年八月到十二月的诗，没有删节。

思永从小的时候就喜欢弄文学，对于科学的兴趣很冷淡。白话文学

① 收入《胡思永的遗诗》，1924年上海亚东图书馆出版。题目为编者所加，原题为《〈胡思永的遗诗〉序》。

的起来，解放了他的天才，所以他的进步很快。他和江泽涵、周白棣们做的诗，常常不签名字，彼此交换抄了，拿来给我看，我往往认得出那是他的诗。他自己也知道他的天性所近，也就自认作将来的诗人。所以他诗还没有做几首，诗序却已有了一长篇。这篇长序，他自己后来很否认，用朱笔涂抹到底，自己加上“不成东西！”“笑话，笑话！”的批语。但我仍把这篇序保存了，作为一件附录，因为这篇序至少可以表示他当十八岁时对于诗的见解。后来他自己以为他超过这种见解了；殊不知道这种见解正是他得力的地方，他始终不曾完全脱离这种见解。

他在那篇序里曾说：

> 我做的诗却不像白棣的诗一样，十首就有八首含有努力的意思，前进的意思；也不像泽涵一样，十首就有八首安慰自己的意思。我的诗只求表出我的感触，我的意思，我的所见。

这是他自己的评语，我们至今还觉得这句话不错。

他又指出他的诗的许多坏处，并且说：

> 一个做诗的人，无论是做寓意的诗，写实的诗，都应该用自然的景色做个根底，都应该多多的接近自然的景色。

他不信闭门造车的死法子，并且引我告诉他的一个实例。这个实例，他说的不明白，我替他重说一遍罢。我对他说，做诗要用实际经验做底子，写天然景物要从实地观察下手；不可闭眼瞎说，乱用陈套语。民国前一年我在美国做了一首《孟夏》的诗，内中有一句“榆钱亦怒茁”。当时一位同学朋友邹先生就指出榆钱是榆子，不是榆叶。从此以后，我不敢乱用一句不曾自己懂得的文学套语。思永对于这一层意思似乎很承认。我们读他的诗，知道他是朝着这个方向努力的。

他又说他的诗还有许多缺点：

> 一、学问不足；二、所受的激刺不深；三、心太冷。……我很希望我能够吃一剂猛烈的兴奋药，给我一个强大的激刺，提起我努力学问的观念，燃烧我快要冰冷的心！

这很像一个疲乏的人立定主意去吸鸦片烟，打吗啡针，有意去尝试那“强大的激刺”的滋味。后来他在南方，恋爱着一个女子，而那个女子不能爱他。恋爱和失恋——两种很猛烈的兴奋药——果然刺激起了他的诗才，给了他许多诗料。《南归》的一大半和《沙漠中的呼喊》的一大半都是这种刺激的产儿。

他的抒情诗之中，有几首是必定可传的。如《月色迷朦的夜里》里：

在月色迷朦的夜里，
我悄悄的走到郊外去，
找一个僻静无人的地方，
把我的爱情埋了。
我在那上面做了一个记号，
不使任何人知道他。
我又悄悄的跑回家，
从此我的生命便不同了。
我很想把他忘了，
只是再也忘记不去！
每当月色迷朦的夜里，
我总在那里踯躅着！
十，五，二八

又如《寄君以花瓣》：

寄上一片花瓣，
我把我的心儿付在上面寄给你了。
你见了花瓣便如见我心，
你有自由可以裂碎他，
你有自由可以弃掉他，
你也有自由可以珍藏他：
你愿意怎样就怎样罢。

寄上一片花瓣，

我把我的心儿付在上面寄给你了。

十一，八，十五

他的诗，第一是明白清楚，第二是注重意境，第三是能剪裁，第四是有组织，有格式。如果新诗中真有胡适之派，这是胡适之的嫡派。

但思永中间也受过别人的大影响。如《南归》中的《不》、《中肯的慰问》，他自己对我说是受了太谷尔的诗的译本的影响。又当周作人先生译的日本小诗初次发表的时候，思永日夜讽诵那些极精采，极隽永的小诗，所以他在这一方面受的影响也很不少。《南归》中有《短歌》四十九首，其中颇有些很好的，例如：

27

请你宽恕我，照前一样的待我，——

这两日的光阴真算我有本事过去。

49

但愿不要忘了互相的情意，便不见也胜于常见了。

思永自己盼望的“强大的激刺”果然实现了。但他的多病而残废的身体禁不住这“一剂猛烈的兴奋药”，后来病发，就不起了。他的梦中的呼号是：

这是最后的刹那了！

这是最后的接吻了！

真正长久的快乐我们已无望，

永久的悲哀也愿意呵！

十一，九，廿二

思永最后的几个月的诗，多是病态的诗，怨毒的悲观充满了纸上。我在十一年十月中收到他的《祷告》一诗（登在《努力》第廿八期）之后，即写信给他，说少年人作如此悲观，直是自杀。但他的心理病态也是遗传的一部分，到此时期随着不幸的遭遇与疾病而迸发，是无法可以挽救的。他的《二次的祷告》中说：

主呀！我不求美丽的花园，
不求嵯峨的宫殿，
不求进那快乐的天国，
我只求一块清净无人的土地！
那里，在绵亘千里的树林中，
在峰岩重叠的高山上，
在四望无际的沙漠里，
甚至在那六尺的孤坟内。
只要看不见那人们的触目，
随便那里都可以的，
随便那里我都愿意。
主呀！请允了我这个小小的要求罢！
十一，十一，九

这是一个少年诗人病里的悲愤，我盼望读他的诗的人赏玩他遗留下的这点点成绩，哀怜他的不幸的身体与境遇；我祷祝他们不至于遭际他一生的遭际！

十三，九，二，北京

我很感谢程仰之君替思永搜集和抄录这些遗稿。

适

第三编

贞　德[1]

一　开篇

列位，你可晓得中国有一位女豪杰么？那女豪杰姓魏名木兰，上无长兄而有老父，下有幼弟。后来外国兵打来了，国家下令，发男子当兵，木兰父亲的名字也在兵籍之上，该去打仗了。木兰想起自己的父亲年纪老了。一来呢，做女儿的怎么忍使这么老的父亲去受刀兵之苦。二来呢，年老的人，即使去打仗，国家也未见得能够得他多少力。所以木兰便改做男子装束，代他父亲去打仗，打了十二年的血战，立了大功，回得朝来，天子要封他官爵，木兰一些也不要，骑了快马，星夜回家，见了父亲，依旧改了女妆做起女儿来了。列位，这个女子，不是一个大大的女英雄么？这不是一个大大的女豪杰么？

唉！那里晓得法兰西国，曾出有一个女子，他处的时势比木兰艰难百倍，立的功业比木兰高百倍。这是谁呢？这便是我今天所要说的世界第一女杰贞德了。列位请听我一一道来。

二　百年大战

列位要晓得，在欧洲历史上，有一件极大的战事，叫做百年之战。这件战事，起于西历一千三百二十八年，一直打到一千四百五十三年才得了结。足足打了一百多年的恶仗，所以叫做“百年之战”。这战事不关别国，便是那英国和法国两国的事情。因为法国国王查理斯第四死了，没有儿子，也没有侄子，他的皇统便绝了。法国的官民，便另立了一个国王，叫做腓力第六。这个消息传到英国，那时英国的国

① 原载 1908 年 9 月 16 日《竞业旬报》第 27 期。题目为编者所加，原题为《世界第一女杰贞德传》。

王爱德华第三，他的母亲便是腓力第四的女儿，腓力第四便是查理斯第四的父亲，所以这爱德华第三便是腓力第四的外孙、查理斯的甥儿了。如今查理斯死了，按规矩说来，爱德华第三却有应该嗣立的资格，如今听说法国人立了腓力第六做国王，如何肯干休呢？于是英国便起了大兵，向法国杀来，兴师问罪，要法人把腓力废了，迎立爱德华为国王。那时法国的人，如何肯听，便也起兵对敌，腓力第六亲自带兵，走到一块地方叫做克内修的，遇着英国的兵了。两国开战，法国杀得大败，全军都覆没了，腓力自己赤了脚勉强走脱，手下只剩得五个人了。这一仗，英国大胜，不上几年，腓力死了，他儿子约翰嗣位，约翰却是一个狠英武的国王，亲自领了六万雄兵和英国打仗，不料那时英国是黑太子领兵，那黑太子极其利害，又把法国约翰的兵杀得大败，把约翰捉去，后来约翰竟死在英国。

那时英、法两国，暂时议和，法国割了一大省的地方给英国，又赔三百万克郎的赔款。从此以后，英国的兵便常常驻扎在法国境内，好像俄罗斯的兵驻扎在我们中国东三省一般，把法国全国扰乱得鸡犬不安。

后来又在阿琴高持地方，打了一场恶仗，法国的兵，又是大败，死了八千人，又被英人占去了许多地方。那时法国已经换了好几个国王了，一直到查理斯第七登位的时候，法国的土地已有大半入了英人之手了。加之那查理斯第七，又是一个极昏弱的东西。唉！看官，这时候便是法国极危险的时候，这便是世界第一女杰贞德姑娘救国立功的时候了。

三　贞德本传

我今天所要说的这位贞德女杰，生于法国东方一个小小村落之中，那村落叫做陶兰美村，他家世［代］务农为业。这位贞德女杰，小的时候，倒也与平常的人没甚差异，一样的活泼和善，待父母狠亲爱，待人狠和气忠厚，都与平常的女子一般，只是一件，这位贞德女杰有一种天生的爱国心，是别人所难学到的。他那时眼见那英人在法国种种暴虐残忍的行为，又见那自己法国同胞，种种受人虐待、种种包羞忍耻的苦况，这位贞德女杰心中苦恼得了不得，一天到晚，总是愁眉不展的。列位要晓得，贞德女杰的心中，一不是怀春，二不是悲秋，都只为那法兰西国锦绣江山将落于他人之手，都只为那高卢民族将为人脚下的牛马奴隶。因此上，这位贞德女杰便饮食不进，眠睡不安，时时刻刻只想如何能够救祖国、救同胞。列位须要记清，这时候贞德才得十三岁呢！唉！可敬极了。

中国古语说："日有所思，夜有所梦"。这位贞德女杰，天天想救国，所以晚上便时时做救国的梦。有一天，正在田间牧羊，忽然昏昏沉沉的睡去，只听见好像有什么人告诉他说："贞德，你还不去救国么？你去一定可以救得法国，可以使法国国王在雷姆地方行加冕的礼，贞德，你还不去救国么？"贞德听了这话，一觉醒来，原来是作了一梦，心想这梦做得狠奇怪，又想我们法国现在是危险极了，我虽是一介小女子，也是国民中的一分子，难道竟坐视法国的灭亡不成。"天下无难事，只怕有心人"。难道我贞德便做不成救国的大功么？又想世界上的人，都是迷信上帝的，什么东西都不怕，只怕一个上帝，我何不借上帝的名字来号召国民呢？贞德想到这里，主意打定，便羊也不牧了，走到各处演说，说：

> 今天看见上帝差了一个天使，对我说上帝已经选我做一个救法国的人。我想我一个女子，如何能做这大事。那天使说不妨事的，上帝可以竭力帮助我。我又想法国如今弄到这步田地，我们做国民的，极应该拼命去救国才合道理，何况如今上帝已经选中了我，我更是义不容辞了。所以我今天狠巴望你［们］列位国民大家帮我一些忙，大家跟我去打仗，大家跟我去救国。唉！我们法国是危险极了，是要亡了，是要灭了。列位国民，列位好同胞，还不跟我来吗？唉！列位好国民，快快跟我来呵！

列位看官，你想，这般慷慨激昂的演说，出于一个娇小玲珑小女子之口，怎么不感动人。其实那时英国在法国的行为，实在太不像样了，本来法国的人心，心恨英国已到极点，不过没有人发动罢了。如今看见贞德一个弱女子，尚且晓得爱国，尚且晓得去救国，那一班须眉男子，那有不感动之理。所以贞德一呼百应，不到百日，聚的国民军已是不少了。贞德天天去演说，说：

> 上帝的威灵，实鉴在兹；我法国国祚的存亡，全在此一举；我们法国全国生民的自由，也都在此一举。上帝的威灵，实鉴在兹，列位好国民，努力呀！战呀！自由呀！驱除异族呀！上帝呀！

贞德如此做法，全国的国民非但佩服他，敬重他，简直把他当做神道一般看待，所以这一位小小的乡村牧羊女子，便做了法国国民军的都元帅了。

贞德起兵的时候，在大众面前立下誓愿，说：我们这一次起兵，第一要解亚伦斯城的围，第二要逐去英国人，第三要请法王在雷姆斯城举行加冕的礼（那时查理斯年纪小所以没有加冕，后来更没有工夫了）。看官要晓得，最难的便是那第一件解亚伦斯之围，最要紧的也是这一件。因为这亚伦斯城是法国南方第一个要隘，这真可以算得法国南部一个绝大锁钥。英国的兵，围了好几个月，两边相持不下。到得贞德兵起时，听说这亚伦斯城内粮食已完，外面救兵不至，大势狠危险，再守不上几十天了。要是这亚伦斯城一破，那英国的兵便可长驱直入，直至巴黎（巴黎是法国的京城），巴黎一破，法国便完了，便亡了。所以这一着便是极要紧的布置。贞德带了那些国民军，经了无数无数的血战，才杀到亚伦斯城下。贞德女杰一只手执了一面大纛，一只手拿着金刀，浑身都是男子装束，骑在一匹战马上，奋勇当先，指挥全众。好容易才把亚伦斯城下围攻的英兵杀得干干净净，解了亚伦斯之围。看官要晓得，这是西历一千四百二十九年的事。那一年，这位贞德女杰才得十七岁呢！唉！可敬极了。

贞德既解了亚伦斯城之围，兵威大振。法国的人心，胆也大了，气也壮了。何况这亚伦斯城是法国南部一个大大的咽喉要地，贞德既克此城，便分兵攻打各处。各处的法国义民，便也揭竿起事，争做内应。不到多少时候，那法兰西国内的英人，差不多都赶完了，内中虽有几州没有克复，已是势孤力弱、不会为患的了。于是贞德便领那法王查理斯第七到那巴黎北方的雷姆斯城，遂于一千四百二十九年七月十七日，举行法王加冕的仪节，极冠冕、极堂皇，那里还像几个月以前那种亡国之君的样子么！唉！这都是谁的功劳呀！

贞德女杰见国事已大定了，自己的誓愿，是已经践过了，功成了，心遂了，还不抽身早退，更待何时。贞德一念及此，便觉得脑筋里那一种爹爹、妈妈、姊姊、妹妹、哥哥、弟弟相聚一堂的怡怡乐趣，从前为国事匆匆所埋没的，如今都现在脑筋里面了。主意打定便向法王处告假归家，可以去看看自己的爹妈、姊妹。那时法王如何肯放他回去，竭力留他襄理国事。贞德没法，只好留下，依旧掌握兵权。

却说那时的法国人，看见国家已安，英兵的势，已渐就衰微了。古语道得好："狡兔死，走狗烹；飞鸟尽，良弓藏。"世上人情，大抵如此，所以那时便有些法国人，把贞德妒忌得了不得。有的人说："堂堂一个法国，这种救国大功，却被一个牧羊女子得去，岂不可耻。"有的人便去暗中运动那些军士说："你们列位，都是堂堂大丈夫，为什么倒在那一个小女子的麾下，岂不羞死。"这种种无理之言，便生生地害得这位贞德女杰好苦呀！

那时有一个褒根得公爵，那公爵的领土狠多，和法国境相距狠近。公爵看见法国兵乱，正想乘机夺取法国的土地，不料出了这么一位爱国女杰，把法国从棺材里面救了出来，那褒根得公爵的野心不能如愿，心恨贞德竟至极点。于是暗中使人，运动贞德手下的军人，用了多少的诡计。那贞德却一味把赤心待人，那里晓得有人暗算他呢？

一千四百三十年五月，贞德正领了兵，去防守香宾省，不料中了奸人诡计，遂为褒根得人所擒，囚起来，卖给英国人，听说得了狠大的价钱。唉！这一种人，还可算作人吗？简直是禽兽了。唉！

贞德既被英人买去，英国的人恨极了，把他囚起来，开了好几次的公堂，审问这件事。英国问官问道："贞德，你一介女子，如何能打仗，而且你一介小女子，为什么要出来打仗呢？"贞德侃侃的答道："我么，我是上帝差我来搭救我所最亲爱、最庄严的祖国的，我存了这心，上帝自然会帮助我，你们这班英狗，那里够我杀呀！”问官听了这种口供，气一个半死，一连问了多少次，多是如此，英国人恨极了，说他一定有妖术帮助，不然，他怎么能有这么大的胆子，怎么有这么大的本事呢？所以便定了一个妖术惑众的罪名，要活活把他烧死。贞德听了，一无惧怕，到了那日，英国人架起柴来，预备要烧了，那时有一个黑人女奴，伏侍贞德的，英人也要烧死他。那女奴见了刑具吓得哭起来了，贞德还过去从从容容的劝导他，叫他不要怕死。唉！这种魄力，这种心肠，我们中国几千年来可曾见过么？后来时候到了，火着了，我们这位可敬、可爱、爱国、爱人、前无古人、后无来者的贞德女杰，便死在烈火之中了。唉！

那时英国人，虽然心恨贞德，但是没有一个心中不敬他为人的，到了贞德烧死之后，那几万英人都说道：“坏了，坏了，我们烧死一位圣人了，我们得罪了上帝了。坏了，我们要败了。”哈哈！这话不错呵！贞德这么一死，把法国的人心又鼓舞起来了，然而英国的人心倒反吓散了，所以从此以后，两国打起仗来，英国总是大败。不上几年，非但法国的土地都归复回来了，连那些英国在法国原有的属地，都被法国夺去了，英国人是赶得干干净净的了。法国是安安稳稳的了，贞德女杰的目的达到了，死也瞑目了。

贞德死的时候，才得十九岁，烧死那地，叫做洛因城，如今也属了法国了。

四　完结

我写这篇《贞德传》，完了，如今要说几句话，列位请听：

我们中国如今的时势，危险极了，比起那时法国的情形，我们中国还要危险十倍呢！那时法国只和英国一国打仗，如今中国倒有几十个强国环绕境上，可不是危险十倍么？我狠望我们中国的同胞，快些起来救国，快些快些，不要等到将来使娘子军笑我们没用，我又天天巴望我们中国快些多出几个贞德，几十个贞德，几千百个贞德，等到那时候，在下便抛了笔砚，放下书本，赶去做一个马前卒，也情愿的，极情愿的。唉！在下现在恐怕是做梦罢！哈哈！

附告

（一）贞德，一译作若安达克，一作周安亚格，一作如安打克，今取其最简者用之。

（二）贞德传，数年前见一译本，今遍觅不可得，此传惟取司温登《世界史》，迈尔《通史》，巴痕斯《中古史略》，罗萍生《西欧史》，四种参考而成。谫陋之咎，知所不免，尚乞海内史家进而教之。

（三）贞德固美好女子，本社已觅得小影，下期印出，以饷读者。

爱迪生[①]

今天二月十一是爱迪生的一百十三年纪念日。明天二月十二是林肯的一百五十一年纪念日。去年二月十二日，我参加林肯一百五十年纪念演说。今天我很高兴能参加爱迪生一百十三年的纪念会。

林肯是自由的象征，爱迪生是科学的圣人。

科学的根本是实验。爱迪生真是终身做实验的工作。他十一岁时就在他家里的地窨子里做化学试验；十二岁时他在火车上卖报纸卖糖果，他就在火车的行李车上做他的化学实验。十五岁时，他开始学电报，就开始做电学实验，要改进电报的器材与技术，从此他就终身没有离开电学试验了，就给电学开辟了新天地，给世界开辟了新文明，给人类开辟了一个簇新的世界。

从十一岁开始做科学实验，直到他八十四岁去世，他整整做了七十三年的实验工作。所以我们称他做终身做实验的科学圣人。

他每天只睡四个钟头的觉，至多只睡六个钟头。他每天做十几个钟头的工作，他的一天抵别人的两天。他做了七十年的实验，就等于别人做了一百四十年的实验工作。

中国的懒人，有两首打油诗，一首是懒人恭维自己的：

无事只静坐，一日当两日。
人活六十年，我活百二十。

还有一首是嘲笑懒人的：

---

① 本文为1960年2月11日胡适在台北国际学会爱迪生生日纪念会上的讲演。原载1960年2月12日台北《“中央”日报》、《公论报》。题目为编者所加，原题为《终身做科学实验的爱迪生》。

无事昏昏睡，睡起日过午。

人活七十年，我活三十五。

睡四点钟觉，做二十点钟科学实验，活了八十四岁，抵的别人一百七十岁——这是科学圣人的生活。

在 New Jersey 的 West Orange 的爱迪生实验室里——现在是“国家的爱迪生纪念馆”的一部分子，——保存着二千五百册他的实验纪录，每册有二百五十页，或三百页。最早的一册是他三十一岁（1878 年）的纪录。

单是“白热电灯”的种种实验，就记满了二百册！他用了几千种不同的材料来试验——各种矿物、金属，从硼砂到白金，后来又试验炭化绵丝，居然能延烧四十多个钟头，——后来又试验了几百种可以烧作炭精丝的植物，——最后才决定用日本京都府下的八幡地方所产的竹子做成最适用的炭精丝电灯泡。

科学实验是发现自然秘密，证实学理，解决工业技术问题的唯一方法。

在他八十岁时，有人请问他的生活哲学是什么，他说，他的生活哲学只有一个字：“工作”（Work），“把自然界的秘密揭开来，用它们来增加人类的幸福，这样的工作是我的生活哲学”。

他的实验并不都是创造的，空前的。但他那处处用严格的实验方法来解决工业问题的精神，他那终身做实验的精神，他那每次解答一个问题总想做到最好最完美（Perfect）的地步的精神，他那用组织能力来创大规模的工业实验室与研究所的模范，可以说是创造的，空前的。（现今美国有四千个工业研究实验所，都可以说是仿效爱迪生的实验室的。）

他的绝大多数的实验与发明（他一生得到专利权的发明有一千一百件），都是用前人的失败与成功做出发点的。他说：

每回我要发明什么东西，我总要先翻读以前的人在那个问题上做过了的工作（图书馆里那些书正是为了这个用处的）。我要看看以前花了大工夫，花了大经费，做出了一些什么成绩。我要用从前人做过的几千次试验的资料做我的出发点，然后我来再做几千次试验。

这是他做实验的下手方法。

他在一九二一年一月曾说：

> 我每次想做一件尽善尽美的工作，往往碰到一座一百尺高的花岗石的高墙。碰来碰去，总过不了这百尺高墙，我就转到别的一件工作去用功。有时候，——也许几个月之后，也许几年之后，忽然有一天，有一件什么东西被我发明了，或是别人发明了，——或者在这世界的某一个角落，有一件新事物出现了，——我往往能够认识那件新发明可以帮助我爬过那座高墙，或者爬上去几十尺。
>
> 我从来不许我在任何情形之下感到失望。我记得，我们为了一个问题做了几千次实验，还没有能够解决那个问题。我们的一个同事，在我们最得意的一次实验失败之后，就灰心了，就说，我们不会找出什么来了。我还是高高兴兴的对他说，“我们不是已经找出了不少东西了吗？”我们已经确实知道这条路是走不通的了，以后我们必须另走别的路子了。只要我们确已尽了我们最大的思考与工作的努力，我们往往可以从我们的失败里学到不少的东西。

这是爱迪生做科学实验，经过几千次失败而永不灰心失望的精神。

他在十二三岁时，耳朵就聋了。他一生是个聋子，但他从不因此减少他工作的努力。他在七十八岁时（1925），曾有一篇文字说他的耳聋于他只有好处，于世界也只有好处。他说：

> 因为我成了个聋子，我就把 Sesroit 的公立图书馆做我的避难所。我从每一个书架的最低一层读起，一本一本的读，一直读到最上一层。我不是单挑几本书读，我把整个图书馆都读了。后来我买了一部 Swoin 出版的最廉价的百科全书，我也从头到尾全读了。……

他还说两三个笑话：这是耳朵聋给他自己的恩惠。他还说，他费了多年心力去发明，制造留声机，“别人听了满意了，我总不满意，总想设法改善到最完美的地步，——这也是因为我是个聋子，我能听别人不能听见的音乐声音”。他还说，Bell发明了电话机，他听了总觉得声音太低、太弱，他听不清，所以他想出种种改良方法，把电话改良到他听得清楚才满意。他的改良部分（炭素传声器）（Carbon Transmitter）后来卖给Bell，就使电话大改善。

> 后来我被选作一个商业组织的会员，常常参加他们的大宴会，往往有许多演说，我耳聋听不见演说，也不免感觉可惜。有一年，他们把宴会的演说印出来了，我读了那些大演说之后，从此就不感觉耳聋是可惋惜的了。……有一天，有一位社会改良家到新新大监狱去向监中囚犯大演说。有一个犯人听了半点钟，实在受不了，就大喊起来。管监的人一拳打去，把那犯人打得晕过去了。过了半点钟，他醒过来了，演说家还在讲。那犯人走过去，对管监的说："请你再打一拳，把我打晕过去罢！"
>
> 前些日子，我在报上看到某一位科学家发明了一种短时间的麻醉药，我脑子里就想，这种麻醉药是蛮有用的：在大宴会的演说开始之前，听演说的客人每人吃点麻醉药，倒是蛮有用的。

这是这位科学大圣人的风趣。这样一位圣人是很可爱的。

屠格涅夫[①]

伊凡·屠格涅夫（Ivan.S. Turgenev）是人性的叙述者，也是时代的描写者。

人性是静的永恒不变的，时代却是动的绵延变化的，就是这动与静的关系，就是这变与不变的反应，决定了一切人们的全部人生。也就是这人生，屠格涅夫得以造成他的优美的艺术。

屠格涅夫的小说，结构是那样的精严，叙述是那样的幽默，在他的像诗像画像天籁的字句中，极平静也极壮严的告诉了我们：人性是什么，他的时代又是怎样。读他的每一篇小说，可以知道几种典型的静的人性，可以知道一个时期的动的时代。读他的几篇有连续性的小说，可以知道人性的永恒不变时代的绵延变化，知道全人类的生活。

谁在主宰着人性呢？谁在推动着时代呢？又是谁在播弄着这时代和人性的关系及反应造成的人生呢？屠格涅夫告诉我们：这是自然。自然主宰着人性，自然推动着时代，自然播弄着这人生。宇宙没有绝对的真理，人生没有客观的意义，一切的一切，只是像树，不得不被风吹，只是像物件，不得不被阳光照耀。屠格涅夫感觉到这个，认识了这个，也忠实的描写了这个，所以在他的纵横交织着时代和人性的作品下，显示了不可理解的人生，在这个人生下，又潜伏着一个无情的运命之神。激动了读者的情感的，是这运命之神。威胁着读者的思想的，也是这运命之神。

屠格涅夫是一个宿命论者。

屠格涅夫认自然为最高法则，不承认有客观的真和伪，善和恶，美和丑；所以他的人性观不是批判的，不是解释的，只是叙述的。他的小

① 原载1930年1月16日《中央大学半月刊》第1卷第7期。题目为编者所加，原题为《宿命论者的屠格涅夫》。

说中所表现着的人性，只是他自己所认识的人性，既不在评量他的价值，也没有解释他的原因。

屠格涅夫觉得人性两种根本相反的特性任何人都可归纳到这两种的一种。他说：“就是我们人类中间的无论那一个，总或者将自己的自我，或者将自我以外的有些东西当作比较更高尚的东西看，而将他置在第一位。”然将自己的自我置在第一位的，就是所谓哈孟雷特（Hamlet）型，是为我主义者，是信念的狐疑者。将其他东西置在第一位的，就是所谓堂克蓄德（Don Qixote）型，是自我牺牲者，是真理——自己认为真理——的信仰者，屠格涅夫以为无论谁，如不类似哈孟雷特一定类似堂克蓄德，这两种人性都是自然的，当然不能评判谁善谁恶谁真谁伪谁美谁丑。

用作者自己的话，来解释他的作品，是最近情理的。我们正可拿屠格涅夫的话来了解他的小说中的人物。屠格涅夫的小说极多，里面的人物确可以分成哈孟雷特型与堂克蓄德型两种。他不是不会写第三种人，实在世界上没有第三种人给他写啊！

像哈孟雷特的人，屠格涅夫的小说中多极了。单在他的六大杰作中有五篇小说就充满了这些人物。《罗亭》(*Rudin*)中能说不能行的罗亭，《贵族之家》（*A House of Gentlefolk*）中能力薄弱的拉夫尔斯基（Lavretski），《父与子》（*Fathers and sons*）中意志不坚强的阿卡特（Arkady）和虚无主义的巴沙洛夫（Bazarov），《烟》（*Smoke*）中的自我发展而被命运侮弄的李维诺夫（Livinov）与伊璘娜（Irene），《新时代》（*Vivginsvie*）中的屠暑大诺夫（Niejdanov）似乎是牺牲自我了，但在他没有决心自杀而竟至自杀时，却留了一封信，承认他的革命是扯谎！这些人，一个个都是聪明的；言论风采，都足以掀动旁人的视听；各人走上各人的道路，都走到绝境，他们的哈孟雷特的人性叫他们走到绝境！

这儿，我想提出三个人来详细的说一下。罗亭、巴沙洛夫和伊璘娜。

罗亭是一个俄国的上等人。知道的是那样的多，说的话又是那样温暖动人，心中遮满了艺术音乐哲学和一切装饰，充满了热望，燃烧着真情。当他第一次出现他的面目时，聪颖的仪容、丰富的表情引起了所有的人们的崇敬，羡慕和妒嫉。但他只能生活于梦之花房，哲学的空论和抽象，并不能参与真实的生活。尽管他那样聪明、那样自命清高，一经行为的试验，就不得不羞辱的失败了。看在他拨动了少女的灵魂，私结了终生之约以后，娜泰茅违抗了她母亲的命令想约罗亭私遁，但罗亭却说“怎么办么？自然只好服从了！”啊，我们用娜泰茅的话来戳穿罗亭的秘密吧，“你开口就是服从！服从！你平日谈自由，谈牺牲，难道现在你算是实行了自由和牺牲了么？”终于，罗亭自己的勇气，叫自己失败了，终于只能在情敌的面前逃走了。屠格涅夫另外告诉我们一句话：“无论何人，当他处在不得不自己牺牲的境地的时候，假如他先要计算思虑到他这行为之后，所应得的利害的结果，和利害实现的可能，那他的究竟能否自己牺牲，恐怕要成很大的疑问了。”读了《罗亭》，我们觉得不仅是疑问，简直是不能了。

巴沙洛夫在外表上看起来，显然和罗亭不同，但他们血管里同样的流着哈孟雷特的血，他们头脑里同样的潜伏着哈孟雷特的思想。巴沙洛夫是一个聪明人，思想聪明，言语也聪明，他讥讽艺术女人，和家庭生活。他不知道什么叫做光荣，他反抗而且轻视那些既成的势力和共认的真理。他高唤着“我什么都不信！”他知道自己最清楚，自我抬得最高。“但我对自我的信仰，这一件事，为我主义者也是办不到的。”所以巴沙洛夫轻视女人，仍不得不和一个无所长的妇人发生恋爱，怀疑既成的无意义的事情，也不得不和他干无聊的决斗，他虽有那样坚强的意志，在他第一次应用他自己所学得的医药智识时，就给自己医死了！屠格涅夫说哈孟雷特型的特性，有这样一句话：“他是怀疑成性的人，而只是自己一个人在那里烦闷苦斗。并不是和他的义务，是和他的处境苦斗。”巴沙洛夫正是这种人！

谈到伊璘娜正是哈孟雷特型的女人。她，同样的，是有自知之明的女人，也是一个最自私的荡妇。她反复着牺牲她的爱情，又反复的爱人。一方面自己甘心做社会之花，一方面又自己诅咒那样的生活像乞丐样的伸手乞怜，求人援救她的内心的痛苦。她要人了解她，同情她，恋爱她，自己却没有决心来承受。当她结了婚以后，偶然遇见旧日的爱人，就竭力的引诱他，使他丢弃了预备结婚的未婚妻，重来爱她；但在他们什么都预备好准备逃去的一个早上，却送了一封信给他，拒绝私遁，她说："我不能和你逃走，我没有力量去逃走。"她承认"我对于我自己也充满了恐怖和憎恨，但我不能做旁的，我不能，我不能"，她哭诉着"我是你的，我永远是你的"，她要求他随她的丈夫搬走，"只住在我旁边，只爱着我"。"但逃走，丢弃了一切……不不不"。这是伊璘娜的自供词，也是一切哈孟雷特型人们的弱点吧。但伊璘娜是值得同情的，她的反复，是她内心争斗的结果，她的懦弱自然是她自我主义发展的结果；这些都不是她能自主能反抗的，因为她具有哈孟雷特型的人性啊！

哈孟雷特的人性所表现是宇宙的求心力，怀疑着真理分析着自己，轻笑自己的缺点，又有绝大的虚荣，绝大的自负，而恋恋于生命。

屠格涅夫以为"在目下的时势里，自然是哈孟雷特型的人比堂克蓄德型的人更多"。所以在他的小说里堂克蓄德型的人也比较少，但这并不是说没有。《父与子》中那个可怜的不知怎样才能迎合他儿子的脾胃的伊温诺维奇（Ivanovitch），《新时代》中终生产生着一个不爱自己的人的马殊玲（Machorina），《前夜》（*on the eve*）中牺牲自己随着爱人去救国的海伦（Helene），《贵族之家》中的牺牲爱人遁入修道院的里沙（Liza），都是为了自己所信仰的一件事，负起责任，牺牲了自己。幻灭的悲哀，失恋的痛苦，也许不是常人所能受的，但他们有一颗坚强的心，都像堂克蓄德骑上他的洛齐难戴（Resinate）样闯进了世界，追求他们的目的！

但我们要提的却是两个志士青年，一是《前夜》中的殷沙洛夫（Insarov），一个是《新时代》中的马克罗夫（Makerov）。

殷沙洛夫是保加利亚的青年，他所有的不是一张锦绣般的口，却是一双钢铁般的手，他的道德观念像一个矗立不可摇撼的石柱，他的唯一的信仰就是母国之自由。他把这一个信仰置之于一切事物之上。为了这个信仰，可以牺牲自己的生命，可以牺牲自己的自由。他在俄国读书，但与他来往的多是些母国的工人农夫，他所计划的也只是怎样革命怎样救国。他爱了一个奇女子，但我们可以看得出来，如果他的爱人不愿帮他去救祖国，他会用他的理智毅然和她分离的。不幸他刚上了救国的战线，什么都没有完全成功以前，便牺牲了生命。但这种牺牲，他自己会是乐意的，堂克蓄德的人性愿意牺牲自我。

“马克罗夫是好事而顽固的男子，并且蛮勇而不知畏惧的，他不知道容恕，也不知道忘怀，他始终为他自己和一切被压迫者感受不平，他万事都能拼命，他的狭隘的精神专致在唯一的地点，他所不能了解的，于他便是不存在的，他对于虚伪与欺骗是憎恨而蔑视的。”他知道的不多，他只晓得干！他失恋了，但他知道如何容忍，仍在拼命的干！他是一个农民解放者，但农民很多是不同情他的，甚至有侮蔑他的，就这样他还是干！他这样的蛮干死干，终于因为没准备没布置的乱干，我们这位农民运动者，却反给农民们背剪着手，塞进一只农车，送上了衙门！马克罗夫就这样进了坟墓。这也和堂克蓄德被假扮的“明月骑士”所击毙，差不多罢！

堂克蓄德型的人性所表现的是宇宙的远心力，一切的“存在”都是为“他”而存在的。生命只是实现理想的手段，除此以外，自己的生命毫无重视的必要。

屠格涅夫的人性观是二元论，认定这二元论是一个人生的全部生活的根本法则。他说：“人的全部生活，是不外乎继续不断忽分忽合的两个原则的永久的冲突和永久的调解”，屠格涅夫不批评这两种人性的优劣，堂克蓄德型也许能做一点事，哈孟雷特型却也有一种破坏力量。人性本是自然的，根据人性的发展，在事实上能成就些什么，怕也只有命运能决定罢！

屠格涅夫的时代观，同样的，是以自然法则做根据的。否认时代根据一定的原则而进展。时代只是自然的推演，也许正是盲目的偶然的推演。就在这种盲目的偶然的推演的时代中，屠格涅夫找出每一个时代的特性，了解每一个时代的精神。如果一个时代放射出耀眼的光，他就拿光彩绘成画，如果一个时代呐喊着刺耳的呼声，他就拿这呼声编成歌，这些歌这些画就是他的小说。

屠格涅夫生于一八一八年，卒于一八八二年，从他的《猎人日记》

（1852年）到《新时代》（1876年）不断描写着俄国当时的时代状况。他用哲学的眼光，艺术的手段，把同时代思潮变化的痕迹，社会演进的历程，极忠实的也极细腻的写出来。俄国十九世纪中叶的思想变迁，确可拿屠格涅夫的小说来代表。这些小说，最能代表时代精神的是《猎人日记》和他的六大杰作。

《猎人日记》（1852年）是作者描写当时农奴所受到的压迫所感到的苦痛的一部小说，也是作者对农奴制度宣战的一篇檄文。屠格涅夫在他文学与人生之回忆中，自己承认誓死反抗农奴制度，《猎人日记》就是他的武器。看罢，多少善良纯朴的农夫在这农奴制度的锁架下辗转呻吟，又有多少大地主小地主在农奴制度的卵翼下，榨取他人的劳力以享安乐，屠格涅夫认清了农奴制度的罪恶，描写了它。实在，破坏了它。

《罗亭》（1855年）是描写“四十年”时代的俄国社会情形的，这时俄国正在尼古拉一世专治压迫之下，青年对政治方面早已失望，一个个都向艺术哲学宗教方面走去，受了西方自由思想的鼓动，知道反抗了。但都没能力来改革这腐朽的环境，他们整天整夜的空想，说大话，没有一个能实行的。罗亭谈自由，谈牺牲，一遇事实的压迫，却只好服从。

《贵族之家》（1858年）的时代，俄国社会已从理想回到实际，但青年们的能力仍极薄弱，环境的压迫，仍是根深基固，不可动摇。所以像拉夫尔斯基那样的人，总算比较罗亭有毅力些了，但要爱一个女人，也需等听到被压迫而结婚的妻子的死讯后，方敢进行，等到证明他的妻子没有死时，又只好牺牲了真正的恋爱。从这里，我们可以看见当时俄国已经僵化了的旧礼教，有多大的魔力！

《前夜》（1860年）出版，罗亭型的少年已很少，一般青年也较拉夫尔斯基有能力了。但忧郁哲学的空气，仍充满了俄国各处，自命为哲学家艺术家的人们，仍在幻想他的辩证法，仍在画他的未完成的杰作，但有些人，自己不能做什么事，却能帮助人们去奋斗，像海伦这显然是进步了，在《罗亭》和《贵族之家》的时代，俄国连这几种人也没有呢！恒心和毅力，俄国人终于是缺乏的，屠格涅夫只能找到异国的青年，写出一个积极的活动的殷沙洛夫。俄国需要这样的人，当时的俄国却一个也没有！

到了《父与子》（1862 年），俄国的时代已大变动了，旧时代虽没有去，新时代却来了，新旧思想已各不相容的决斗了，像贝伐尔（Pavel Petrovich）样代表“父”的时代的人，只是极顽固的死守着旧礼教，崇拜着那既成势力，像巴沙洛夫样代表“子”的时代的人，却否定一切“天经地义”。这样的，“否定主义”，虽然是“虚无主义”，没有能做出什么来给人们瞧，就这样有勇气来重新估定一切的价值，已经是俄国人从前无论如何不敢的了。要真能有作有为，却须等待另一个新时代。

《烟》（1867 年）的出版，正是俄国又走进思想混乱的道途的时代，也是虚无主义的反动的时代。社交界的妇女愚弄着男子，支配阶级的官吏，仍是那样浅识和愚蠢，有些青年，借着虚无主义的庇护，极自私的乱动，有些青年，又对什么都绝望，意外的消沉，旧道德已动摇，将要没落了，新道德尚未奠定了基础，这是如何的恐慌，如何的混乱啊。屠格涅夫回到圣贝德堡第一个遇见的人，就对他这样说：“看你的虚无主义者做了些什么罢！他们差不多去烧了城！”实在，这是一个保守主义和改革主义混战的时代！

终于《新时代》（1876 年）到了，这时，俄国的思想界经过十几年的纷扰，酝酿，俄国的青年们已经都感到改革的必要了，虽然，他们的环境是那样暗淡，贵族们借着维新来陷害他们，农民们又不能了解他们，他们已开始做改革运动了。不但坐在家里讲改革的方策，都一个个跑进工厂，踏入田野，实行他们“到民间去”的运动了，但客观的环境还没多大变化，一切急进的运动，仍不免失败；较缓和的改革，倒确是有效的。屠格涅夫在这里指示人们去做一点一滴的改革，也许这就是时代的曙光吧！

我们要知道，虽然时代在变着，但俄国的社会，在几百年专制压迫之下，绝不会轻易改革的。屠格涅夫虽然描写了各时代的新思潮，但在这些思潮底下，仍然是一个腐旧的虚伪的社会。黑暗的背景，时时在那些新的运动中露出狰狞的面目，充满着热情的青年们，时时受着旧时代人们的讥笑和诅咒，时时遇见事实上的重大打击。从《罗亭》到《新时代》，我们常常看见莱生绿奇式的贪慕着虚荣的女人们，拉特米罗夫将军式浅识的军吏们，和那西皮雅金式的虚伪的贵族们，那些哲学家，那些艺术家，那些维新家，更无处无时不出现他们上等人的脸面，那些可怜的脸面，聪明的人都可看出他们的无聊和浅薄，他们自己，却毫不怕羞的以为光荣，屠格涅夫不得不喊着“啊！这是个什么时代啊！”

时代是永远变动的，但不是时代本身有什么目的，他不会按照一定的目的用一定的方式向前走。一切都是偶然的盲目的走着，谁也不知道是为什么，谁也不知道怎样，到底时代怎样推进，怕也只有命运能决定罢！

人性是命运决定的，时代也是命运决定的，人性和时代反应出来的人生，还是命运决定的！

屠格涅夫自己曾说过，“所以我想，真理的根本问题是在各个人的信仰的忠实和信仰的力量上的，反之，事实的结果，却须取决在运命神的手里。只有运命之神能够告诉我们，我们在面前搏击的，究竟是幻像还是实在敌人？”啊！真理会是假的，运命倒是真的，这是什么人生之谜啊！

屠格涅夫的小说几乎每篇都在暗示着宿命论：《初恋》中父亲和儿子会同爱一个女人，

《春潮中》为了预备结婚出卖房产的人却会忽然爱上买财产的人，

《贵族之家》中两个爱人会因一个荡妇的生死不明，演上了一幕恋爱的悲剧，

《烟》中两个旧情人又会重燃烧起热情重受失恋的苦痛，

这种人生，只有命运可以解释。所以，罗亭曾说：“服从命运，不然，怎么办呢？”一个一个的人，自私自利的也好，信仰真理的也好，他们的人性，逃不了命运的支配；一个一个的时代，向前进的也好，开倒车的也好，逃不了命运的播弄；全人类的生活，都逃不了命运之神的掌握！

人类受了命运的管辖，是人类永久的悲哀。自己不愿服从，事实又

逃避不了，只是背起十字架绝望的向前进，这种人生，是如何样的悲剧啊！屠格涅夫是宿命论者，自然有浓厚的悲观色彩，他写恋爱，恋爱是悲剧，他写革命，革命是悲剧，他写全部的人生，人生还是悲剧。读他的小说，我们认识的是人性的特点，看见的是一个时代的实状，感到的是人生永久的悲哀，——人生的运命所支配的悲哀。

屠格涅夫曾拿烟来比喻人生，拿风比喻命运，全人类的生活正像烟啊，“这烟。不绝的升腾，或起或落，缠绕着，勾结着，在草上，在树梢，好像，好像滑稽的小丑，伸展出来，藏匿开去，一层一层的飞过……他们都永远地变迁着，但又还是一样单调的急促的，厌倦的玩着！有时候风向转变了，这条烟，一时弯到左边，一时弯到右边，一时又全体不见”。“第二阵风吹来了，一切都向着反对方向冲去，在那儿又是一样的不倦的不停的——而且是无用的飞跃着”！

一切都是烟，一切都好似在那里永远变化着，新的代替旧的，幻影追逐着幻影：但其实呢又全是一样的，人们像烟样的匆匆飞着追求着，一点没得到什么又像烟样的无踪无影的消逝了！

兴登堡①

德国大总统兴登堡在八月二日死了。全世界对于这位八十七岁的大老，无论是他的同国人或异国人，无论是当年的同盟国或协约国，都表示最深厚的敬礼与哀悼。他的死，使德国失掉了一个重镇，使世界失掉了一个最伟大的人。

兴登堡的一生（1847—1934）亲眼看见普鲁士的强大，德意志帝国的统一，德国的强盛，欧战的始末，霍亨梭伦皇朝的颠覆，德意志共和国的建立，希忒拉政权的突起。人类历史上没有一个人的一身〔生〕经过这样热闹而又重大的长期历史，而在每一个重要阶段上都出过大力，做过主角，并且能保持荣名，像他这样的。

他的一生可分作三个大段：从少年时代到他六十七岁为第一段；从他六十七岁再出来任第八路军总司令（1914）到欧战终了后他二次退隐，为第二段；从他七十八岁被选为德国第二任大总统（1925）到他死时，为第三段。他的第一第二两段的历史，有他的《自传》（Aus Meinem Leben，1920 年出版；中文译本《兴登堡自传》，魏以新译，1934 年商务印书馆出版，价一元六角）最可供爱敬他的人的玩读。

他生于普鲁士东部的波森，他的家族有了几百年的骑士遗风，父亲是个步兵少尉，母亲是个军医总监的女儿，所以他十一岁就进了军官学校。他在《自传》里说：

> 一八五九年一个春天的晚上，我那时是个十一岁的男孩，在瓦尔斯达军官学校栅栏门口，向我父亲告别。泪珠从我眼睛里滚下来。我看见泪落在我的军衣上，忽然想道："穿着这种衣服不准人孱弱，不准人哭。"我从小孩的痛苦中振作起来，虽然有点害怕，也就混

① 原载 1934 年 8 月 12 日的《独立评论》第 113 号。

到我那时的同学当中去了。（页一）

他不讳他自己“在最初绝不是一个模范学生，又很少特别研究学问的倾向”。但后来

我的好名心唤醒我去致力学术，结果一年好一年，最后竟给了我一个有特别天才学生的名誉，实在是不应得的。（页十二）

一八六六年他离开军官学校，以少尉资格入禁卫步兵第三团；几个月之后，他就参加普鲁士定霸的对奥战争了。四年之后（二十三岁），他又参加了德意志定霸的对法战争。战事终了之后，他考进陆军大学。大学的特别勤务完了，一八七七年他被调到参谋本部。在以后的三十四年中，他担任过陆军的各种职务，后来做了八年多的第四军团长，在一九一一年辞职退休，那时他已是六十四岁了。近日中国报纸上常提到他因为大操与德皇意见不合，所以退休；但他在《自传》里对于这一点有特别声明：

我在我军事履历上，达到的地位远超过我自来所敢希望的。目前没有战争，所以我承认给少年人让出路来，使他们上去，是一种义务，遂于一九一一年请求辞职。因为外面对于这事件有错误的传说，所以我明白宣言，我采取这个步骤并不是因为在军事或个人方面有任何间隙。（页六五）

他在这第一大段的陆军生活里，有许多观察是值得我们记忆的。对于参谋本部的工作，他说：

参谋本部要算德国全部军队范围内一个最可注意的机关。……由参谋将校平时的训练，可以担保在作战时所有高级官长都有一致的心情，一切官长的思想都为同一的液质所灌注。参谋本部的人对于官长的影响不是由章程规定的，多半要看各人的军事学的造诣及人格的特质，其程度至为不同。参谋将校的第一要件是在大众面前不要显出个人自身和个人的行为。他应该在人看不见的地方做事，

有其实而无其名。（页五）

对于做步兵团长的职务，他有这样的观察：

我很努力在军官团中使他们具有中古骑士的思想；在各营中使他们习惯实际作战及严格纪律；但是除养成严格勤务观念外，也随处使他们喜欢勤务和独立自主。（页六十）

他这样一面注重严格训练，一面又鼓励独立自主，所以他在陆军大学五年训练出来的人才有许多都成为历史上有名的军事领袖，其中还有两个土耳其的参谋将校，后来一个做到元帅，一个做到上将。（页五八）

他做到军事最高长官（军团长）时，他说：

我总是十分重视部下爱我，因为我把这一点看作服务成绩善良的根基之一。（页六二）

这句名言是可以做一切做领袖的人的座右铭的。

他在退休的闲逸生活中，全欧的大战忽然爆发了。在西线大胜利时，俄国用最大的兵力来压迫东普鲁士。东方的第八路军总指挥部已主张放弃外悉塞尔河以东的地方了。最高统帅部不主张放弃，所以决定撤换第八路的统帅。八月二十二日下午三点钟，德皇的一封电报来问兴登堡愿不愿马上去任职，他的回答是“愿意”，夜里三点钟他已到了火车站等候他的新参谋长鲁登多夫（Ludendorff），二十三日下午他们已到了第八路军的总指挥部了。

他的盖世英名起于松山（即是丹能堡，Tannenberg，松山是译意）的大战。那时俄国已运了八十多万兵，一千七百尊大炮到东普鲁士；而德国方面只能有二十一万兵，六百尊大炮。兴登堡到军中的那一天，即决定在三日后举行总包围攻击。八月二十六日开始大战，三天的血战消灭了三索诺夫（Samsonoff）将军的俄国大军。是为“松山之战”。

九月七日开始“马苏尔湖（Mazurian Lakes）之战”，打到九月十日，勒嫩坎夫将军（Rennenkampf）的二十多师大兵都败退了，兴登堡的军队不但完全解了东普鲁士的大危机，还一直追击到俄国的境内。

这两场大战都是历史上的大事，不用我们的详述。我们只引他的《自传》里的最可以表示他的风度的一段话：

> 恰恰一年之后，我打了一天的猎，星期日回来，经过音斯忒尔堡。我的汽车在市场上被拦阻了，据说因为那地方正在举行纪念本城解脱俄患一周年的感谢节。我只得迂道；人〔们〕没有认识我。（页九七）

这两次大战以后，他又在波兰和俄国军队作战，把俄军打的大败，是为“洛治（Lodz）的大战”。

一九一六年八月，兴登堡被召为“野战参谋总长”，这是德国的最高统帅（名义上德皇为大元帅）。鲁登多夫又做了他的次长。从此以后，直到战事终了，兴登堡主持了两年多的最高统帅部。这两年的历史的生活，我们也不用详记。我们从他的《自传》里，抄出他在大本营的日常生活如下：

> 我普通的日常事务，大约上午九点，即早晨报告之后，到鲁登多夫将军那里去，同他讨论情势的变化以及应付的方略。大半关于这方面的谈话都不很久，我们两人在战局中的生活未尝间断，互相认识我们的思想，所以往往几句话便决定了，甚至往往只需几个字，就可以确定我们的同意，他就拿去做继续筹画的底子。
>
> 在这项讨论之后，我到野外做一小时的运动。
>
> 我回到办公处后，继续同鲁登多夫将军讨论，然后各课长在我工作房直接报告。
>
> 除开这种勤务工作之外，还须料理给我个人的信件。（信件的数目实在不少，其中有诗歌，有散文，也有想像不到的请求，例如住在智利的一个德国妇人失去了洗礼证书的事！）
>
> 中午时我照例到皇帝陛下那里报告。有必要时，请求皇帝批准我们的计划。中午时间有时也作与政府代表讨论之用。
>
> 向皇帝陈述完了，参谋部的军官都联合在我周围午餐。吃饭时

间只限于绝对需要的限度。

下午的经过与上午相似。八点钟开始的晚餐，给我一个最长的休息。餐后大家坐在侧屋里，到九点半钟，鲁登多夫将军按时做个休息终了的记号。我们团体中的谈话大半都很活泼，无拘无束，愉快的时候也有。我以为辅助愉快是我对于同事的义务。

聚会之后，我们一齐到办公处去，那时每日的最后报告到了，于是绘定各战线的情况。参谋部的军官们现在从新开始工作。多半到了这时候才有起草和发出决定命令的最后根据。

日常工作从没有在半夜以前完结的。（页一六〇——一六三）

一九一八年七月以后，局面完全变坏了，不幸的事件接连的到来。十一月初，德国革命开始了。在德皇还没有决定退位以前，“祖国”的人就宣布他退位了。兴登堡只有这样简短而光明的记载：

也有人想到用我们正面队伍回到国内去创造秩序。但是许多司令——都是值得十分信任和有极深刻见识的人物——宣言，我们队伍不要把正面移向本国。

我在那几小时内在我大元帅旁边。他把班师回国的任务付托与我。他走了，为的是节省祖国的新牺牲，为的是让它造成比较顺利的议和条件。（页三六〇）

他把全军班回国，交付给革命政府。到一九一九年六月，他才辞去德国陆军统帅的职务，回到退休的生活，那时他已七十二岁了。

一九二五年二月，德国第一次〔任〕总统爱柏特死了，国内党争很激烈，右派各党没有适当的候选人，海军大将狄尔披兹主张只有请“老头子”出来。当时谁也不料兴登堡肯出来，所以他宣布肯出来候选时，全国都吃一惊。他得了二千四百多万的票，当选为第二任总统。起初人们都疑心他的当选是暂时过渡的，他对皇室的忠心必定可以使他利用他的权力来做到帝制的复辟。但他就职时，他毫不迟疑的宣誓拥护祖国的宪法。无论是谁，凡知道他的人格和他对于宣誓的重视的，到此都相信他的誓言是不会改变的；都相信这位七十八岁的老军人在总统任内必定要维护民主宪法的。

果然，他在九年总统任内，从没有利用他的声望和地位来做危害宪法的行为。他屡次宣言，他是始终忠于旧皇室的，但国民的多数既然把维持宪法的大任付托给他，他不能不尽他的职任。他的光明磊落的态度，使许多当日拥戴他的王党朋友离开他，可也使无数的德国人更诚恳的爱敬他。

他的最大雄心是要用他的声望维持德国的统一，奠定国家的地位。所以他就职以后，每年到各地去游行演说，他的演说总是劝他的国人：“忘了你们的党争，同心协力的来造成一个统一的祖国！”

他在他的《自传》里常说他自己不懂得政治，甚至于说他厌恶政治。但这九年的历史使世人都承认他是一个有远识的政治家。最可注意的是他曾用全力赞助司脱累斯曼（Stresemann）的协和外交，终于做到《洛加诺》的条约，做到德国加入国际联盟。

一九二七年十月二日，他的八十岁生日，全德国的人民疯狂也似的到处举行盛大的庆祝，人民自动的捐集了一千万金马克，作为“兴登堡基金”，用来救济大战时的伤兵家属。

近年极端的国社党在短时期之中取得德国政权，他们的极端主张是兴登堡所不能赞同的。但他是一个守法的总统，他不肯滥用他的地位和声望来做违背一个时代的民意的行动。他很镇静的把政权交付了希忒拉。近日中国报纸颇说希忒拉的极端政策所以不曾全见于实行，是由于兴登堡的影响。这种看法也许只是一种猜测。但这样一个“中流砥柱”的大老，他的道德上的镇定在那个不幸的国家之中必然有绝大的精神上的影响，是毫无可疑的。

他在他的《自传》的末尾，很坚强的表示他对他的国家民族前途的大信心。他的最后一句话是：

> 我在这种信心之中，从手里把笔放下，坚定的信赖你——德国少年！（页三六四）

一九三四，八，六，兴登堡国葬之前夜

林 肯[1]

我很感谢“美国之音”邀我参加林肯总统的一百五十年大庆典。

我是一九四六年制定《中华民国宪法》的国民大会的一个代表，我想说一个故事，让我的美国朋友们知道林肯的思想怎样会变成了《中华民国宪法》的一部分。

中国革命的领袖，中华民国的“国父”孙中山先生平常说，他所提倡的三民主义和美国林肯总统的三句话是相通的：林肯说的“The government of the people，by the people，for the people”当时还没有适当的翻译。中山先生自己的翻译是“民有、民治、民享的政府”。他说，他的民族主义就是“民有”，民权主义就是“民治”，民生主义就是“民享”。

孙中山先生死在一九二五年。他死后二十一年，这些思想就概括在《中华民国宪法》的第一条里，这一条的全文是：

> 中华民国，基于三民主义，为民有、民治、民享之民主共和国。

所以我们可以说，林肯的盖梯斯堡演说的一部分，现在用孙中山先生自己翻译的文字，永远生存在中华民国的宪法里。我相信这是我们中国人民对林肯表示的最高的崇敬。

今天我们庆祝林肯一百五十年的纪念，正当全世界的危机时期，我们不能不感觉林肯的生平事业对我们有一种新的意义。

这种新的意义就是：林肯当日面临的是一个分裂的国家，我们今天

---

① 本文为1959年1月29日胡适在台北美国新闻处的录音稿，送“美国之音”广播，原载1959年2月16日台北《自由中国》第20卷第4期。题目为编者所加，原题为《纪念林肯的新意义》，又题《林肯一百五十年的生日纪念》。

面临的是一个分裂的世界。分裂林肯的国家的，是一种把人作奴隶的制度。分裂我们今天这个世界的，是一种把人作奴隶的新制度。

在一百年前，林肯曾宣言：

> 一个自己分裂的家庭是站不住的。
>
> 我相信，在一半是奴隶，一半是自由人的状态，这个政府是不能长久存在的。……将来总有一天，或者全部都是奴隶，或者全部都是自由人。

林肯本人是反对奴隶制度的，他相信一切的人，在无论什么地方都应该自由。

但他也是一个搞实际政治的政治家，所以他总不免有一种希望——一种无可奈何的希望：他总希望反对奴隶制度的人们能够“限制这种制度的推广”，能够“把这种制度认作一种不可再推广的罪恶，但是因为这种制度确已存在我们的社会里，我们只好容忍它，保护它”。

他这种希望，若用近几年流行的名词来说，可以叫做“围堵”和“共存”的政策（The policy of“Containment”and“Co-existence”）。

但是林肯没有机会可以实行他的“围堵奴隶制度”的政策。从他被选作美国大总统，到他就职，在短短的几个月里，已有七个南方的邦宣告脱离联邦国家了，他们已成立了一个临时政府，并且把独立各邦境内的多数炮台也占领了。

林肯就总统职之后三十九天，战争就爆发了，——那个可怕的战争一直延长到四年之久。

林肯总统迟疑了一年半，方才颁布他的释放南方各邦境内全部黑奴的命令。最后的解放黑奴命令是一八六三年元旦颁布的。

当他迟疑未决的时期，林肯在一封信里曾说：

> 我的最主要的目的是要救这个联邦国家。……如果不解放一个奴隶而可以救国，我要干的。如果解放全部奴隶而可以救国，我也要干的。……

当时战事的延长扩大，使他不能不承认释放奴隶的命令不但是道德上的必要，并且是军事上的必要。

直到今天，全世界最不忘记的、最崇敬的林肯，就是那位伟大的奴隶解放者林肯。

我们现在纪念林肯的生日，我们很自然的都回想到他在一百年前说的那几句富有预言意味的话：

> 我相信，在一半是奴隶，一半是自由人的状态，这个政府是不能长久存在的。……将来总有一天，或者全部都是奴隶，或者全部都是自由人。

林肯在一百年前说的这几句话，今天在我们的心里得着同情的响应，正因为我们现在正面对着一种新起的、更残酷的奴役人们的身体与精神的奴隶制度，——这种新起的奴隶制度已经把一个很大部分的人类都变作了奴隶，并且还在很严重的威胁着整个世界。

我们在自由中国的人，在自由世界的人，都常常忍不住要问问我们自己：

我们这个一半是奴隶，一半是自由人的世界能够长久存在吗？

这个一半是奴隶，一半是自由人的世界究竟还能够存在多少时呢？我们还要问：

是不是将来总会有一天，——正如林肯在一百年前悬想的将来总会有一天，或者全部都是奴隶，或者全部都是自由人？

我相信，这是林肯在今天给我们的新意义。

一九五九年一月廿九日

太戈尔[1]

太戈尔先生到中国两次，第一次是在一九二四年，住了几个月，先到上海，后到北京，在北京住的稍久，曾作几次公开讲演。此次他来，似是北京尚志学会主持的。太戈尔似很重视此行，故他带了他手创的Sentiniketan大学的几位教员，——梵文学者Sen，画家Bose，——和一位做他的秘书的英国信徒Elmhirst同来。Sentiniketan是太戈尔先生在Bolpur创办的学校，是世界知名的学校，往往称为太戈尔的“国际大学”。Sentiniketan的梵文原义为“寂寞的乡村”，此学校中师生往往在树阴下讲谈，有自由的学风。

那时他的著作，已有中文译本，如The Crescent Moon，Chitra等。徐志摩和他的朋友们发起的北京“新月社”，以及后来上海的“新月社”、新月书店、《新月》杂志，起名都由于太戈尔的《新月集》（The Crescent Moon）。

一九二四年五月八日是他老人家六十四岁生日，北京的一班朋友发起给他祝寿，主要的节目是他的戏剧，《杞特拉》（Chitra）的用英文公演，林长民的女儿林徽音女士演主角Chitra，徐志摩、林长民诸君都参加。他老人家很高兴。

我们观察太戈尔那一次在中国最感觉烦恼的一点是当时的左派青年（那时中国共产党已成立三年了）反对他的演讲，在演讲场上散发传单攻击他。有一次他在真光戏园演讲，主持的人要我做主席，要我介绍他，并劝告大家尊重他老人家说话的自由。

有一天，他对我说：“你听过我的演讲，也看过我的稿子。他们说我反对科学，我每次演讲不是总有几句话特别赞叹科学吗？”我安慰他，劝他不要烦恼，不要失望。我说，这全是分两轻重的问题，你的演讲往

① 此据《胡适手稿》第9集下册，台北胡适纪念馆1970年影印本。题目为编者所加，原题为《追记太戈尔在中国》。

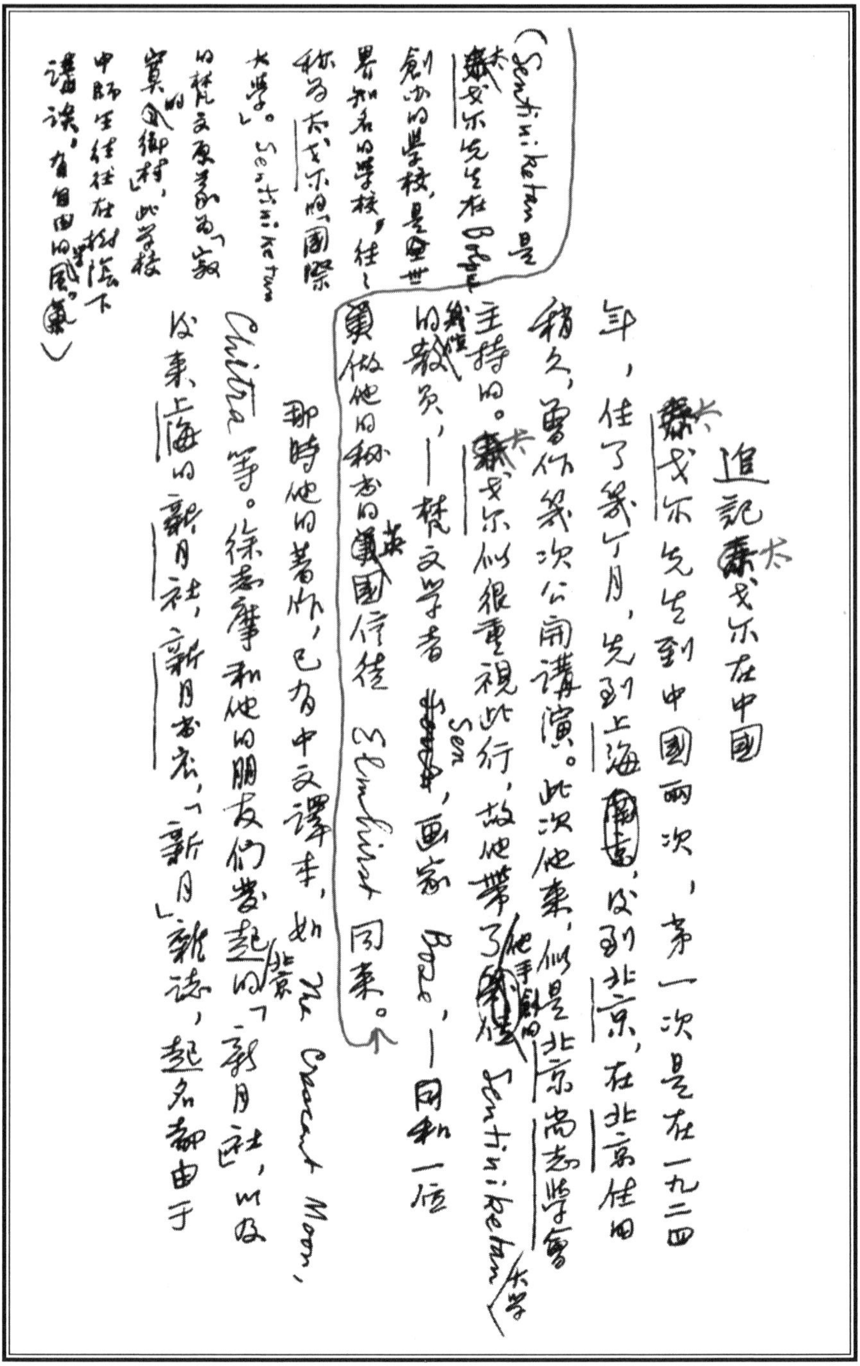

追記太戈尔在中国

太戈尔先生到中国两次，第一次是在一九二四年，住了几个月，先到上海、南京，後到北京，在北京住的稍久，曾作几次公开讲演。此次他来，是北京尚志学会主持的。太戈尔似很重视此行，故他带了他手创的Santiniketan大学的几位教员，——梵文学者Sen，画家Bose，——同和一位做他的秘书的英国信徒Elmhirst同来。（Santiniketan是太戈尔先生在Bengal创办的学校，是全世界知名的学校，往往称为太戈尔的国际大学。Santiniketan的梵文原意为「寂寞的御村」，此学校中师生往往在树荫下讲谈，有自由的风气）

那时他的著作，已有中文译本，如The Crescent Moon, Chitra等。徐志摩和他的朋友们发起的北京「新月社」，以及後来上海的新月社，新月书店，「新月」杂志，起名都由于

胡适《追记太戈尔在中国》手稿。

从左至右：林徽因、泰戈尔、徐志摩

往富于诗意，往往侧重人的精神自由，听的人就往往不记得你说过赞美近代科学的话了。我们要对许多人说话，就无法避免一部分人的无心的误解或有意的曲解。“尽人而悦之”，是不可能的。

因此，在他生日的前夕，我把我的一首《回向》诗写成一条横幅送他做生日贺礼，我把诗的大意说给他听。他懂得我的意思是借此诗安慰他，他要我把此诗译做英文，写了送给他。“回向”是大乘佛教的一个思想，已成“菩萨道”的人，还得回向人间，为众生努力。

那时溥仪还在故宫，他听他师傅庄士敦（Reginal Johnston）说太戈尔想看看宫殿里的景物，就请太戈尔和他同来的一行人进宫去吃茶。

太戈尔一行人也曾去游览长城、明陵各地的风景。

太戈尔第二次到中国，似是在一九二八年，或一九二九年，他旅行路过上海，上岸在徐志摩家里休息了几个钟头。（那一次同行的似也有Ms. Elmhirst。）那时我也住在上海，我带了儿子祖望去看他，他老人家和我们在一起拍照，照片上有志摩、小曼、Elmhirst 等人。第二天早晨他的船开了，我们还去送他。

太戈尔先生用孟加拉语（Bengali）作诗作文，他的著作全是用孟加拉（Bengali）方言写的，他的成就就使孟加拉语成为印度的一种最传诵的“文学语言”。所以他老人家最同情于我们的白话文学运动。他最爱徐志摩，待他同自己的亲人一样。

一九六一，二，四日追记

杜　威

杜威哲学

刘院长，各位先生，各位同学：

今天我到这里来讲杜威先生的哲学，我感觉到有点班门弄斧。在师范学院里当然有许多研究教育学说和教育哲学的专家，也有这些必修和选修的课程，想来诸位对于杜威先生的哲学一定研究过。

我在国外收到钱校长和刘院长的电报，他们邀我到台大和师院来作一种学术性的演讲，我以为他们还会写信来，给我一点详细的指示。后来一直没有信来；我看时候到了，就打了一个电报，提出两个题目；在师院的题目是“杜威哲学”。

杜威先生是我的老师。我们三十九年来，不但是师生的关系，而且还是很好的朋友。他在六十岁的时候在北平讲学；那个时候我在北京大学，我替他做翻译。以后他到太原、天津、济南各地去讲学，我也替他做翻译。我们又继续几十年的朋友关系。他在北京过六十岁生日的时候，我参加了；他过七十岁生日的时候，我没有参加，因为他在国外，我在国内。到了一九三九年，他八十岁的时候，我在美国做外交官，参加了他的生日庆祝；一九四九年，他九十岁的时候，我在纽约也参加了他的生日庆祝。他今年夏天刚过去，算起来活了九十二岁多。

今天我打算讲杜威先生的哲学思想；下一次讲他的哲学思想在技术方面的应用。

约翰·杜威（John Dewey）生于公元一八五九年十月，死于今年（1952）六月。他出生的地方是美国东北部佛蒙特州（Vermont）的柏林顿城（Burlington）。这个地方是美国最民主一个小州，是英国宗教家最早到达的地方，也是美国保留有最早的民主风气的一个地方。我曾经到这儿参观过，看到了世界最有名的真正民主制度。这个地方的议会，不是选举的代议制，而是全体市民直接参加。每逢市（村、镇）议会开会的时候，市民不论男女老少都踊跃出席；主席把已经宣布了的本市（村、镇）的问题提出来后，人人都可以参加讨论。这是一种真正的直接民主制度，使我看了非常感动。杜威先生就是生长在这个真正民主的地方的。

杜威先生最初进本州大学。后来到巴铁摩尔市（Baltimore）的约翰霍布金斯大学（Johns Hopkins University）研究哲学。这个大学在七八十年前是第一个新式的大学。它以研究院作中心。是以前大学所没有的制度——开美国大学风气之先。杜威先生就是这个大学研究院最早的学生当中的一个。美国有名的总统威尔逊也是从这个大学出身的。

杜威先生毕生从事教育，真正做到了孔子“学而不厌，诲人不倦”的榜样。他在约翰霍布金斯大学完成了学业以后，便在密歇根大学（University of Michigan）和明尼苏达大学（University of Minnesota）任教。一八九四年就任芝加哥大学（University of Chicago）哲学系主任。同时，他和他的头一个夫人合办实验学校，提倡新的教育；这是美国新教育的创始。一九〇四年转任哥伦比亚大学（Columbia University）哲学系主任。

■ 前排左起：史量才、杜威夫人、杜威
后排左起：胡适、蒋梦麟、陶行知、张作平

一九一九年到日本东京帝国大学做了几次讲演后，著了《哲学的改造》一书，那一年正是中国五四运动的时候，蒋梦麟先生、陶知行先生和我，代表江苏省教育会，北京大学和北京大学的行知学会请他到中国来讲学。他本来预定在中国讲学几个月；后来因为对中国发生了很好的感情，继续住了两年，到处作了许多次的演讲。后来又到苏俄、土耳其、墨西哥等地。

一九一九年——民国八年，杜威先生到中国来讲学，我们几个他的学生，在他开讲以前，举行了几次公开的讲演，把他的思想做一些通俗的介绍。我的讲演有一部分收进了《胡适文存》。像《实验主义》和《最近五十年的世界哲学》两篇文章里，都提到杜威先生的思想。

杜威先生的教育哲学、教育学说，被公认为最新的教育理论，不但影响了全美国的学校，由幼稚园、小学、中学，到大学，也影响了革命初期的俄国。苏俄那时的教育制度，便是依杜威先生的理论制定的，后来革命的倾向改变，整个教育制度也就改变了。中国教育界自一九一九年到现在，也深受他的教育思想的影响。

以上只说杜威先生在教育方面的影响。其实，他的影响并不限于教育方面。这次我所要讲的杜威先生的哲学，可分为两部分：一部分讲他的哲学思想，一部分讲他的哲学思想几方面的应用。

杜威先生的思想，一般人叫它实验主义（Pragmatism），日本翻作实际主义；我们在民国八年做通俗介绍的时候，翻作实验主义。在讲杜威先生的思想之先，不能不说几句关于实验主义的话。

实验主义到现在已经有八十年的历史，共有三位大师：第一个大师是皮尔士（C. S. Peirce 1839—1914），是美国的大科学家。他于一八七七年开始提出了实验主义这个名字；他在一个通俗的讲演里面，提出一个问题：“怎样可以叫我们的意思明白？”他的答案是：“科学实验室的态度。”那就是说，科学实验室的方法和配备，可以使我们的意思、思想明白，你无论同做科学实验的人讲什么，他总是说让我来实验一下，看这句话会发生什么效果。这个效果就是你所说的话的意义。如果照你说的话做一个实验，实验出来某种效果，你那句话就是有意思的，如果你的话没有法子实验，实验不出效果，那么，你的话就没有意思，就是瞎说，胡说。这就是“科学实验室的态度”。就是说拿一样东西，一个观念或者一种思想的效果的结果，来批评某种学说或思想。

做科学实验的人，无论实验物理、化学、地质、生理或心理，都要先有一个思想（假设的理论）：照这样的设备，这样的布置，做起这样的实验来，应该产生某种效果。如果实验的结果不产生某种效果，那就证明了前面的理论是错误的，就应加以修改。另外装置起来重新再做实验，看看这个修改过后的理论对不对。科学家在实验室的态度，就是实验主义。无论什么东西，都要拿这种态度来说明，来解释，来实验。

皮尔士是实验主义三位大师中的第一位大师。他所提倡的就是“科学实验室的态度”。以这种态度应用到人生上，凡是思想、理论、概念，都得用这种态度来批评它，解释它，说明它，才可以使它的意义清楚。我们看这个思想或概念，在人生行为上发生什么效果；再拿这效果来批评，来说明这个思想或概念：这等于在实验室里面用某种器具，某种设备做实验而产生的效果，再拿效果来批评理论一样。简单的说，一切有意义的思想或概念，都会在人生行为上发生实验的效果。如果要决定这个思想或概念是不是有意义，只要看承认它时有什么效果发生，或者不承认它时又有什么效果发生。如果承认它或者不承认它时都不会发生什么效果，那么，这个思想或概念就毫无意义了。科学实验室的态度就是用来解释，说明一切思想、观念、概念，使得思想、观念、概念的意思清楚的。

实验主义的第二位大师詹姆士（William James 1842—1910），和皮尔士是同一个时候，同一个地区的人，也是同一个学校（哈佛大学）的朋友。他本来是学医的；后来转到心理学，在心理学上开了一条大路。他的著作有《大心理学》和《小心理学》。他的《大心理学》在世界心理学史上，占了一个很重要的地位。

詹姆士把皮尔士的基本观念应用到各方面，拿来做科学和哲学的方法论、真理论、宇宙论。（各位若要知道详细，请参阅《胡适文存》第一至二集。）

詹姆士虽然是科学家，但是他出身于宗教家庭，富有宗教情感。他的实验主义的发生，是为求怎样使得意思、概念明白清楚。他把皮尔士的方法推广到各方面去。他以为讨论某种事体，某种概念或信念，某种宗教信仰或某种人生信仰，都可以用这个标准来批评，看它在人生行为上发生什么效果。如果发生了某种效果，就拿这个效果来决定是真的还是假的，是有价值的还是没有价值的。因为他把这个方法应用到宗教方面，他相信某种宗教的信仰能得到某种安慰和某种人格的行为上的改造，便有人批评他应用的范围太广，不免有一点危险。举例来说：二十年前左右，美国一位有名的传教士艾培先生到北京来找我。他说："胡先生，听说你是一个实验主义者。我要同你谈谈实验主义。"我说："好吧！"他举起左手说："这边一种信仰，认为人生等于一只狗一只猫，没有希望，没有前途，没有天堂地狱，没有将来的生命：这是悲观主义的信仰。"又举起右手说："这边的一种信仰，有天堂，有上帝，有将来，有死后的生命：这种信仰叫人乐观，叫人往前进，用实验主义的批判，一定放弃那边的悲观信仰，而接受这边的乐观信仰。"我说："我这里有一块洋钱，另外有一张百万美金的支票。艾培先生，你知道我胡适决没有一百万美金，支票是空头的。以一百万美金和一块洋钱相比，支票可以说是代表乐观的。你是接受一块洋钱，还是接受一百万美金的支票呢？"他说："我当然接受一块洋钱。"

由这个例证看来，严格的实验主义，总是用科学实验室的方法，先归纳观念的意思，把观念的真假确定之后，再来考虑那偶然发生的某种希望是真的还是假的。如果滥用实验方法，便是放弃真实的洋钱，而取空头的支票了。詹姆士因为富于宗教情感，偶然不谨严一点，因此引起人家的批评。（对于詹姆士，我说得太简单了，似乎有一点不公道。不过很短的讲演里，难免有过度简单化的毛病。这要向各位先生道歉的。）

第三位大师就是杜威先生。他是实验主义运动中第三个领袖，年纪比前两位轻一点，寿命又特别长，活到九十多岁，所以他的影响最大。他运用方法也比较谨严，所以他的影响也比较健全。要讲杜威先生的思想，应该先讲一点他的思想的背景。这是很重要的。

第一，就是方才所讲的，他生长的区域是一个真正民主的社会：没有阶级，绝对自由，不是间接的代理民主，而是直接实行民权的真正民主社会。所以他从小就有民主的习惯。最能代表他思想的著述，有《学校与社会》和《民主与教育》二书。后一本书在中国有译本。

第二，两三百年来的科学方法——皮尔士大师所提倡的科学方法，就是应用到自然科学方面的，如物理学、化学、生物学、地质学等这一类实验科学的方法。

第三，十九世纪后半叶产生"生物演化论"，也就是所谓"生物进化论"，中国严复先生译为《天演论》。在杜威先生出生的那一年（1859年），就是达尔文名著《物种由来》出版的那一年。这本书出版后轰动全世界的生物学界。当时就引起了宗教家和哲学家的反对。后来（1871）达尔文又出版了一本《人类的由来》。这本书里面就不客气的继续《物种由来》而说人类是由下等动物，经过几十万年的进化演变，由和猴子相似的动物变成人猿，由人猿再演进成为人的。达尔文花了三十年的苦工，才敢提出这个研究的结果。所有物类的演变，开始都是很微细的，而后逐渐变异。在某种环境之下，旧的生物感觉到不适于这一个环境，或者过热，或者过冷，或者过于潮湿，或者过于干燥，而其中有一部分偶然起了小小的变化，并且这种变化比较更能适合于环境一点，这一部分就继续生存下来。其余没有变化的慢慢就淘汰了，灭亡了。于是这一部分的微细变化，就更加的向适于生存在某种环境中的那种特性格外发展。因为坏的已经死光了，结果，存在的慢慢就成了新的物类。所以《物种由来》的根本说法，就是说物类都是由于很微的变异因为适于生存而不被淘汰而来的。这就是所谓"自然选择"或"物竞天择"。所谓进步，所谓演化，并不是整个笼统忽然而来的；是由一点、一滴、一尺、一寸、一分的很微细的变迁来的。并不是猴子一类的动物一跳就变成人猿；人猿再一跳便变成了人的。例如人的两手，由于我们的老祖宗偶然用后面两条腿站起来，久而久之的结果，成了习惯慢慢的前面两条腿变成手了。在比较解剖上可看出：人类的手，鸟类的翅膀与许多动物的前肢，都是由于这种变异而来。但是这种变异都是经过了几十万年的过程，由一点一滴的聚积而成的。

达尔文的进化论，不同于马克思的辩证法。马克思的辩证法是根据黑格尔的辩证法；这种辩证法与天然演进的科学方法是不符合的。

总之，杜威先生的哲学思想，就是由这三个背景产生出来的，而最要紧的是他注重科学方法，也就是继承皮尔士、詹姆士实验主义的传统，以科学实验室的方法做基础来讲真理问题、哲学问题、知识问题、道德问题以及教育问题。所以第二个背景是很重要的。他不满意詹姆士的那种广泛的引用实验主义的方法，所以他不大喜欢这个名词，把实验主义改名“试验主义”（Experimentalism）。因为实验主义未免太注重效果；像方才我讲的那个传教士的说法，拿宗教的效果来标榜或滥用。所以与其叫实验主义，不如叫试验主义。后来他又说：一切的思想、知识、经验，都是生活的工具，生活的基础。每一个人所有过去的经验，和现在的经验，都是为帮助将来生活的工具。天地间一切真理、一切学术、一切教育，以及什么圣人贤人的话，天经地义的金科玉律，都不过是工具。这都是帮助我们解决问题的，帮助我们提一个暗示、一个假设的工具，所以便有人说杜威是工具主义（Instrumentalism）的一派。

方才我说，两三百年来，物理学家、化学家、生物学家、地质学家们给我们建立了一个可用的科学方法。杜威先生这样想：我们为什么不拿这个方法来普遍的应用，而只限制在物理、化学、生物、地质方面？为什么不应用到改善精神方面？杜威先生以为这一种科学方法，在实验室内应用了二三百年，并没有流弊，的确是一种可以建立起的最好的方法。这个方法就是自己本身批评自己与纠正自己错误的作用。在试验以前，一切先要有假定。比如假定有甲、乙、丙三个条件，在这三个条件具备的时候，就产生丁、戊、己的结果；那么，我们就把甲、乙、丙三个条件设备起来，看是不是产生丁、戊、己。如果产生，就是对了；如果不产生，就是错了。这个方法是：自己批评自己，自己纠正自己的错误；随时修正，随时发明。所以科学方法根本的观念，不单是求知识，还可以处处发明和发现错误。发现错误与发明正确是同样重要的，是同样可以增加知识。求知与发明，和发现错误联合一贯，再看效果，就是实验的方法——科学的方法。这一种方法为什么二三百年来，不应用到所有精神的领域，所有道德、教育、政治、社会方面去呢？最重要的尤其是宗教、道德方面，为什么不应用呢？

要说明这个历史，就要回到方才所说的三个思想背景。杜威先生说：现在的民主社会，是没有阶级；而古代的社会是分阶级的。所以古代有劳心者，有劳力者；有统治者，有被统治者；有君子与小人的区别。古代社会分有阶层：因职业上、生活上的各种关系而分了阶层。因此，在新的科学出来以后，许多人都认为这是危险的；认为如果这种思想推行广了，就要影响并且动摇社会的基本思想了，认为古久传下来的宗教、伦理、道德的思想都要动摇了；所以由于社会有阶层的关系，就使思想也分了区域。新的科学是没有方法驳倒的；新的化学、物理等知识一天天的加多，就得想出一个调和的办法，才可以使科学方法不影响到宗教、道德方面。这个就是分区而治。这是杜威从历史上看出来的。你们的新思想只能限于某一区域，不要到精神的领域来；不然，就要受统治者的制裁。结果大家为了避免统治者的干涉或宗教的审判，怕在火上被烧死，于是就愿意，只要你们让我们研究物理、化学，我就不来麻烦道德和宗教。道德、宗教方面也就表示只要你们不来麻烦道德、宗教，我们也就允许你们研究自然科学。你们研究的是物，我们研究的是心；我们分区而治，各不侵犯。所以在这个社会有阶层的情形下，思想在不知不觉中就分成了唯心和唯物两派。我们是物质的，你们是精神的；你们是形而上的，我们是形而下的；大家分区而治。

可是现在我们不同了。杜威先生说：现在到了民治时代；民主制度下是没有阶级的，没有阶层的。我们应该打破从前反映社会阶层的分区而治和各不侵犯的观念。要进到“下学而上达”的地步，要打破精神与物质的区划，打破心与物的分别。所以杜威根本的哲学，就是要反映无阶级的民主思想，没有心与物的区分，没有形而上与形而下的区分，方法只是一个，没有界限没有阶层。

三十多年前，杜威在日本讲学时，讲“哲学的改造”，说改造那是客气；实际上他要革命，要推翻二三百年来唯心唯物的划分。他说：古代思想的最大错误，就是没有懂得所谓“经验”（Experience）。从前的学者，把经验分成主观的和客观的。但真正讲起来，什么叫做经验呢？

杜威先生曾经说："经验就是生活。"生活是什么呢？"生活就是应付环境"。人生在这个物质的客观环境里面，就要对付这一个环境。对付它，就是我对物、物对我。这种对付环境的生活，就是经验。应付环境，不是敷衍，而是要天天接触环境来得到新的知识。应付环境就是时时刻刻，在增加新知识和新经验，新技能和新思想。人在这环境之中，时时刻刻免不了有困难发生。因为要解决这种困难，就引起了思想的捉摸与觉悟。因为思想的作用，就逼得你不仅是无意识的应付环境，而且应付环境的方法，其内容更加强更丰富了。新的知识与新的经验加上思考力的结果，应付环境觉得更满意了，格外成功了。所以经验是时时刻刻在增加应付将来新环境的力量。这就是与方才所说生物的进化一样，也是由一点一滴而来的。我们在那一分钟一分钟之中，今天这一部分人，应付这一个环境，需要某种的应付方法，还要有怎样的改善方法：这决不是笼统一下子可以得到的。人的知识、经验和生活，与生物的进化一样，是从一点一滴的解决问题，解决环境的困难而成的。我们看小姐们颈项上挂的珍珠是怎样来的呢？海里的老蚌，在张开蚌壳的时候，有沙粒跑了进去；因为它没有手，不能把沙粒拿掉，又感觉到剧痛，于是它就本能的应付环境，从自己身上分泌出一种汁液来包围，这粒沙慢慢的裹大了，久而久之，就成为一粒珍珠。这是老蚌本能的应付环境：没有知识，没有思想，很老实的不断的在应付环境，逐渐的分泌汁液，将沙粒包围，结果就成为珍珠。人类是所谓"万物之灵"，当然与蚌不同。在他遭遇到困难的时候，能够用思想，能够用过去的经验；祖宗积下来的，和学校、社会以及书本中得到的经验、知识、学问，都可以活用，都可以拿来应付环境。所以杜威先生说："教育是要人用知识、用思想的方法；用最好最稳当的方法来思想，来帮助经验，来控制和改善经验，使将来的经验比现在的经验更满意、更能够应付环境。"比起老蚌糊涂无知的、本能的应付环境，解决困难，我们人类是好得多了。因为我们有前人留下来的知识经验，学校给我们的知识经验，和三百多年来的科学家们给我们方法，帮助我们实验应付环境。我们所得到的结果，虽然没有像珍珠那样漂亮好看，但是，照杜威先生的意思，这结果却是真的知识，却是活的经验，一点一滴都是珍珠。人的整个经验，一点一滴都是真理，都是宝贝。那宝贝是看不见的；但是在脑子里，在心灵里，一天一天的积累，就愈来愈灵活了。这个经验，就是教育。这种教育哲学，就是杜威先生的基本思想。

一九五二年十二月三日
在台湾省立师范学院讲

杜威先生与中国①

杜威先生今天离开北京，起程归国了。杜威先生于民国八年五月一日——“五四”的前三天——到上海，在中国共住了两年零两月。中国的地方他到过并且讲演过的，有奉天、直隶、山西、山东、江苏、江西、湖北、湖南、浙江、福建、广东十一省。他在北京的五种长期讲演录已经过第十版了，其余各种小讲演录——如山西的，南京的，北京学术讲演会的，——几乎数也数不清楚了！我们可以说，自从中国与西洋文化接触以来，没有一个外国学者在中国思想界的影响有杜威先生这样大的。

我们还可以说，在最近的将来几十年中，也未必有别个西洋学者在中国的影响可以比杜威先生还大的。这句预言初听了似乎太武断了。但是我们可以举两个理由：

第一，杜威先生最注重的是教育的革新，他在中国的讲演也要算教育的讲演为最多。当这个教育破产的时代，他的学说自然没有实行的机会。但他的种子确已散布不少了。将来各地的“试验学校”渐渐的发生，杜威的教育学说有了试验的机会，那才是杜威，哲学开花结子的时候呢！现在的杜威，还只是一个盛名；十年二十年后的杜威，变成了无数杜威式的试验学校，直接或间接影响全中国的教育，那种影响不应该比现在更大千百倍吗？

第二，杜威先生不曾给我们一些关于特别问题的特别主张，——如

① 原载1921年7月10日《东方杂志》第18卷第13号。

■ 胡适将这帧“全家福”题赠给他的老师杜威

共产主义，无政府主义，自由恋爱之类，——他只给了我们一个哲学方法，使我们用这个方法去解决我们自己的特别问题。他的哲学方法，总名叫做“实验主义”；分开来可作两步说：

一、**历史的方法**——“**祖孙的方法**” 他从来不把一个制度或学说看作一个孤立的东西，总把他看作一个中段：一头是他所以发生的原因，一头是他自己发生的效果；上头有他的祖父，下面有他的子孙。捉住了这两头，他再也逃不出去了！这个方法的应用，一方面是很忠厚宽恕的，因为他处处指出一个制度或学说所以发生的原因，指出他的历史的背景，故能了解他在历史上占的地位与价值，故不致有过分的苛责。一方面，这个方法又是最严厉的，是带有革命性质的，因为他处处拿一个学说或制度所发生的结果来评判他本身的价值，故最公平，又最厉害。这种方法是一切带有评判（Critical）精神的运动的一个重要武器。

二、**实验的方法** 实验的方法至少注重三件事：（一）从具体的事实与境地下手；（二）一切学说理想，一切知识，都只是待证的假设，并非天经地义；（三）一切学说与理想都须用实行来试验过；实验是真理的唯一试金石。第一件，——注意具体的境地——使我们免去许多无谓的假问题，省去许多无意义的争论。第二件，——一切学理都看作假设，——可以解放许多“古人的奴隶”。第三件，——实验，——可以稍稍限制那上天下地的妄想冥思。实验主义只承认

▩ 胡适任驻美大使时，与他的老师杜威在一起

那一点一滴做到的进步，——步步有智慧的指导，步步有自动的实验——才是真进化。

特别主张的应用是有限的，方法的应用是无穷的。杜威先生虽去了，他的方法将来一定会得更多的信徒。国内敬爱杜威先生的人若都能注意于推行他所提倡的这两种方法，使历史的观念与实验的态度渐渐的变成思想界的风尚与习惯，那时候，这种哲学的影响之大，恐怕我们最大胆的想像力也还推测不完呢。

因为这两种理由，我敢断定：杜威先生虽去，他的影响仍旧永永存在，将来还要开更灿烂的花，结更丰盛的果。

杜威先生真爱中国，真爱中国人；他这两年之中，对我们中国人，他是我们的良师好友；对于国外，他还替我们做了两年的译人与辩护士。他在《新共和国》（*The New Republic*）和《亚细亚》（*Asia*）两个杂志上发表的几十篇文章，都是用最忠实的态度对于世界为我们作解释的。因为他的人格高尚，故世界的人对于他的评判几乎没有异议（除了朴兰德Bland一流的妄人）！杜威这两年来对中国尽的这种义务，真应该受我们很诚恳的感谢。

我们对于杜威先生一家的归国，都感觉很深挚的别意。我们祝他们海上平安！

十，七，十一

康南耳[1]

自　记

前天收到任以都从美国寄来的《康南耳君传》影印本，是从《留美学生季报》民国四年（1915）春季第一期影印下来的。

此传中说康南耳大学于一八六八年十月七日行成立礼，又说，“成立之后四十三年……乃有学生五千余人，为世界有名大学之一”。因此我推算此传是一九一一年写成的，已在五十一年前了！

昨天我细读此传，觉得传中写两件大事，——一是康南耳先生创办北美洲电报事业，一是他与白博士（Dr. Andrew D. White）创立康南耳大学，——都还能运用原料，叙述的颇明白清楚，——虽然全文是用古文写的。我修改了十几处，准备将来收在《文存》里。

今天我检看我的《留学日记》卷一，果然此传是一九一一年写成的。今抄那年的日记于下：

> 二月十六日：前此此间中国学生会拟著一书曰《康南耳》，余亦被举为记者之一。今日诸人分任所事，余分得本校发达史（historical development）。
>
> 四月五日：读Andrew D.White自传……计二巨册，亦殊有趣味。
>
> 四月八日：读本校创办者康南耳君（Ezra Cornell）传。此传为君之长子Alonzo（后为纽约省总督）所著。
>
> 四月十日：作《康南耳传》，未完。
>
> 六月廿七日：作《康南耳传》，未完。
>
> 六月卅日：作《康南耳传》，未完。

① 原载1915年3月《留美学生季报》春季第1期。题目为编者所加，原题为《康南耳君传“Ezra Cornell”》。

八月廿一日：下午，至藏书楼作《康南耳传》。

八月廿二日：作《康南耳传》毕，凡五六千言。拟系以短论，久之未成。

八月廿五日：作《康南耳传·结论》，约三百余字，终日始成。久矣，余之不亲古文，宜其艰如是也。

九月三日：改《康南耳传·结论》，删去二百字，存百字耳。

九月廿五日：在藏书楼阅书，为作本校发达史之材料。史目如下：

第一章 概论

第二章 白（White）校长时代

第三章 亚当（Adams）校长时代

第四章 休曼（Schurman）校长时代

九月廿六日：至藏书楼读书。作校史第一章，未成。

九月廿二日（星期）：演说会（中国学生自己组织的中国语演说会）开会，余演讲 Ezra Cornell 之事迹。

这是《康南耳传》的小史。

一九六二，二，十

（官地捐兴学案百年纪念年）

君名爱思纳，康南耳其姓也。以一千八百〇七年正月十一日生于美国纽约省之威及斯特市。既生数月，即迁居帝莱脱市。父名琦理佳，业农，兼造陶器，为人勤俭方正，娶巴那氏，生男子子六，女子子五，君其长子也。

君幼敏慧，多材力，异于常儿。每与诸儿嬉，君辄为魁率。家贫，不能受学校教育，父母自教之读。一日，父指村前丛林谓之曰：能治此林令成田，吾将令汝入学。君曰，诺。林广袤四亩许，君与其一弟伐木去草，别树黍焉，遂成良田。父乃令以冬季农隙入学。父尝雇匠人建陶舍，君助之工作。久之，遂得窥规矩绳尺之用，遂与诸弟伐木鸠材，为父筑

■ 康南耳像

楼屋。于时附近尚无楼居者。楼成之日，遍招邻里以落之。群察君工作，尺寸绳度，不差累黍，虽老梓人亦莫不吐舌称异焉。时君方十七岁耳。

楼成，君自度可以自活。遂至西雷寇（Syracuse）为伐木之工。复至荷马（Homer），佣于一机器肆。凡一年，又去之。一八二八年四月，至绮色佳（Ithaca）城，即今日康南耳大学所在地也。时君年二十一矣。绮色佳时仅一小村，据凯约嘉湖上，时铁路尚未通。适伊丽运河新成，附近木材，皆由此赴东，此城遂成水市。居人为数可二千。君只身投此，囊中仅敝衣一袭，及工值数金而已。始至，为木工，继佣于爱第君（Eddy）为守厂之工。一年，以勤慎见称。时有参军皮比君（Colonel Beebe），亦置厂为麦粉之业，闻君可恃，遂招之往。君初不习此，久之，遂亦安之。君精敏深思，数有所规画。时绮城各厂，皆近瀑泉，制槽引水，以水力运机。而水流激，槽易损坏，又以地险不易修治，岁费殊不资。冬日冰块崩塌，为患尤大。君乃建议因山凿石，为百尺之渠，引水直达诸厂，为一劳永逸之计。又于渠之上流，筑堤以汇水。此二事，七十年来，尚仍其旧，居民赖之。君持躬勤敏，主者亦雅相推重。君主于皮比，凡十二年之久。君时已娶于吴氏，育儿女矣。当是时，君自视果能妻孥衣食无缺者，则且以力佣终其身耳，又乌知他日之能致其巨万之富哉。

一八四一年，皮比尽售其业于人，君遂失业无所事。时君年已三十有四。家累既重，势殊穷困。适有人发明一种新犁，已得专利权，而贫不能张其业，遂售之于君，君乃往来梅痕（Maine）、乔琪亚（Georgia）

二省销售此犁。一八四二年，君至朴兰城（Portland 梅痕省大城）。有施密者（O.J.Smith），主《梅痕农报》，颇风行一时。君往谒之，即乞为绍介此犁于是邦。施氏见君与语，大悦之，二人遂订交焉。明年夏，君再访施氏于朴兰。是役也，实君一生事业发轫之枢纽。君自记其事曰（以下为君日记中语）：

余入室，见施氏一足跽地上，一匠人立其侧，施氏以粉笔画地，作图示匠人。见余至，施氏急起，执吾手曰：康南耳，吾正欲得如子者而与之言也。盖吾欲令此君造一机，而此君苦不能喻吾意，奈何？施氏因为余言，联邦国会，方悬三万金请穆思教授（Samuel F. B. Morse）通电线于华盛顿与巴特摩（Baltimore）之间。施氏已与立约，承造此线，约每里百金。惟是时电线须裹铅管埋地中，故施氏欲造二机，一以掘地，一以敷土。余因察视施氏图式，颇有所悟，念此二事，可以一机兼之。即索纸笔，作犁形之车。车前具机轮，以电线管绕其上，车下为镵以掘地，以马力驾车，车行而濠成，轮上之管，同时埋下。图成，施氏即诣一机器肆，令余试为之。

八月十七日，机成。时穆思先生已应施氏之请而来，遂相与实验此机，再试皆效。施氏与穆氏皆大喜，施氏劝余携此机往巴特摩城，承造此项电线。余念果尔，则余宜舍吾旧业，心殊犹豫；既而思此乃盛事，时不可失，遂诺焉。十一月，余至巴城谒穆氏，穆氏导余观造管之局，司其事者为石来氏。余默察诸管，见皆为铅冷时所引伸，因思冷铅中必有气泡，设受压力，不将裂耶！因以此意告之穆氏，穆氏初不以为然也。一月之后，兴工安设电管，余司其事，而范尔者副焉。一日，余方督工，穆氏忽自巴城至，甫下车，即嘱余停工，盖穆氏于时已知冷铅管之害故也。时穆氏、施氏、范氏等，会议改革，初以热铅管代之，亦不满意，而旷日已久，所筹巨金，已将告尽。诸君日夕聚议，以余匠人，初不见重，亦无就余谋者。余既无所事，日考察诸铅管，知此中电线，可取出而重新之，且能不糜费，因以语穆氏。穆氏初惑于范氏之言，以为非毁管不能得线。余陈语再三，穆氏稍悟，乃以余为工程副司。余自视不学终不可恃，遂商之华盛顿城白智君，乞为我列一电学书目，而假书于藏书楼，日夜读之。余既读书，知电报在英国，亦尝遭此失败，其后卒用电竿之法。余因劝穆氏令采布线于竿上之法，久之，穆氏亦动，计遂决。余遂为画策兴工，时已为一八四四年之三月，及五月之初而工毕。自巴城至华盛顿间之电线遂通（以上为康君自记）。

时电线尚未通行全国，又非国有。此线孤立，遂无大利，人亦不知其为大利也。康君独逆知其利，遂肆力于此，精研而覃思之。是年之夏，君游波士顿，谋设电线于波士顿与纽约之间，卒无人应者。君遂去波城而之纽约，纽约之人之待君，亦如波城，然君毅力初不少杀。久之，始稍稍有人集资，建一电线公司（Magnetic Telegraph Co.）。造电线通费府、纽约、李城、华盛顿诸市，而君主其事。时电业方草创，凡诸器械，多所未备，君天资过人，辅以学力，遂能制作诸器以供用。时君月俸数十金，而贮其半于公司，以坚信用，其窘如此。后二年，君始独力承造电线，通纽约、阿宾二城。时适大疫，君遘疾，几濒于死。同行者皆死，君力疾他徙，久之始瘥。自是以后，凡英属魁白克（Quebec）及美国浮门特（Vermont）省之电线，皆君主其事。君历练既深，自信弥笃，一八四七年，遂创伊丽（Erie）及密西根（Michigan）公司，欲自东美通电线至于中部芝加角城。时芝加角尚为僻地，集资极难，君支持艰巨，不少挫折，卒底于成。干线既成，复以支线连缀附近诸城，中美电政，实始于此。惟各公司势分力薄，不能有大利。至一八五五年，君创全国连合之议，遂创西美联合电报公司（Western Union Telegraph Co.），合东美、中美诸公司，以成一总公司。统一之势既成，乃合力扩充之。又与铁道公司协商，相为辅助，遂益完美。数十年之间，自美之联邦，至于藩属，北至英属加拿大，南及西印度，东通欧洲。至一八八四年，而此西美联合公司（Western Union Telegraph Co.）乃有电线至十四万英里之长，设局至一万二千有奇。即以一八八三年中计之，所赢至美金七百万以上，此则当日草昧经营者所不及料也。君于任事之初，不名一钱，每得俸给，辄贮之公司，以为资本，欲以坚主者之信用也。而十年之中，君乃为公司最大投资者。计君于电线一业，先后得金至二百万以上云。君经营电政，几十二年，此联合公司既成，君始得间归绮色佳。时君年五十，垂垂老矣。乃买田三百亩，筑室其中，为树果之园，种菜之圃，买羊畜之，逍遥农事，以自娱焉。时康氏之羊，举国无其伦匹，有曰短角曰园林者，尤负盛名，每头值千金，人争购之，以其种良也。

一八五八年，君被举为汤铿州农艺会正。一八六二年，为纽约省农会正。是年，伦敦博览会，君代表农会赴之，遂周游英伦诸岛及欧洲大陆而归。时美国方有共和（Republican）政党之设，君极表同意，选举竞争时，君恒竭力相助，以故人多仰重之。一八六一年，君被举为咨议局议员。一八六三年，为纽约省上议院议员，代表三县，盖创举云。君居政界凡六年，此数年之中，君于绮色佳城，独力建一藏书楼，捐为州人公产，四年而成，计筑楼费金六一六七六元，购书四千部，实其中。君初造此楼时，自视家财可五十万金，及楼成而君乃益富，岁入盖十万金云。是时君居省议会，与博士安吉鲁名白姓君（Andrew D. White），同为议员。白君者，尝游学欧洲，居德、俄尤久，博学为当代名士。此二人之交谊，实他日康南耳大学之先河。今录白君自传（*Autobiography of A. D.White*）第十八卷中语如下：

一八六四年元旦，余（白君自称）初就职于省议会。于稠人中见有颀然而长肃然而庄之人焉，曰康南耳君。吾二人座适相接，然不恒交言，康君似极落落难合。盖君于议员中齿为最长，而余为最稚（按是时白君年三十二，康君年五十七）。君为商业中人，而余新舍大学校长之席。君于议会为农组长，而余为教育组长。事事分道背驰，宜其难合也。然吾二人终成至友，则其间盖有天焉。

君时方建一公共藏书楼，就余所长教育组立案。余读其说帖，为之惊叹不已。不特惊其慷慨好义已也，盖君择邑人为之董事，其所择有政见与君异者，有宗教与君异者，要之，皆一邑之望也。

余深叹其远识之不可及，遂力为通过此案。未几而“官地捐”之议起，余与康君几成水火。先是前二年（1862）政府籍全国官地九百四十二万亩（Acres），计各省人口之大小而均分之，以为兴办农业学校之用，名之曰官地捐（Land Grant Fund）。纽约省分得九十九万亩，有人民学校者（People's College），已请于议会，将一举而有之。时有农业学校，以费用不给，而康君适为其校董，遂提议于议会，欲令民校、农校平分此项官地。余以为此款不可分也，收地之利以兴学，其数已微，又从而分之，则二校得利俱薄，而国家蒙间接之害，因历举款分效薄之弊以折之。盖余久患近日专科学校之简陋，以为一国之高等教育，非集各科于一堂，而通力合作，以相辅助，则收效终不能大耳。余抱此志非一日矣，故此次力格此议，不令通过。康君亦不我怒也。

初人民学校之得此款也，曾与政府约，于三年之内，将令本校有学生二百五十人，分科教员十人，校地二百亩，藏书楼一、理化器械若干。而久之不能践约，势将不能得此项官地。一日，康君招余赴一农会常会，会时，君徐徐再申前议，欲令农校分此项官地之半。惟农校须另募三十万圆，以为辅助，此三十万圆者，君自任之。君意以为余之所以反对此举者，恐款分利微，二校俱不得益，今得三十万金，可抵官地值之半，则虽分犹不分也。君语已，会众皆大赞叹。余仍独申前说，不少变，惟语康君：如公等欲请得官地之全数，而益以此三十万，则余必力为通过此案焉。

是时人民学校力不能践约，省中他校闻之，纷纷遣代表来，请分此地，几如众犬争肉，狺狺不已。一日，余遇康君于议厅，即而与之言。少间，君徐问余曰：吾有五十万金之财而无所用之，颇思以之报国，君谓何者为最当耶？余应之曰：康君，今日要务，惟慈善与教育二事。然慈善事业尽人皆知为之，独无念及教育者。国中普通教育，虽有公立学校在，至于高等教育，则知之者鲜矣。然无高等教育，则教育必不能尽善。国家于此，力有所不逮。今君有五十万金，何不以之建一大学，令高等教育有所授受乎？余

> 因为之陈说今日教育之缺乏，以为工业科学之类，非财力充足之校，无由授之；若文史之属，譬之文明之花，虽绚烂怡悦，非今日之急务也。康君倾听无语，久之辞去。明日，君复过余所，曰：吾思之熟矣，今始知此官地之不宜分析，又知今日需一高等之大学也。吾愿助此校地一区，金五十万，而以此官地辅之，何如？余闻之，心折无已，即为草创议案。君初不愿以己名名此校，余语以此为今日风尚，如哈佛、耶尔皆是，君始诺之。遂名之曰康南耳大学，位于绮色佳城，承君志也。

以上为白君自传中语，记康南耳大学之所由起也。此康南耳大学议案既成，[省]议会尚未通过，而反对党群起攻击，人民学校主者柯克君（Cook适案：后民校歇闭，此君另创柯克学校，现有中国学生数人肄业其中。）为之魁，势汹汹逼人。甚至丑诋康君，谓为窃国之奸人，谓为自私，欲为一己铸铜像耳。康君与白博士竭力奔走。其时反对党势殊猖狂，议会不敢抗，遂决议："康君须先捐二万五千金于一 Genesee 学校，始可捐此五十万金于新校。"Genesee 校者，亦反对党之一也。此议案出，人皆不平，以为康君慷慨好义，乃反受逼迫，令出巨金耶。康君独不与校，夷然受命，纳金如数，议案遂通过。（此实议会徇情枉法之一大耻。后三年，始有人提议由省政府筹二十五万金捐于康南耳大学，以赎前愆焉。）君乃出其绮色佳城之腴田二百亩，前此所尝树果、畜羊者，捐为校地。设董事部，推白博士为校长。于是筑校舍，置器械、图籍，延聘教师。如是者三年，而康南耳大学遂于一八六八年十月七日，行成立礼。当是时，有驻校正教授十九人，名誉教授六人，助教四人，教习五人；学生四百十人而已。成立之后四十三年，康南耳大学乃有学生五千余人，为世界有名大学之一。康君虽不及见其盛时，然于当日筚路褴褛、披荆榛除狐兔之心事，则已稍慰矣。

先是康南耳大学既得官地全数，凡九十九万亩，若以当日市价尽售之，岁入息可四万金耳。康君逆知他日地价必增，为大学计，宜善用此百万之地，遂出资尽买为己有，而与大学约，后此所得利益，悉以归大学。自是君遂以全力经营此田，待价而售之。忌君者遂群起攻击，谓君假好义之名，而以营私利，今操此百万之田，其意将以垄断全邦，自收厚利耳。此论一出，举国和之，报纸攻击尤力。君毅然不顾，为之不少懈，然为数泰巨，赋税修治，所费不下数万，又不能即售去。斯时君年已六十余，老矣，又不得暇逸，遂病。一八七四年之冬，君病笃，乃以未售之田五十万亩，移交大学董事之手。是年十二月九日，君卒于绮色佳城之康南耳别墅，年六十有七。君卒后之六年，而美国地价大涨，君所遗城之田，先后共售得五百万金，岁入息金三十余万，视初得地时市价，盖什倍之。于是人始服君之远识。君于康南耳大学，前后共捐金七十万，合之官地所得利五百余万，盖君一人共捐金五百七十万云。呜呼，伟矣！

君娶吴氏，生子六人，女三人，二女、三子早夭。长子名阿朗修，初为议员，后被举为纽约省省长。康君身长六英尺，颧骨稍高，额角峥嵘，初不丰腴而富于筋力，能耐苦。微时尝步行至乔琪亚省而归，计程千五百英里。君日日行之不辍，每日可行四十英里云。生平沉毅果敢，有远识，每作一事，终始以之。当其初建学校时，尝语白博士曰：吾欲令人人皆可于此中随所欲而求学焉（此语今刊于大学印章之上）。及其病笃，犹话白博士曰：天不能假吾二十年，再赢一百万金，以供大学之用耶。嗟夫！此语滋可念也。

胡适曰：若康南耳君者，可谓豪杰之士矣。其贫也，能十余年安之，若将终身焉。及其既富，乃逡巡引退，归而求田问舍，又若将终身焉。其施其财也，一举十万百万，不少吝惜，其视毕生血汗之财，曾不若一敝屣之重。老氏曰：知足者富，君之谓矣。君之语白博士也，其言曰："吾有五十万金而无所用之，颇思以之报国，君谓何者为最当耶？"呜呼，世之富人其视斯语矣。

吉尔曼[①]

我们几千年古国，竟没有一所大学具有六十年以上的历史。在欧洲，意大利有近千年的波罗利亚大学（Bologna），法国有九百多年的巴黎大学，英国有八百多年的牛津大学，七百多年的剑桥大学，其他五百年以上的大学，欧洲有四、五十个之多。在美国这新兴的国家，独立以来仅一百七十年，但他们有三百多年的哈佛大学，二百多年的威玛大学（William and Mary）和耶鲁大学。虽然我国汉朝时有“太学”设立，算起来也有二千多年历史，在汉武帝时太学里从五个博士教授，五十个学生开始，到东汉时学生增到三万人，曾经成为言论自由，政治批评的中心，可惜太学的制度、风气、书籍、设备、财产，都没有继续下来，到今天我们最老的是北京大学，才不过五十多年历史。[②]

吉尔曼（D. C. Gilman，生于1831年，死于1908年），出生在耶鲁学院附近的脑威城，一八四〇年进入耶鲁读书，于一八五二年毕业，次年即与同时友好怀特（Andrew D. White）同时任职美国驻俄公使馆随员，同船去欧洲，在欧洲数年中，两人极为留心考察欧洲的大学教育制度，后来这两个人都成为美国教育的革新领袖，分任康乃尔大学及霍浦金斯大学（Johns Hopkins University）校长。

一八五五年吉尔曼回国，在母校耶鲁任教，当时耶鲁学院正想筹办一个理科学院，就请他做计划，他在一八五六年发表了这项计划，以及在欧洲考察科学研究所的纪录报告，后来这个谢斐而理科学院（Sheffield

---

① 此文是1954年3月26日胡适在傅斯年生日纪念会所作的讲演，原载1954年3月27日台北《“中央”日报》和《新生报》。题目为编者所加，原题为《美国大学教育的革新者——吉尔曼的贡献》。

② 在正式讲演前，胡适感慨地讲了上述的话。

Scientific College）成立，吉尔曼任秘书兼任图书馆主任及地理学教授。

一八七二年吉尔曼经加利福尼亚大学再度邀请，就任该校校长，赴校途中访问了新创立康乃尔大学的老同学怀特，又访问了印第安那州筹办普渡大学的计划，和伊利诺埃州的州立大学计划。就任加州大学校长后，因为学校是州立，一切经费须议会通过，虽有理事会，事实上却受制于州议会，吉尔曼任职三年，深觉不能发展抱负，很不得意；正在这个时候（1874），东部 Maryland 州巴铁莫尔城有一富翁约翰霍浦金斯去世，遗嘱留下一笔大遗产（700 万元），要在当地办一个医院，一个大学。

他在太平洋上羡慕霍大的那些董事先生们，却不知道那些董事先生也正在考虑要请他做校长。那些董事确很开通、明智，他们去信请教当时三位最有名的大学校长：啥佛的 Eliot、康乃尔的怀特，密西根的安其（Angell），这三位校长不约而同的回信说，最好的校长是吉尔曼。一八七五年一月三十日，他接受了霍浦金斯大学校长任务。那一天，他在日记里计划着“每年的收入至少有二十万，四万五千元留作图书、仪器、行政费，十五万五千留作教授费，四个教授每年六千元，合二万四千，二十个教授每年四千至五千，平均四千五，合九万元，二十个副教授（短期聘约）平均二千元，合四万元，总计 154000 元”。他认为：“无论何地，一个大学的效率，不靠校舍，不靠仪器，只靠教员的多寡好坏。”于是他费了一年工夫去寻访人才，当时既有理想，又有钱，又有自由，他走遍欧洲、英国、美国，聘请到许多名教授，如数学家 J. J. Sylvester，生物学家 H.Newell Martin，化学家 Ira Remsen，古典文〔学家〕Basil Gildersleeve 等，还有一位青年物理学家柔兰（Rowland）是个了不起的人才，但以青年不能在美国发表杰出的论文，反受英国大物理学家马克威尔赏识，吉尔曼也罗致到霍浦金斯大学来。人才聘到，一年后才开学。他当时对大学的见解是“研究院是大学，大学生是研究生，大学必须有思想自由、教学自由、研究自由”。他说过“研究是一个大学的灵魂，大学不是仅仅教书的地方，学生不要多，必须要有创造的研究的人才”。

霍大在吉尔曼的领导下，第一个目标是提高大学的研究工作，第二是传布研究的成绩。为了实现这两个相关连的目标，他提倡大学教授合作办几个专发表研究成绩的专门杂志，成绩极可重视。此外霍大早期研究生里，后来很多成为名学者，如美国总统威尔逊、哲学家杜威等。

二十五年之后，吉尔曼七十岁，霍大盛大庆祝二十五周年校庆及老校长七十大庆，当时尚为普林斯顿大学教授的威尔逊总统特作贺寿文，由一千多霍大毕业生与教授签名。贺寿文里说："杰斐逊在他的维金尼亚大学计划里，定下了美国大学的规模，但你老先生是第一个人，建立一种新的大学，在这新大学里，发明新的真理，传布新的真理。在这新大学里，研究工作者的训练最可以表示研究在教育上的功效与价值。"在那次二十五周年的大庆典上，哈佛大学校长 Eliot 也说："吉尔曼先生在霍浦金斯大学，给全国的大学开创了一个新的纪元，他把大学看作研究院，他逼得我们都不能不跟着他走，跟着他改革，他不但发展了霍大，并且使别的大学校长知道如何发展他们的大学。"

一九〇二年，吉尔曼在七十岁时退休了，一九〇八年去世。

有了吉尔曼的霍浦金斯大学，美国才有研究院作本体的大学，美国才把旧的学院（Colleges）提高到 Universities，才有了真正的大学。霍大开学到今天，不过七八十年，它的影响却使美国争取到全世界学术研究中心的地位了。

弗勒斯纳[1]

美国的大学教育的改造，最有大功的两个人：一位是霍布铿斯大学（John Hopkins University）的第一任校长吉尔曼（Daniel Coit Gilman，1831—1908），一位是两个月前去世的弗勒斯纳先生（A. Flexner）。吉尔曼的大贡献是主张四年的本科学院不算是大学：一个大学必须是一个提倡独立的学术研究的研究机构。弗勒斯纳先生的大贡献是创办了一个更进一步的自由研究所，一个“学人的乐园”，叫做“Institute for Advanced Study”，即是一九三〇年他在普林斯敦（Princeton）创立的“更高学术研究院”。

美国的医学教育的改造，最有大功的两个人：一位是霍布铿斯大学的第一任医学院长威而瞿（William Henry Welch，1850—1934），一位也就是弗勒斯纳先生。威而瞿大贡献是创立了第一个以医学研究为中心的模范医学院与附属医院，就是那霍布铿斯大学的医学院。弗勒斯纳先生的大贡献是他在五十年前（1910）调查了北美洲（美国与加拿大）的一百五十五所医学院，揭穿了其中一百三十二所是“可耻的”不及格，他并且出了大力扶助一些最好的医学院，使他们成为世界第一流的医学研究中心。

这一位非常伟大的教育改造者是值得追念，值得崇拜赞叹的。

弗勒斯纳生于一八六六年十一月十三日，死在今年九月二十一日。到此短文出版时，他刚满九十三岁。他死时，我正在美国，我读了纽约几家大报纸报导他的生平事迹、赞颂他的社论，我现在用我剪的报纸，加上一点参考资料，写这篇纪念短文。

---

① 原载1959年11月16日台北《自由中国》第21卷第10期。题目为编者所加，原题为《记美国医学教育与大学教育的改造者弗勒斯纳先生》。

■ 弗勒斯纳像

他的父母是奥国的犹太人，从奥国迁移到美国南方肯突基州的路易卫儿（Louis Ville）。他父亲是个帽子商人，生了七个儿子，两个女儿。他家七个兄弟之中，有两位是有大名的，哥哥西门（Simon）·弗勒斯纳是病理学大家，曾主持“洛克斐勒医学研究所”多年，在脑膜炎的治疗上曾有大贡献。他死在十三年前（1946），享年八十三岁。

亚伯拉罕·弗勒斯纳（A. Flexner）从小就很聪明，很用功。他的大哥雅各帮他的忙，使他能够进当时最有盛名的霍布铿斯大学，他在两年里习完了四年的本科功课，在一八八六年得文学士学位。他回到路易卫儿的一个中学去教书，但他那时候已有他自己对于教育的新见解了，所以他自己创办了一个新中学，就叫做“弗勒斯纳先生的学校”，学校里采用最低限度的管理，鼓励学生自己做学问，自己管理自己。

这个新中学很成功。弗勒斯纳办了十四年的中学，积了一点钱，他才到哈佛大学研究院去，得了硕士学位，又到德国的几个大学去考察研究。

一九〇八年，他在德国海得儿堡大学，写了一本书讨论“美国的大学”（The American College），指出美国大学制度的许多缺点。这本书引起了“卡里奇改进教学基金”（Carnegie Foundation for the Advancement of Teaching）主持人的注意。这个基金是钢铁大王卡里奇创立的，原来的目的是专为大学教授筹设退休金的，在几十年中，曾付出美国各大学教授退休金总额到美金三千五百万元之多。但最初主持人普里哲（Henry S. Pritchett）很想在其他方面促进大学的改革，所以他看中了这位大胆批评美国大学的弗勒斯纳先生，特别提出一笔款子，请他详细调查美国和加拿大现有的一切医学校的内容，给卡里奇基金作一个报告。

一九一〇年，卡里奇基金的“专刊第四号”出版。这就是震动北美洲医学界和教育界的弗勒斯纳调查北美洲医学校的详细报告。他调查了美国和加拿大现有的一百五十五个医学校，每一个各有详细的报告和批评。

他指出，一百五十五个医学校之中，只有五十个是大学的医学院，其中只有哈佛大学和霍布铿斯大学规定先有大学本科学士的学位才可以考入医学院；只有康奈儿大学医学院规定须有大学肄业三年的资格。另有二十个医学院只需要大学肄业两年的资格。其余的一百三十二个医学校只需要中学毕业就可以入学了，甚至于有连中学毕业的资格也可以变通的！

他指出，只有那少数的进步的医学院是有研究实验室的教学的。绝大多数的医学校完全没有医学实验室的教学。他很老实的指出，绝大多数的医学校只是不负责任的文凭贩卖店，制造了许多没有学识，没有训练的医生，使得各城市乡镇医生太多而能诊断疗治的专家太少。他一一的指出，某些医学校真是可耻的、可羞的。（有一个医学校，实际上并不存在，一样的可以发文凭！）当时芝加哥一处，就有十五个医学校！弗勒斯纳先生的报告说，芝加哥成了“全国散布瘟疫的中心”了！

这个“专刊第四号”公布之后，真是震惊了整个北美洲的教育界，——同时也引起了一个有力量的医学教育彻底改革的大运动。各州的“医师开业证书委员会”首先提高了审查的标准，用弗勒斯纳报告作审查医师资格的参考资料，不敢随便发给开业证书了。今年弗勒斯纳先生去世的消息发表之后，有位医学界的朋友对我说：“一千九百十年，美国有一百五十五个医学校。弗勒斯纳的报告出来之后，几年之中，只剩五十个医学院了。一百多个‘所谓医学校’都关门了！”

但弗勒斯纳先生很知道，单有破坏的批评是不够的。最要紧的是如何培植扶助那少数可以作模范的现代化的医学院，使他们继续发扬光大，成为第一流的示范学校。问题的中心是筹划一笔巨大的款子，专作为改革医学教育的费用。

美国石油大王洛克斐勒（John D.Rockefeller）创设了一个“普通教育基金委员会”（General Education Board）是专为了提高教育标准的。一九一八年，这个基金会请弗勒斯纳做助理秘书长，不久他就做了秘书长，专负医学改革的责任。他充分倚靠石油大王父子的慈善热心和巨大财力，在十年之中（1918—1928），劝洛克斐勒父子捐出了五千万元美金，作为改进提高全国最有成绩的几个医学院的经费。除了石油大王一家的五千万元以外，他还直接或间接的劝动了别的一些慈善家，使他们先后捐出五万万元来提高全国的医学校。这五亿五千万元的美金在几十年之中完成了北美洲医学教育与医学研究的改进与提高的事业，造成了几十个第一流的医学院。

一九二八年，弗勒斯纳先生六十二岁了，他退休了。在退休之后，他还活了三十年，还做了不少事。他自己最得意的一件晚年大成就，是他在普林斯敦创办的“更高学术研究院”。

他是终身研究中等教育与高等教育的人，他对于美国的多数大学的教学方式，常常感觉不满意。他常觉得德国大学和英国牛津、剑桥两大学的小学院自由讲学的精神是值得吸收采用的。一九二八年他退休之后，到牛津大学去讲学。一九三〇年，他写了一本书，题作《美国的英国的德国的大学》。在那本书里，他发表他对于“大学”的见解，他说：在一个大学里，学者和专门学科学家应该发愿（dedicate）要做到四个目标：一是知识与思想的保存，二是知识与思想的解释发挥，三是寻求真理，四是训练青年学人为将来继起的工作者。他理想中的“大学”是一个小小的学术研究中心，没有课程表，没有上课时间，只有一些有天才又有学问的第一流学人在那儿独立思想、自由研究、自由论辩，把他们的全副精神用在纯粹学术的思考上。

这时候，纽约的梅西（Macy）百货公司的两位大股东，班保葛（Louis Bamberge）和他的妹子伏尔德太太（Mrs. Felix Fuld），他们愿意捐出八百万元来给弗勒斯纳先生试办他梦想的小小的自由讲学的研究中心。这就是普林斯敦的“更高学术研究院”开办经费。

这个研究院是今日所谓“博士以上的（Postdoctorate）更高研究所”的第一个模型，弗勒斯纳先生担任了创办第一期的院长，九年之后才退休。在这九年之中，他给这个研究院树立了一个很好的基础。他一面先借用普林斯敦大学的种种便利，一面买得四百英亩的地，造起一个“小小的研究中心”。

这个研究中心的中心是一群第一流的学人。弗勒斯纳请来的第一位大师就是爱因斯坦先生（Albert Einstein）。爱因斯坦听他说起这个自由研究中心，他很高兴，不过他说，他若离开德国，每年必须有三千美金才够生活。弗勒斯纳对他说：“一切都好办。”等到爱因斯坦先生到了美国，他接到的聘书是每年年俸一万六千元的聘约。

这个研究院成立了还不到二十年，全院至今只有两个部门：一是数学研究所，一是人文研究所。人文的研究是不容易在短时期内有惊人的成绩的。但数学研究所在短短十几年之中已成为世界学人公认的一个数学与理论物理学的最高研究中心了。（中央研究院的院士杨振宁先生是数学研究所的常任教授之一，其他院士，如李政道、陈省身、吴大猷、林家翘诸先生都曾在那儿作过一个时期的研究员。）

这个研究所里，没有实验室，没有原子炉，连一个计算机也没有。（当年曾有过计算机，近年赠送给别的研究机构了。）那儿有的只是第一流的大师，第一流的研究人才。那儿有的是自由思考、自由论辩、自由谈话的空气和机会。

这是弗勒斯纳先生晚年一个梦想的实现。我们对于这位肯梦想而能够努力使他的梦想成为事功的伟人，能不表示我们的赞叹与羡慕吗？

《纽约时报》今年九月廿二日特写一篇纪念弗勒斯纳先生的社论，此文的第一段说：

> 前几年弗勒斯纳回忆他的一生，曾说卡莱儿（Carlyle）的藏书图记上面画一支点燃着的蜡烛，下面题字是："我燃烧才可以有用。"弗勒斯纳说，这就是他一生的箴言。他活了九十二岁，可以说是完全做到了这句箴言。他总是燃烧着，要于人有用。

《纽约前锋论坛报》记载他的生平，有这一段很值得我们想念的报导：

> 弗勒斯纳八十岁时，决定到哥仑比亚大学去做两年学生。在那两年里，他上了厄布约翰教授（Upjohn）的几种美术史的功课，又上了纳文斯教授（Nevins）的美国史学文献的功课。他自己说："一个退休了的人的好工作，莫如教育。"可是厄布约翰教授对人说："我的课堂上有了弗勒斯纳先生这样一个学生，常使我感觉得像一匹马的马鞍底下压着一颗有刺的栗苞！"

一九五九年十一月九日

赫　尔[1]

这里收集的《赫尔回忆录》是赫尔先生的自传的一部分，专记他十二年的国务卿生活（从1933—1944年）。我在北方报纸上得读《中央日报》社的译本，今天很高兴的写这篇短序。

在美国的政治制度里，国务卿的重要只次于大总统，他是总统制之下的首席阁员，在最近几十年里他是世界最大强国的外交首领。当一九三三年二月二十一日罗斯福总统发表赫尔先生为国务卿的时候，全国报纸的社论差不多一致赞扬总统的知人善任。在国会里，反对党的老参议员波拉（Borah）先生也公开的赞美赫尔的任命。

这样一致的舆论拥护，是赫尔先生几十年的政治成绩得来的社会信任。

这位田纳西州来的参议员那时六十一岁半，已做过二十二年众议员，又做过两年参议员了。他的国会生活可分做前后两个时期：前一期从一九〇七年到一九二一，是民主党从在野到当政的时代，是从塔虎脱到威尔逊的时代。后一期从一九二三年到一九三三年，是民主党又从在野转到逐渐恢复政权的时代。

自从林肯总统就职（1861），直到威尔逊总统就职（1913），整整五十二年之中，民主党只有克里夫兰当选做总统（1885—1889；又1893—1897），先后两次执政八年。其余四十四年，全是共和党当国的时期（林肯被暗杀之后，副总统祥生继任，他虽然号称民主党，但民主党人并不承认他。故祥生总统的一任不能算是民主党执政时期）。到了一九一〇年的国会选举，民主党开始抬头，在众议院里得到了多数。这时候，总统还是共和党的塔虎脱。

在新国会召集之前几个月，民主党的众议员之中，有四个议员发起

① 收入《赫尔回忆录》，1948年南京《中央日报》社出版。题目为编者所加，原题为《〈赫尔回忆录〉序》。

了一个不动声色的议会革新运动。这四个人是：

吉青（Kitchin，N. C. ）

海（James Hay，Va. ）

休斯（William，Hughes，N. J. ）

赫尔（Hull，Tenn. ）

这四个人决心要改革几十年来众议院里的议长专制的制度，他们秘密集会，拟定了“众议院规则”的修正案，商定了各分股委员会主席的人选，并决定了新国会里民主党的立法政策。

等到民主党的议员到齐开会商议如何改组众议院的时候，只有这四个人袖子里有现成的方案，有准备好的理论，有满人意的人选名单，别人都没有准备，于是这四个人日夜辛苦努力的结果全被通过了，都成了民主党的全体主张。赫尔先生从这个经验里得着一个最有益的教训：在议会制度里，几个人的决心与苦干往往可以得着很多的收获。这时候，赫尔先生刚满了三十九岁。

两年之后（1912），共和党内部分裂，老罗斯福（Theodore Roosevelt）创立了进步党。三党竞选的结果，一位大学教授叫做威尔逊的，被选出做了大总统。国会的两院都是民主党占多数。民主党革新政治的机会到了。

在威尔逊的领导之下，民主党做到了很多的改革。其中最重要的一大组是赋税法的革新，包括关税的修正，所得税的实行，遗产税的建立。在这三个方面，赫尔先生都有很大的贡献。

赫尔先生从少年时代就相信直接税是最合理的抽税方法。美国在南北战争时代曾暂行征收所得税，战争完了，所得税也取消了。十九世纪末期，麦米林（Benton McMillin）在一个民主党占多数的国会里提出一个所得税法案，通过国会，成为税法了。但最高法院在一八九五年，用五对四的判决，宣告所得税法与宪法抵触，故无效。那位制定所得税法的麦米林恰巧是赫尔幼年时代最崇拜的乡先辈，所以赫尔早年就成了直接税的信徒，平日搜集并研究各国关于所得税和遗产税的资料与方案，他在国会里早就被大家公认为“直接税专家”。每有机会，他总要攻击共和党的保护关税政策，提倡他的直接税法。到了一九〇九年，共和党忽然改变方针，塔虎脱总统提请国会提出宪法修正案，承认联邦政府可以征收所得税。这个修正案（所谓第十六个宪法修正案）通过国会之后，须送到各州议会去复决，须有全国四分之三的州的复决始可成为宪法。直到一九一三年二月底，这个宪法修正案才得到法定的复决。赫尔先生就提出他用心准备的所得税法，作为关税修正案的一章。关税减低的结果，政府每年要减少七千万美金的收入。赫尔的所得税第一年可得七千万元，正可以补足此数。他在议场上指出，若照英国当时的所得税率，美国每年可收四万万元。他的目标只要使政府与人民接受并了解所得税的原理与细则，所以他把所得税率定的特别低，单身男女每年收入在三千元以下，已婚男女每年收入在四千元以下，都免出所得税。这个法案在通过国会的历程中，赫尔先生出力最多。所以美国人至今称他做“中央所得税法之父”。

这样开始的所得税，不到几年，就成为美国最重要的一笔税收。所得税法颁布后一年（1914），欧洲战事就爆发了；再过三年（1917），美国也参加战争了。所得税法在一九一六年又由赫尔领导，经过一次重要修正，特别注重“过分利润”的征税。从此以后，所得税成为战时筹款的一个主要方法，在六年之中，给美国国库增加了一百五十亿金元！

威尔逊总统的八年，是赫尔先生的立法事业最得意的时期。那个时期的许多财政立法——如遗产税法，如战时发行“自由公债”条例，如一九一八年的战时筹款法——都是他领导制定的。

威尔逊总统的世界和平理想失败后，共和党又取得政权了，民主党在一九二〇年遭遇空前的惨败，许多民主党议员都落选了，赫尔先生在那暴风雨里也丢了他的众议院位子。民主党的全国总部穷到不能还欠债。从此以后，民主党又得坐十二年的冷板凳了。

民主党在那最失意的时期，想要推出一个新的领袖来收拾人心，重整旗鼓。那时候，党内各地领袖不免互相埋怨，互相责备。只有赫尔先生是大家没有异议的。所以“民主党全国委员会”选举他出来做主席，主持整顿全国党务的工作。赫尔先生做了三年多的民主党全国委员会主席。他还亲自主持一个民主党宣传机关，设在华盛顿，只在一条小街上租两间小房子，只雇用一个女书记，一个每星期薪俸廿五元的外勤新闻干事。赫尔每天到这里办公，这就是民主党的中央宣传部了。

两年之后，赫尔仍在他的原区当选作众议员了。国会里的民主党员也从上届的一百三十二个众议员增加到二百零七个了，从上届三十七个参议员增加到四十三个了。

一九二四年的大选又快到了，田纳西州议会要提出赫尔先生做总统候选人。赫尔先生很坚决的谢绝了。那年七月中，民主党提名大会推出台维斯（John W. Davis）为总统候选人。候选人推出之后，赫尔先生才把全国委员会主席的事交与他的继任者。他交代时曾说："我很高兴，我现在交出的组织是没有债负的，旧欠二十三万五千金元全还清了，居然还有几千元的盈余。这个组织现在是一个很进步的机构，从今以后在每个主要方面都能够工作了。"

但那一年大选的结果，民主党还是失败了。直等到八年之后（1932），罗斯福作总统候选人，民主党才得到向来没有的大胜利。

这是赫尔先生作国务卿以前的政治事业的小史。当威尔逊总统领导民主党中兴的时代，赫尔是威尔逊的"新自由"的革新运动的一员健将。当威尔逊以后的十二年民主党倒霉的时代，赫尔是坐镇大本营的元老，整顿党务的功臣。罗斯福总统曾做威尔逊政府的海军次长，他很认识那位在国会里替人民说话，为直接税奋斗，主张国际经济和平，反对关税壁垒的南方自由主义者赫尔先生（参看《回忆录》第六、八两章）。赫尔先生在国会两院有了二十多年的经验，最受两院议员的爱敬。罗斯福总统正需要一位能得国会信任的国务卿，所以他毫不迟疑的请求赫尔先生做他的首席阁员。

罗斯福是美国史上任职最久的总统，赫尔是美国史上任职最久的国务卿。一九三三年以下十二年的大事，就是这部回忆录的内容，不用我多说了。

我读这些《回忆录》，常常使我怀念华盛顿的许多朋友，特别使我怀念赫尔先生。

在第三章里，他告诉我们，他反对传统的社交酬应，所以他在国务卿任内，从不出来参加午宴或晚宴。华盛顿的各国使节都尊重他这个决定，平时宴会总不请他。他自己说："这种决定有很大的便利。我在晚上的时间可以比较自由，研究我带回家的文件；白天也可以有更多时间和各国大使公使以及国务院人员商谈。"我自己也是最怕社交酬应的，所以我很佩服赫尔先生在十二年中贯彻他的主张。

他是最勤劳又最谨慎的公仆。他在第三章里说的每天忙碌生活，都是华盛顿人人知道的事实。他自记他接见外国大使公使的态度与情形，也都是很确实的记载。他那间办公室，我至今记得。他对人的诚恳与和蔼，我也至今记得。我退休之后，曾有人问我对于赫尔与副国务卿威尔斯的评判，我说："我们同威尔斯先生商谈，他最痛快，最有决断。他肯说：'这件事办得到。'或说：'这是办不到的。'我们退出来，可以直截了当报告我们的政府，但我们同赫尔先生商谈，他只肯说：'我一定同国务院的同事们商量商量。'他从不轻易说'可'或'否'。从外交官的立场说，我应该喜欢威尔斯。从我的大学教授立场，我佩服赫尔的小心谨慎。客观的看来，赫尔先生是一个伟大的国务卿，正因为他不轻易说可与否，而必须先请教国务院的专家。"

我现在读赫尔先生自己的话："做事求快的人有时会说我太多考虑，其意即是说我做事太慢。对于这个批评的明白答复便是：罗斯福总统当政期间，我在处理公务上的错误，大部分由于匆忙和欠缺考虑，而我的政策却是多加考虑，并且及时加以考虑。结果许多消息最灵通的人士都说，我的公务纪录中并无重大错误。"这段自述使我回想到儿童时代读的朱子《小学》里那个"勤谨和缓"四字诀的故事，尤其是那个"缓"字的意味，担负天下第一强国的外交政策，而能以"多加考虑"的态度行之，这正是赫尔先生的勤谨和缓，这正是他的伟大。

中国读者读这部《回忆录》，当然特别注意第廿五章，第廿六章，第廿七章。《回忆录》里，只有这三章记的是对日本的外交，又只限于一九四一年一月二十七日到十二月七日的事情。这未免太少了。这当然是因为这些在纽约、南京、上海报纸上发表的回忆录，不过是赫尔先生的长篇自传里摘出的一部分，我盼望他的自传里有更多的资料，可以使一般读者明白赫尔先生在一九三三年继史汀生（Henry L. Stimson）做国务卿，就继承了史汀生先生的“不承认”主义，不承认日本在中国用暴力造成的局面。我盼望他的自传里有充分的资料，可以使我们了解美国政府在一九三三年以后，曾经在很困难的境地里，给中国种种可能的援助，给日本种种可能的打击。

这种补充的材料是很需要的。不然，一般中国读者就不懂得为什么日本要那样仇恨美国，就不懂得为什么日本要袭击珍珠港，毁灭美国海军了。

我所谓“很困难的境地”，赫尔先生在《回忆录》里也略略说了几点。第一是当时美国的孤立主义的气焰高涨。第二是一九三五年到一九四〇年的中立法案如何束缚白宫与国务院的外交权力。这些《回忆录》摘本原是给美国人看的，故没有详细叙述那几年的中立法案的内容。但我盼望中国读者至少能细读第十章《孤立主义兴风作浪》与第十五章《孤立派鼓励了希特勒》。这两章里描写两个孤立主义的领袖；一个是参议员奈埃（Senator Nye），一个是参议员波拉（Senator Borah）。这两章虽然简略，很可以帮助我们了解美国在那个时代为什么完全没有力量制裁侵略国家，也完全没有法子帮助和平国家维持和平。

在第十章里，赫尔先生说：

> 奈埃委员会的审查给予孤立主义者一个跳板，引出了我们的第一个中立法。……这种中立法把行政机关束手缚脚，再告诉任何未来的侵略国家如德、意或日本，教他们尽可以对他们心目中的侵略目标去宣战，我们将力求我们的人民不把军火卖给被侵略国家。……〔中立法〕预先告诉世界，如果一旦发生战争，那些事是我们所不为的。这样的中立法会阻碍我们运用力量防止战争。

在第十五章里，赫尔先生告诉我们，在欧洲大战爆发之前一个多月，罗斯福与赫尔用了全力，还劝不动参议院里的孤立派领袖，还没有法子改动中立法一个字！

其实依我看来，美国的孤立主义与中立法鼓励了一切侵略者。试看下列的对照表：

（1）一九三五年八月三十一日，第一个中立法颁布。

同年十月，墨索里尼开始他的阿比西尼亚的侵略战。

（2）一九三七年五月一日，第二个修正而更严密的中立法颁布。

同年七月七日，日本开始大规模的华北战争；八月十三日，日本开始上海战争。

（3）一九三九年七月十八日，白宫讨论修正中立法的会议无结果而散。

同年九月一日，希特勒的军队进攻波兰；九月三日，英、法对德宣战。

这都不是偶然的巧合。

在那样严重的孤立主义与中立法的层层束缚之下，罗斯福、赫尔的政府还能够做到他们所曾做的；还能够使一切侵略国家都仇恨他们，怕他们：这就是这些回忆录要告诉我们的故事了。

胡适　一九四八，三，一夜

附注

序里关于赫尔先生的事迹，主要参考书是 Harold B. Hinton 的《赫尔传记》（*Cordell Hull:a Biography*，1942. New York）。

托洛斯基[①]

托洛斯基生于一八七九年十月廿六日。他的父亲是犹太农民，家住南俄的 Yanovka，靠着辛苦勤俭，积下一点小产业。托氏幼小时便显出文字上的天才，他的父母对他颇抱奢望。他九岁到 Odessa 城进官立学堂，每年级他总是成绩最优。七年之后，他到 Nikolayev 去进第七年级（大学一年级），那边的学科程度较低，他有余力作课外活动，他便渐渐和一些革命党人往来，参加秘密社会，组织了南俄劳工同盟。这个机关不久成［为］南俄劳工运动的重要中心，渐渐引起警察的注意。一八九八年，他和一班同党都被拘捕了。

托氏在狱中候判决，过了两年，流徙到西伯里亚，又住了两年，到一九〇二年才得逃走出来，逃到西欧，受列宁一班革命领袖的欢迎，参加他们的宣传机关："Jskra"的文字工作。

这时候俄国的社会民主党的领袖主张颇不一致，列宁主张集权，颇排除异己。其时时机未到，列宁的主张引起反抗，故一九〇二年的伦敦会议场上党部分裂为二。一派为多数党，即鲍尔雪维克（布尔什维克），列宁为领袖；一派为少数党，即门雪维克（孟什维克）。托氏当时不赞成列宁，遂加入少数党。

日俄战争的结果，俄皇政府失去不少威风，革命运动乘机爆发。一九〇五年一月，圣彼得堡民众暴动，惨遭屠杀。托氏闻报，便赶回俄国参加革命工作。是年十月的大罢工，政府仓皇无措，革命的气焰大张，各地工人组织苏维埃，托洛斯基被举为圣彼得堡工人代表苏维埃的主席。托氏能说能写，又有组织能力，故一跳成为一九〇五年革命的领袖。其时革命的报纸公然出版，多由托氏主持。

但政府早已调动援兵，到了十二月初，兵围圣彼得堡工人代表苏维

① 此文是未定稿。收入《胡适遗稿及秘藏书信》第 5 册，黄山书社 1994 年版。题目为编者所加，原题为《读〈托洛斯基自传〉》。

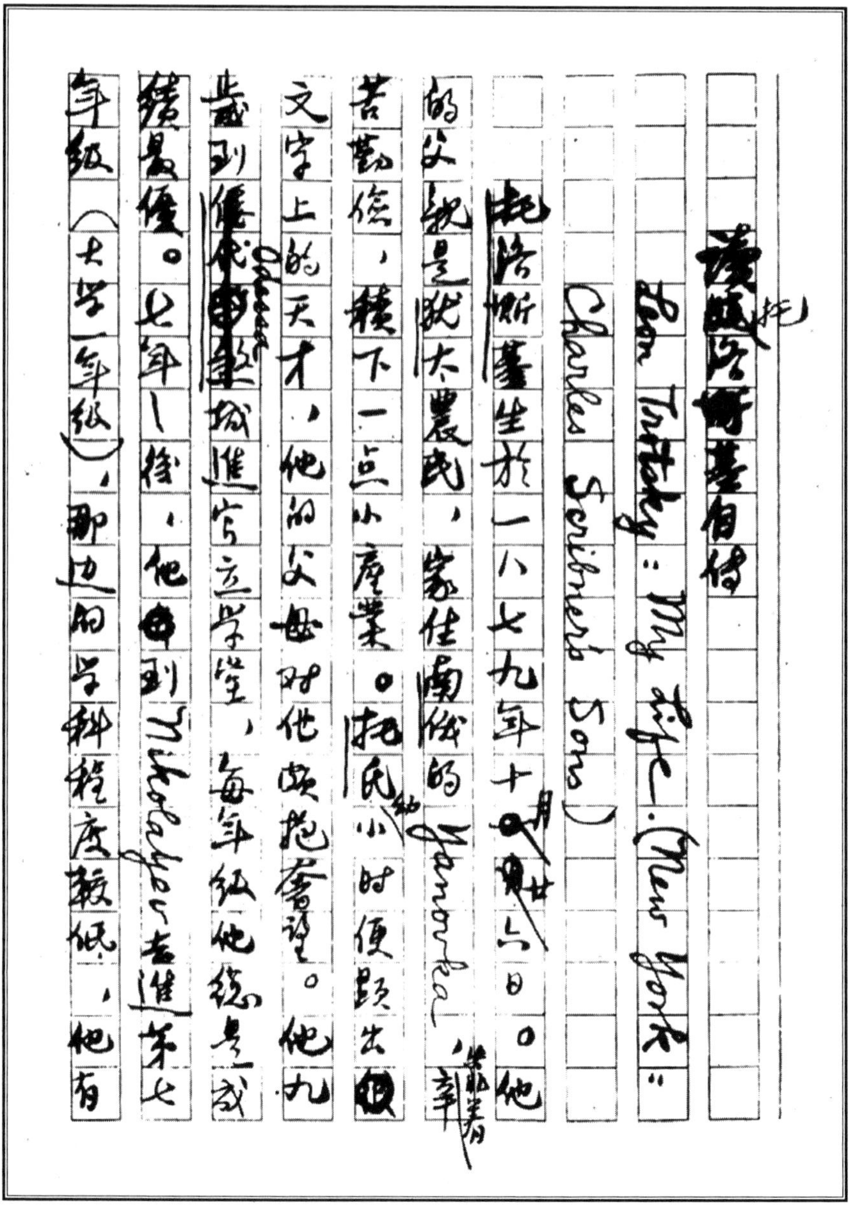
讀托洛斯基自傳
Leon Trotsky: My Life. (New York: Charles Scribner's Sons)
托洛斯基生於一八七九年十月廿六日。他的父親是猶太農民，家住南俄的Yanovka，辛苦勤儉，積下一点小產業。托氏小時便顯出文字上的天才，他的父母对他懷抱奢望。他九歲到Odessa城進實立學堂，每年級他總是成績最優。七年級，他到Nikolayev去進第七年級（大学一年级），那边的学科程度較低，他有

■ 胡适《读〈托洛斯基自传〉》手稿

埃，捕去全数领袖。托氏被捕后，坐了九个月的牢狱，又被流放到西伯里亚的北境。他在路上设法逃脱，从芬兰出境，从此以后，他亡命在国外，凡十年之久。他住过英、法、德、奥诸国，和各国的革命领袖往来很密。

他自己说："这几年之中，我的工作只是解释一九〇五年革命的意义，并且从理论的研究上准备下次的革命。"一九〇八年，他在维也纳创办一个俄文报，名为"真理"（Pravda），两个月出一期，继续至三年半之久。

他在这时代始倡"永久革命"（Permanent Revolution）之说，大致主张俄国革命起来之后，便不会停止，直到全世界的资本主义都推翻了，社会主义的制度都成立了，才算成功。一九〇五年的革命只是将来的俄国革命的先声，俄国的革命只是世界革命的先声。

欧战发生时，各国的社会党大都放弃了他们向来的国际社会主义，而赞成宣战了。尤其是全欧洲向来崇敬的德国社会民主党也变成了世界大战的拥护者。这件事使列宁、托洛斯基等人十分失望，于是有澈底改组国际组织的必要。

欧战期中，托氏先住瑞士，后住巴黎。他在巴黎发行一种俄文日报，鼓吹他们的主张。后来俄国政府用同盟国的关系，要求法国政府驱逐托氏出境。托氏先被送至西班牙，转送到纽约登岸。

这是托氏第一次到美国。一九一七年一月登岸，一个多月之后，俄国的"二月革命"起来，政府被推翻了。托氏闻报，即于三月杪离开美国。故他在纽约只住了一个多月。

艾森豪威尔[1]

十月十九日，我接到胡健中先生的电报，要我赶成一篇短文，依据蒋“总统”“婉辞祝寿，提示问题，虚怀纳言”的意思，“坦直发表意见”。因为时限太迫近了，我只能说两个故事，都是美国朋友近年告诉我的，都是关于美国现任总统艾森豪先生的故事。我很诚恳的把这两个很有政治哲学意味的故事献给蒋先生。

1956年10月21日

在美国加利福尼亚州立大学

故事一

艾森豪将军就任哥仑比亚大学校长之后，有一天，大学副校长来对他说：“大学里各部分的首长都想来见校长，谈谈他们的工作。可否让我替你安排一个日程，约他们分日来见你，每天可以见两三位，每人谈半个钟头，总够了罢？”艾校长赞成这个提议。副校长又说：“哥仑比亚大学的各学院的系主任太多了，你见不了那么多。我们可以约相关学科的联合部（Division）主任来谈。各学院的院长当然都要约的。”艾校长也赞成了。

过了几天，这个日程就开始了。艾校长每天接见两三位院长或联合学科部主任，他很耐心的听他们述职，有时也很虚心的问问他们各部门的需要。

他接见了十来位先生之后，打电话把副校长请来。艾校长说：“照

---

① 原载1956年10月31日《自由中国》第15卷第9期。题目为编者所加，原题为《述艾森豪总统的两个故事给蒋“总统”祝寿》。

你那个日程，一共多少位先生是我必须接见的？”

副校长用铅笔在纸上计算了一下，他说，“一共有六十三位”。

艾森豪校长把两只手举向头上，喊道：“天呵！太多了！太多了！副校长先生，你知道我从前做同盟各国联军的统帅，那是人类有历史以来空前最大的军队，在那个时期，我只须接见三位受我直接指示的将领，——我完全信任这三个人。他们手下的将领，我从来不用过问，也从来不须我自己接见。想不到，我做一个大学校长，竟要接见六十三位主要首长！他们谈的，我大部分不很懂得，又不能不细心听他们说下去。我问的话，大概也不是中肯的话，他们对我客气，也不好意思不答我。我看这是糟塌了他们的宝贵时间，于学校实在没有多大好处！副校长先生，你定的那张日程，可不可完全豁免了呢？”

这个故事是前几年哥仑比亚大学一带盛行的故事。告诉我这个故事的朋友说，这是哥仑比亚“校区”（Campus）里传出来的一个含有讥笑艾校长的意味的故事。

■ 1951年胡适（右）与时任哥伦比亚大学校长的艾森豪威尔（中）等合影

故事二

艾森豪将军在一九五二年被选出做美国大总统，一九五三年就职。去年我在纽约听见我的朋友蒲立德先生谈艾总统的一个故事，我也记在这里。

有一天，艾总统正在高尔夫球场上打球，白宫里送来一件公事，是总统的“助理”（约等于“秘书长”）亚丹士先生送来的，说有一个问题急须候总统批示可否。亚丹士先生拟了两个批稿子，一件是准备总统批示许可的，一件是准备他批示否决的。

艾森豪总统在球场上拆开公函，看了两件拟稿，他一时不能决断，就在两个拟批上都签了一句话，说，“请狄克替我挑一个罢”。他封好了。交来人带回白宫，他仍继续打他的高尔夫球（狄克 Dick 是副总统尼克森）。

蒲立德先生说，这是华盛顿传出来的一个讥笑艾总统的故事。

故事的后记①

这两个故事，据说都含有讥笑的意味。但我听了只觉得这两个故事都最可以表示艾森豪先生真有做一国元首的风度。做人类有史以来最大的军队的统帅，而能全权信任三个替他负全责的将领，不必接见第四个人，这是何等风度！一个第一流的军人做了一个世界有名的大学的校长，而能自己承认没有专门的知识，愿意全权信任负责的首长，不敢轻易“糟

① 编者注：这篇文章同时刊载于台北《“中央”日报》，但是在《“中央”日报》上，“故事的后记”里第一段“这两个故事……这是何等风度！”二百三十四个字，却变成：“我觉得这两个故事，颇能描写一种领袖风度，故值得传述。”

这点异动的原委，乃是因为胡适怕《“中央”日报》有所顾忌，乃分寄此文给《自由中国》，告诉《自由中国》的编者，在征得《“中央”日报》同意的前提下，可以发表。

后来胡适又觉得“故事的后记”中的第一段，可能会引起美国民主党的误会而认为他在帮共和党的忙，所以打电报来更正，但是《自由中国》已在10月31日出版，于是两种版本就出现了。

塌了他们的宝贵光阴”，这是何等风度！做了世界第一强国的元首，遇着了自己一时不能决断的问题，能够自己不轻易下决断，“请狄克替我挑一个罢”，这是何等风度！

中国古代的政治思想家也曾细细想过这个一国元首的风度的问题。我曾指出《吕氏春秋》对于这个问题曾提出很值得政治家思考的说法，一国的元首要努力做到“三无”，就是要“无智，无能，无为”：“无智，故能使众智也。无能，故能使众能也。无为，故能使众为也。”《吕览》说，这叫做“用非其有，如已有之”。这是最明智的政治哲学。

我们的“总统”蒋先生是终身为国家勤劳的爱国者。我在二十五年前第一次写信给他，就劝他不可多管细事，不可躬亲庶务。民国二十一年，我在武汉第一次见他时，就留下我的一册《淮南王书》，托人送给他，盼望他能够想想《淮南·主术训》里的主要思想，就是说，做一国元首的法子是“重为善，若重为暴”。“重”是“不轻易”。要能够自己绝对节制自己，不轻易做一件好事，正如同不轻易做一件坏事一样，这才是守法守宪的领袖。

二十多年的光阴轻轻的飞去了，蒋先生今年七十岁了，我也六十六了，我在今天要贡献给蒋先生的话，还只是《淮南王书》里说的“积力之所举，则无不胜（平声）也。众智之所为，则无不成也”。要救今日的国家，必须要努力做到“乘众势以为车，御众智以为马”。

怎样才能够“乘众势以为车，御众智以为马”呢？我想来想去，还只能奉劝蒋先生要彻底想想“无智，无能，无为”的六字诀。我们宪法里的总统制本来是一种没有行政实权的总统制，蒋先生还有近四年的任期，何不从现在起，试试古代哲人说的“无智，无能，无为”的六字诀，努力做一个无智而能“御众智”，无能无为而能“乘众势”的元首呢？

附 录

先母行述

先母冯氏（1873—1918），绩溪中屯人，生于清同治癸酉四月十六日，为先外祖振爽公长女。家世业农，振爽公勤俭正直，称于一乡；外祖母亦慈祥好善；所生子女禀其家教，皆温厚有礼，通大义。先母性尤醇粹，最得父母钟爱。先君铁花公元配冯氏遭乱殉节死，继配曹氏亦不寿，闻先母贤，特纳聘焉。

先母以清光绪己丑来归，时年十七。明年，随先君之江苏宦所。辛卯，生适于上海。其后先君转官台湾，先母留台二年。甲午，中东事起，先君遣眷属先归，独与次兄觉居守。割台后，先君内渡，卒于厦门，时乙未七月也。

先母遭此大变时，仅二十三岁。适刚五岁。先君前娶曹氏所遗诸子女，皆已长大。先大兄洪骏已娶妇生女，次兄觉及先三兄洪骍（孪生）亦皆已十九岁。先母内持家政，外应门户，凡十余年。以少年作后母，周旋诸子诸妇之间，其困苦艰难有非外人所能喻者。先母一一处之以至诚至公，子妇间有过失，皆容忍曲喻之；至不能忍，则闭户饮泣自责；子妇奉茶引过，始已。

先母自奉极菲薄，而待人接物必求丰厚；待诸孙皆如所自生，衣履饮食无不一致。是时一家日用皆仰给于汉口、上海两处商业，次兄觉往来两地经理之。先母于日用出入，虽一块豆腐之细，皆令适登记，俟诸兄归时，令检阅之。

先君遗命必令适读书。先母督责至严，每日天未明即推适披衣起坐，为缕述先君道德事业，言，“我一生只知有此一个完全的人，汝将来做人总要学尔老子。”天明，即令适着衣上早学。九年如一日，未尝以独子有所溺爱也。及适十四岁，即令随先三兄洪骍至上海入学，三年始令一归省。人或谓其太忍，先母笑颔之而已。

适以甲辰年别母至上海，是年先三兄死于上海，明年乙巳先外祖振爽公卒。先母有一弟二妹，弟名诚厚，字敦甫，长妹名桂芬，次妹名玉英，与先母皆极友爱。长妹适黄氏，不得于翁姑。先母与先敦甫舅痛之，故为次妹择婿甚谨。先母有姑适曹氏，为继室，其前妻子名诚均者，新丧妇。先母与先敦甫舅皆主以先玉英姨与之，以为如此则以姑侄为姑媳，定可相安。先玉英姨既嫁，未有所出，而夫死。先玉英姨悲伤咯血，姑又不谅，时有责言，病乃益甚，又不肯服药，遂死。时宣统己酉二月也。

姨病时，先敦甫舅日夜往视，自恨为妹主婚致之死，悼痛不已，遂亦病。顾犹力疾料理丧事，事毕，病益不支，腹胀不消。念母已老，不忍使知，乃来吾家养病。舅居吾家二月，皆先母亲侍汤药，日夜不懈。

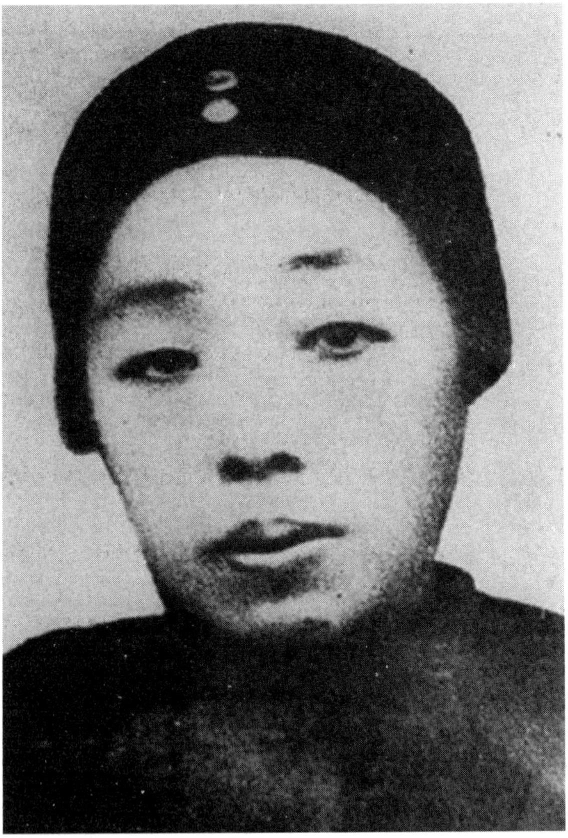

■ 胡适母亲冯顺弟像

先母爱弟妹最笃，尤恐弟疾不起，老母暮年更无山堪；闻俗传割股可疗病，一夜闭户焚香祷天，欲割臂肉疗弟病。先敦甫舅卧厢室中，闻檀香爆炸，问何声。母答是风吹窗纸，令静卧勿扰。俟舅既睡，乃割左臂上肉，和药煎之。次晨，奉药进舅，舅得肉不能咽，复吐出，不知其为姊臂上肉也。先母拾肉，持出炙之，复问舅欲吃油炸锅巴否，因以肉杂锅巴中同进。然病终不愈，乃舁舅归家。先母随往看护。妗氏抚幼子，奉老亲；先母则日侍病人，不离床侧。已而先敦甫舅腹胀益甚，竟于己酉九月二十七日死，距先玉英姨死时，仅七阅月耳。

先是吾家店业连年屡遭失败，至戊申仅余汉口一店，已不能支持内外费用。己酉，诸兄归里，请析产，先母涕泣许之；以先长兄洪骏幼失学，无业，乃以汉口店业归长子，其余薄产分给诸子，每房得田数亩，屋三间而已。先君一生作清白吏，俸给所积，至此荡尽。先母自伤及身见家业零败，又不能止诸子离异，悲愤咯血。时先敦甫舅已抱病，犹力疾为吾家理析产事。事毕而舅病日深，辗转至死。先母既深恸弟妹之死，又伤家事衰落，隐痛积衰，抑郁于心；又以侍弟疾劳苦，体气浸衰，遂得喉疾，继以咳嗽，转成气喘。

时适在上海，以教授英文自给，本拟次年庚戌暑假归省；及明年七月，适被取赴美国留学，行期由政府先定，不及归别，匆匆去国。先母眷念游子，病乃日深。是时诸兄虽各立门户，然一切亲戚庆吊往来，均先母一身搘拄其间。适远在异国，初尚能节学费，卖文字，略助家用。其后学课益繁，乃并此亦不能得。家中日用，皆取给于借贷。先母于此六七年中，所尝艰苦，笔难尽述。适至今闻邻里言之，犹有余痛也。

辛亥之役，汉口被焚，先长兄只身逃归，店业荡然。先母伤感，病乃益剧。然终不欲适辍学，故每寄书，辄言无恙。及民国元二年之间，病几不起。先母招照相者为摄一影，藏之，命家人曰："吾病若不起，慎勿告吾儿；当仍倩人按月作家书，如吾在时。俟吾儿学成归国，乃以此影与之。吾儿见此影，如见我矣。"已而病渐愈，亦终不促适归国。适留美国七年，至第六年后始有书促早归耳。

民国四年冬，先长姊与先长兄前后数日相继死。先长姊名大菊，年长于先母，与先母最相得。先母尝言：“吾家大菊可惜不是男子。不然，吾家决不至此也。”及其死，先母哭之恸。又念长嫂二子幼弱无依，复令与己同爨。先三兄洪骍出嗣先伯父，死后三嫂守节抚孤，先母亦令同居。盖吾家分后，至是又几复合。然家中担负日增，先母益劳悴，体气益衰。

民国六年七月，适自美国归。与吾母别十一年矣。归省之时，慈怀甚慰，病亦稍减。不意一月之后，长孙思明病死上海。先长兄遗二子，长即思明，次思齐，八岁忽成聋哑。先母闻长孙死耗，悲感无已。适归国后，即任北京大学教授；是年冬，归里完婚，婚后复北去，私心犹以为先母方在中年，承欢侍养之日正长；岂意先母屡遭患难，备尝劳苦，心血亏竭，体气久衰，又自奉过于俭薄，无以培补之；故虽强自支撑，以慰儿妇，然病根已深，此别竟成永诀矣。

溯近年先母喘疾，每当冬春二季辄触发，发甚或至呕吐。夏秋气候暖和，疾亦少闲。今冬（七年）旧疾初未大发，自念或当愈于往岁。不料新历十一月十一日先母忽感冒时症，初起呕逆咳嗽，不能纳食；比即延医服药，病势尚无出入；继被医者误投“三阳表劫”之剂，心烦自汗，顿觉困惫；及请他医诊治，病已绵惙，奄奄一息，已难挽回；遂于十一月二十三日晨一时，弃适等长逝，享年仅四十有六岁。次日，适在京接家电，以道远，遂电令侄思永，思齐等先行闭殓，即与妻江氏，及侄思聪，星夜奔归。归时，殓已五日矣。

先母所生，只适一人，徒以爱子故，幼岁即令远出游学；十五年中，侍膝下仅四五月耳。生未能养，病未能侍，毕世劬劳未能丝毫分任，生死永诀乃亦未能一面。平生惨痛，何以加此！伏念先母一生行实，虽纤细琐屑不出于家庭闾里之间，而其至性至诚，有宜永存而不朽者，故粗叙梗概，随讣上闻，伏乞矜鉴。

此篇因须在乡间用活字排印，故不能不用古文。我打算将来用白话为我的母亲做一篇详细的传。

十，六，二五

一个狄克推多[①]

——我父亲独力营造一个宗祠的故事

同治四年（1865）冬至。

自从咸丰十一年我们的宗祠被长毛贼烧为平地，到今年是第五年了。上年（1864）官兵打破南京，平定江浙，我们皖南才得安定。上庄的人渐渐从各处山坞里回到家乡。头一件事是埋葬各家的死人和村内村外的无主死尸。第二件事是修葺残破的屋宇。第三件事是筹办粮米，补种田地，并凑钱雇人到远地买粮食。这三件大事都不是容易的事。直到上年秋天，大家才想到宗祠的事。祠堂是烧了，只剩东边一所文会，只好把文会修葺起来，设立祖先神主，冬至春分都在这里祭祀，宗祠司事人也在这里会议。

今年族里众丁会议重造宗祠，大家都说，这件事非休宁的梯青先生出来领头不可。梯青先生是胡开文笔墨庄的一派，家财富裕，人丁众多，嫡堂兄弟二十多人，子侄辈四五十人；他自己是个贡生，他儿子也是个贡生，他侄儿子是个举人，在刑部做官。可怜我们上庄自从开族以来，读书的人虽然不少，却只有过这一个举人，也只有过这一位芝麻大的京官，所以合族的人没有不敬重这一支的。他们虽然住家在休宁，离上庄一百几十里，但族中有大事总须请教梯青先生。

今年族中司事到休宁请梯青先生出来倡造祠堂，不料他老人家一口回绝不肯干。他说：“宗祠是道光二十年（1840）造成的，那时候，我们族里号称‘千灶万丁’实数是有男女六千人。那是太平时代，家家有余财。然而也要整整十年才把祠堂造成。现在经过大乱之后，十成里死了不止八成，男男女女总算起来不到一千二百人，又多是穷苦的人家。

① 收入《胡适遗稿及秘藏书信》第5册，黄山书社1994年版。狄克推多：是英语dictator（独裁者）的音译。

这时候那里去筹这笔大款子来造祠堂？我劝你们不要做梦。最好把这事搁起，过了十年二十年，也许有法子想。我老了，事体又多，离家又太远，我怎么能管造祠堂的大事？”

各位司事碰了这个钉子，都扫兴而归。他们也知道梯青先生说的是族中实在情形，照眼前的生计状况，款子也实在无法可筹。但这回长毛之乱，徽州遭劫最惨，死人最多。咸丰十年长毛进来，到同治三年才退完，这五年之中，杀死的，饿死的，病死的，真是不计其数。我们这一族里，便死了四千多人。这时候若没有个宗祠来办“上牌”“登谱”的事，日子久了，更没有法子来算这笔烂账了。

所以重建宗祠是一件不可缓的事。

所以今年冬至，族中又在文会里会议这件事。族众公举出十个司

■ 胡适父亲胡铁花像

事来。司事的人都愁经费无处出。内中一个年纪最轻的司事，名叫守珊，号铁花，长辈都叫他“珊”，孩子们叫他“三（珊）先生”。他是今年新补廪的秀才，年纪只有二十五岁，行辈又很低，但他的天资高，又从患难里淘炼出来，最有胆气，最有担当，所以族中长老也都看重他。在这冬至会议的座上，他站起来说：“这是一件大工程，必须作十年八年的打算，筹款的法子必须第一要容易行，第二要能持久。怎样才是易行而又能持久的法子呢？必须要‘多其取之之方，而少其取之之数’，门类要多，数目要少，才可以叫人人都担负得起。人人担负得起，才可以持久。”

大家都赞成这个意思，便请三先生去定章程。他说：“章程已拟有一个在此，请大家商量决定。”他从袖管里抽出一张单子来，念道：

> 宗祠工程捐款分为四类：
>
> 一、丁口捐，每年每男丁出钱二百文，每女口出钱一百文。
>
> 二、工捐，每壮丁年十五以上，六十以下，每年各工作二日，不自来工作者每工出钱一百四十文。
>
> 三、铺户捐，在外开店铺之丁众，量其每年盈余之数，每年出钱自一千文至数十千文不等。
>
> 四、辛[薪]捐，在外经商而无店业者，依其辛[薪]俸之数，每年出钱若干文。

大家听了都说这法子行得通，遂拣好日子，公祭祖宗，把章程张贴出去，次第计划兴工。